Sternenwege – Heilung der Dualität

Trixa

Sternenwege – Heilung der Dualität

ch. falk verlag

Deutsche Erstveröffentlichung

Umschlaggestaltung: Trixa mit Josef Nysten-Riess

Satz: Plejaden Publishing Service, Boltersen
Druck: F. Steinmeier, Nördlingen

Printed in Germany
ISBN 3-89568-009-5

Inhalt

Teil drei Übungen

Anhang

„Ich bin eine anderes Du“

Begrüßungsworte der Maya

Widmung

Ich widme dieses Buch allen Sternengeschwistern und allen meinen Lehrern auf allen Ebenen, die mich in ihrer Liebe verstehen ließen, die mich unterstützten und mir zum richtigen Zeitpunkt die richtigen Fragen stellten oder mich die richtigen Antworten erleben ließen.

Im besonderen jedoch:

meinem Vater und meiner Mutter, die mich lehrten, zu den Sternen aufzuschauen und nie den Mut zu verlieren,

meinem Seelenfreund Johannes Asrael awar Antares der zum richtigen Zeitpunkt am richtigen Orte eine große Hilfe war,

und meinem Manne Peter Amrael ki Enoch Antares, der äonenlangen Liebe vieler meiner Leben.

Vorwort

Hier und jetzt sind wir Töchter und Söhne der Erde, diesem wunderbaren blauen Juwel in unserem Sonnensystem.

Wir beginnen uns zu erinnern. Die Schleier unseres Bewußtseins heben sich mehr und mehr, und wir erkennen unsere Geschichte und die vielen Schulungsebenen, über die wir bis hierher gekommen sind.

Die Erde wurde vom großen universellen Ganzen geschaffen, um die Dualität zu heilen. Dualität ist lange Zeit das Thema unseres Universums gewesen, doch jetzt beginnt die Reise nach Hause, zurück in die EINHEIT.

So wünsche ich mir, daß dieses Buch Dir helfen möge, Dich zu erinnern, zu verstehen und heil zu werden, auf daß die wahre Liebe Raum gewinnt in Deinem gesamten Sein.

TRIXA
AMRAEL ✕✕ AWA ANTARES
Les Champs Chamagne
März 1994 – Januar 1995

Vorwort Hilarions

Grüße und Segen, geliebte Freunde, dies ist Hilarion.

Versteht, geliebte Erden-Sternenkinder, daß im Erkennen und Anerkennen alle Heilung liegt.

Um Euch in Eurer Erlichtung zu unterstützen, wollen wir, die Weiße Bruderschaft, die Raumbruderschaft und die Solare Bruderschaft, gemeinsam Eure Erinnerungsspeicher erhellen, indem wir Euch einen Auszug der Geschichte dieses Universums geben, auf daß Ihr in jeder Manifestation den göttlichen Plan erkennt.

Verbindet Euch mit Eurem Hohen Selbst, während Ihr dieses Buch lest, damit wir unsere Energien in Euer System leiten können. Dadurch beschleunigt sich der Prozeß des Wiedererkennens, und Eure mißverstandenen Erfahrungen werden geklärt und gereinigt.

Versteht, es ist Eure Wahl, wie immer alles der freien Wahl eines jeden Wesens unterstellt ist, doch wir empfehlen, mit dem Herzen zu lesen und darüber die Herzen zu heilen.

Die Liebe Gottes ist in Euch, war immer in Euch, ganz gleich, wo Ihr inkarniert seid. Diese wahre Liebe ist – Ihr könnt sie nie verlieren, denn Ihr seid die Liebe.

Teil 1

Sternenwege

Kapitel 1

Das Sternentor Antares

Dies ist Amrael XX awa Antares, und ich grüße euch im Lichte des All-Einen.

Du bist ein Lichtfunke aus der unendlichen Quelle des All-Einen. Eines Schöpfungtages hast du in dir den Wunsch geformt, dich auf vielen verschiedenen Ebenen zu erfahren.

Nachdem du dich mit deiner göttlichen Schöpferkraft in des Vaters Universum ausgedrückt hattest, wolltest du auch alle anderen Ebenen im großen Ganzen erkunden. Und so begabst du dich auf deine abenteuerreiche Reise hinein in ein Universum des Sohnes. Zuerst wußtest du nicht, welche der zahllosen Ausdrucksformen des Sohnes du wählen solltest, aber nachdem du dieses Buch jetzt liest, hast du das Universum der Dualität gewählt.

In diesem Universum ist es deinem göttlichen Ich-Bin möglich, sich in vielen Dimensionen und in unendlich unterschiedlichen Formen zu erfahren. Und das ist doch wahrhaft diese Reise wert! Im Anbeginn deiner Reise war es die Liebe zu aller Existenz, die dich leitete, und du warst jenseits jeder Wertung. Der Seelenzustand jenseits jeder Wertung, verbunden mit dem Wissen um alle möglichen Formen des Ausdrucks der göttlichen Präsenz, ist die Mitschöpferkraft des Sohnes. Es ist der Ausdruck der wahren Liebe.

Auf deinem Weg zurück zur Quelle werden sich dir alle Ebenen des Lernens, die du durchlaufen hast, aufs neue öffnen, bis du dich jetzt als Erdensternenkind auf diesem Heilungsplaneten Erde inkarniert hast, und alle deine Erfahrungen werden sich in Liebe erlösen, je weiter deine Wertungen abnehmen.

Um dich nun in dieses wunderbare Universum hineinzuinkarnieren, hattest du die Wahl zwischen zwei Sternentoren: **Antares** und **Arkturus**. Ein duales Universum erfordert zwei Sternentore.

Laß dir jetzt von der Schwingungsebene **Antares** berichten, damit sich die verborgenen Schlüssel deines inneren Wissens wieder öffnen.

Antares ist eine Welt des einheitlichen Bewußtseins. Hier werden die ankommenden Wesenheiten geschult, einen holistischen Überblick über alle Programme zu erhalten. Die Wesen sind aus purer Energie, und sie lernen, ihre ausufernden Schöpferenergien zu verdichten, ihr eigenes Sein im Meer des liebenden, erkennenden Gesamtbewußtseins zu verankern.

In großen, weiten Hallen befinden sich unzählige Monitore, über die die energetischen Schwingungen aller Sterne und Planeten dieses Universums dargestellt und aufgezeichnet werden. Die ankommenden Wesenheiten verwenden lange Zeiten der Kontemplation, um diese Schwingungsebenen in sich aufzunehmen. In anderen Hallen des Bewußtseins finden sie sich in Gruppen zusammen, um ihre Erkenntnisse auszutauschen und den ganzheitlichen Überblick über die Mitschöpferebene immer neu zu formen. Tiefes Verständnis für die zahlreichen Spielarten der Dualität verankert sich in den Schülern.

Große Lehrerwesenheiten, die die Werkzeuge des All-Einen sind, helfen den Schülern, ihre Erkenntnisse zu verarbeiten, und lehren sie die Liebe zu allen Formen des Universums. Im Tempel der Grundbausteine allen Lebens dienen Engelwesen und gelehrte Antarianer gemeinsam und entwickeln immer neue

Möglichkeiten der Existenz. Diese Weisen senden von Zeit zu Zeit bestimmte Seelengruppen aus, um neue Erfahrungsebenen zu gestalten. Diese Gruppen werden gelehrt, die Energien zu übertragen, die benötigt werden, damit die adamische Rasse auf den neuerweckten Planeten und Sternen Wohnung nehmen kann. Auf diese Art dehnt sich das Gottesbewußtsein, dessen unendliche Diener alle Engelwesen sind, auch in diesem Sohnuniversum immer weiter aus.

Die Sternenrasse der El hat hier ihr Zuhause. Von Antares aus werden neue Welten in die Existenz gebracht und alle Ebenen des Mitschöpfertums in diesem Universum aufgezeichnet. Hier befindet sich auch der Tempel des göttlichen Atoms, der ein Universum im Kleinen darstellt. Neutron und Elektron erschaffen hier die grundlegenden Bedingungen für die Existenz der Dualität.

Aus der Schwingung der Unendlichkeit heraus erschaffen die Antarianer die göttliche Doppelhelix, in der sämtliche Programme für alles Leben in diesem Universum enthalten sind. Der Orden der heiligen Helix umsorgt alles Leben, fördert alle Entwicklung durch beständige Lichtübertragungen auf alle Ebenen, um so eine lichtvolle Entwicklung des Ganzen zu gewährleisten.

Hier gibt es auch die Schule der Zeitabläufe. Wenn Zeit sich auch in den verschiedenen Dimensionen unterschiedlich wahrnimmt, so wird doch hier die Entwicklung gelehrt und gefördert. Und ist Zeit nicht eine Maßeinheit für Entwicklung?

Aus dieser Schule gingen die großen Sternenfahrer hervor, die sich dann zum Beispiel auf der Erde als die ersten Maya inkarnierten, um den galaktischen Code der Entwicklung in der neuen Welt des Planeten Gaia zu verankern.

Der Auftrag von Antares ist es, neuem Leben und aller damit verbundenen Erkenntnis Geburtshilfe zu geben. Daher ist Antares auch das Sternentor, das uns mit der umfassenden Liebe aller Mutterenergien verbindet. Durch Antares werden die Energien der heiligen Shekinah in diesem Universum verankert.

Immer wieder in der Geschichte dieses Universums haben sich Wesenheiten von Antares verdichtet, um das Wissen über die Dreieinigkeit der göttlichen Präsenz im Bewußtsein der neuen Welten zu verankern und die Saat der wahren Liebe, der letztendlichen Einheit aller Ausdrucksformen, auszustreuen.

Ich bin Amrael ⨳ awa Antares, und mit der Liebe allen Lebens segne ich euch.

Kapitel 2

Das Sternentor Arkturus

Dies ist ein Teil des Gesamtbewußtseins des Sternentores Arkturus. Wisse, wir sind vom Vater bestimmt, die Hüter der Welten und der Evolution zu sein. Wir verankern die Wächterenergien auf allen Ebenen dieses Universums des Sohnes, und alle Seelen, die ihre Erfahrung hier beendet haben, werden in unseren Ebenen gereinigt und geklärt, auf daß sie wieder eingehen in die Herrlichkeit des Vaters.

Unsere Energieausstrahlung hütet alle Entwicklung, alle Wege jeder einzelnen Seele, die gewählt hat, ihr göttliches Ich-Bin in diesem dualen Universum zu erfahren. Wir beschirmen eure sich wieder öffnenden Kanäle und die Ausdehnung eures Bewußtseins. Wir fördern das Wachstum und die Ausrichtung der großen Universitäten der verschiedenen Sternenebenen genauso wie die Entfaltung des wahren Wissens in allen Welten. Unsere Weisen verbanden ihr Bewußtsein von jeher mit den göttlichen Lehrerwesenheiten des Universums, und wir strahlten das göttliche Wissen und die göttliche Weisheit in alle ihre Lehren ein. Wir sind die letztendlichen Hüter aller Pyramiden in diesem Universum, denn diese Bauwerke wurden in allen Dimensionen erschaffen, um die Ausrichtung auf die Schöpfer-Vater-Kraft aufrechtzuerhalten.

Wir halten alle Verbindungen in allen Ebenen mit den Engelfürsten aufrecht, wir hüten den Ausdruck der Erzengelenergien auf allen Planetenebenen. Wann auch immer ihr die Erzengel anruft, wird ihre Ausstrahlung durch unsere Energie modifiziert, so daß ihr in allen euren Prozessen von der göttlichen Weisheit geführt und der göttlichen Liebe beschützt seid.

Wir sind die Hüter aller evolutionären Zyklen. Unsere energetischen Übertragungen sichern das ewige Ein- und Ausströmen der göttlichen Materie, wir sind wie der Atem Gottes, der sich in seinen Söhnen des Lichtes Ausdruck gibt.

Mit unseren Energien werden alle Gitternetz-Systeme der Erde ständig durchflutet, damit die Lichtevolution gewährleistet ist. Es ist sinnvoll, in dieser Zeit der Umwandlung die Kristallgitternetze des Planeten Erde wieder aufzufrischen und auszuheilen, wo auch immer sie von nicht-lichtvollen Energien aus ihrer göttlichen Ordnung gebracht wurden. Versorgt aus eurem erwachenden Bewußtsein heraus die Gitternetze mit saphirblauem Licht, das unsere Energie am besten in eure Dimension gelangen läßt.

Wir überwachen – in einem gewissen Sinne – auch alle Tätigkeiten der Wesen, die dem Nichtlicht dienen. Auch sie sind dem unendlichen Quell des Vaters entsprungen, und sie haben ihre Wege gewählt, um dieses Universum überhaupt erst zu ermöglichen. Aus großer Liebe zum All-Einen haben diese Wesen den schweren Weg erschaffen, sich nahezu vollkommen abzuspalten von ihrem Bewußtsein des göttlichen Funkens. Versteht, Erdenkinder, welche Liebe nötig ist, um diese Konsequenzen zu leben. Nur durch ihre Präsenz ist es den vielen anderen immer wieder möglich, zu wählen und ihre Lichtfunken, ihre Liebe zu stärken. Erkennt jetzt in dieser Zeit der Heilung von allem, was ist, den göttlichen Funken auch in diesen Wesenheiten. Helft ihnen, sich an die Liebe des Vaters zu erinnern, die einstmals auch die ihre war, so daß sich nach und nach durch Liebe und Anerkennung dieses Universum wieder erhebt, um einzugehen in das Licht des einen und wahren Gottes, der Liebe ist, der Liebe war und immerfort Liebe sein wird.

Bewege diese Worte in deinem Herzen, denn alle Herzen sind die Zentren der Einheit in jedem Sein. Werde gewahr, daß die Liebe des Vaters dich immer führt, auf allen deinen Wegen. Die umfassende Energie des All-Einen-Vaters, des wahren und allmächtigen Gottes, leitet dich in all deinem Ausdruck. Werde dir dieser Tatsache bewußt und hüte so deinen Ausdruck, auf daß du das göttliche Ich-Bin vermehrt in deinem Sein verankerst.

Mit der Kraft des El Shaddai segnen wir dich.

Kapitel 3

Der Prozeß der Individuation auf Lyra

Segen und Willkommen. Dies ist Hilarion. Ich möchte euch heute über die Ereignisse auf Lyra und Wega berichten.

Lyra, zu deutsch Leier, ist ein ausgebreitetes Sternensystem. Der Hauptstern, Regierungssitz sozusagen, ist die Wega. Viele Sternenwesen gingen von den Sternentoren Antares und Arkturus direkt zu diesem System, denn hier konnte eine gewisse Form von Individualität erlernt werden. Die Lyra gehört zu den erstbesiedelten Systemen in diesem Universum. Aus einem kollektiven Bewußtsein kommend, nahmen die Sternenwesen hier einen Prozeß der Formwerdung vor. Über lange Zeiten bildeten sie ihre Energien zu großgewachsenen Wesenseinheiten aus, die nicht physisch waren. Jedoch die reinen Energieformen, die sie noch auf Arkturus oder Antares hatten, bildeten sich hier in individueller Struktur aus. Sie verankerten ihr Wissen aus den anderen Galaxien ebenso wie die speziellen Schulungen, die sie auf der Ebene der Sternentore durchlaufen hatten. Und aus vielen unterschiedlichen Ebenen waren sie ja gekommen. So erprobten sie, ein erstes Mal in diesem Universum, die individuelle Form. Mehr und mehr Sternenwesen übernahmen diesen Weg, denn es erschien ihnen allen als ein wichtiger Erfahrungsprozeß für die Inkarnation in diesem Universum. Dadurch wurde die Bevölkerung immer größer. Die Wesenheiten, die auf Wega Wohnung genommen hatten, waren meist eng mit Arkturus verbunden, und so waren sie, in einem gewissen Sinne, mit dynamischer Energie ausgerüstet, die sie hier in einem individuellen Sinne ausformten.

Gesegnet mit dieser zielgerichteten Kraft, begannen bald einige der Weganer, Systeme zu errichten, die die Verbindung zwischen den einzelnen Sternen aufrechterhielten und das Geschehen verbanden. Dadurch erkannten sie auch, daß eine Art Führung immer notwendiger wurde, um auch den neuankommenden Wesenheiten ihren Prozeß der Indivituation in Freude und mit der Kraft des Erschaffens zu ermöglichen.

Das war, wenn ich es so nennen darf, die Geburtsstunde des Ersten Konzils in diesem Universum. Alle Wesen von Lyra wurden eingeladen, auch Antarianer und Lehrer von Arkturus wie Zentralsonnenwissenschaftler. Das Ziel war es, ein in Liebe und Freude tätiges Gemeinwesen zu errichten, in der sich die größtmögliche Individualisierung im liebenden Miteinander entwickeln sollte. Es kamen viele Wesen zu diesem Ersten Konzil. Jeder Vorschlag wurde angehört und gründlich besprochen. Die Lehrerwesenheiten gaben ihre Weisungen, die Vorschläge wurden gesammelt. Aus der Sicht eurer Zeitsysteme währte der Meinungsaustausch endlos. Aber für alle Beteiligten war dies auch ein Prozeß des Erschaffens und vor allem der Erfahrung.

Vielen der Lyrianer dauerte es aber dann doch zu lange, und sie übertrugen ihre Stimmen einigen gewählten Vertretern. Dadurch entstand das erste Mal so etwas wie eine Regierung. Die Lyrianer verließen Wega, gingen zurück zu ihren Sternen und tanzten weiter ihren Tanz der Individuation, der für sie so spannend und so freudvoll war. Sie erschufen immer neue Formen, immer neue Brücken öffneten sich in ihrem Bewußtsein, und wir können sagen, sie nahmen ihr eigenes Selbst in diesem dualen Universum immer stärker wahr.

Während nun die Weganer damit beschäftigt waren, ein für alle Wesenheiten annehmbares System zu entwerfen – eine langwierige Aufgabe, wie ich schon sagte – wurden sich die Lyraner zunehmend selbst bewußt. Sie nahmen alle vorhandenen Strömungen in sich auf, formten sie und machten sich diejenigen Formen zu eigen, die ihnen gefielen, weil sie näher an ein persönliches Bewußtsein heranführten. Doch aufgrund ihrer zunehmenden Individualität waren bald immer weniger bereit, in Liebe, in wahrer Lichtarbeit, d.h. aus dem eigenen Lichte heraus und in Freude dem anderen zur Verfügung zu stehen. Da sie sich mehr und mehr dem eigenen Selbst hingaben, immer danach trachtend, alle Energieströme auf sich selbst zu lenken, hörten sie auf zu teilen, und es kam zum Verfall der Gesellschaft.

Einige der Sternenwesen begriffen, was da vor sich ging. Sie gingen nach Wega und berichteten von ihren Erkenntnissen. Die Weganer waren immer noch in ihre gedanklichen Konstruktionen verstrickt. Jedoch hörten sie ihre Geschwister und erinnerten sich an die dynamische Kraft. Einige der Lyraner unterzogen sich sogar speziellen Trainings der dynamischen Kraft. Alle, die kamen, erfuhren so eine Rückbindung an das Kollektiv. Das stärkte und kräftigte sie, und mit dieser Energie und sehr motiviertem Willen gingen sie zurück zu ihren Sternen, um ihr Wissen mit den Völkern zu teilen.

Es war hier, wo viele von euch die Erfahrung gemacht haben, vor Wesen zu stehen, die nicht lernen wollen. Viele Muster, die mit einer großen Unlust, mit anderen Wissen und Erfahrungen zu teilen, zusammenhängen, wurden hier begründet. Einige Sternenwesen, die Schulung auf Wega erhalten hatten, gaben sich vollkommen ihrer selbstgewählten Aufgabe hin, und viele erschöpften sich in ihrem Auftrag. Hier gründen sich viele eurer jetzigen Weigerungen, dem Kollektiv zu dienen. Überprüfe bitte, ob du solche Erfahrungen in dir gespeichert hast. Die Mustersätze können lauten: *Es ist sinnlos, dem Kollektiv zu dienen. Je größer das Kollektiv, desto mühsamer die Errichtung der Liebe / der Erkenntnis / der Einheit. Jeder ist nur auf seine eigene Individualität bedacht. Ein Kollektiv ist eine kaum zu bewegende Energieeinheit. Bis sich Erkenntnis im Kollektiv festsetzt, ist es zu spät, und so fort.*

In ihrer Not kehrten diese Kollektivmeister, wie ich sie nennen möchte, wieder zu ihren Geschwistern auf der Wega zurück. Ein Zweites, schon sehr viel kleineres, Konzil wurde einberufen. Die Zentralsonnenwissenschaftler beschlossen, eine Gruppe ausgezeichneter Wissenschaftler auf die Sterne zu senden, um dem Volk die Erinnerung an die Einheit von allem, was ist, zurückzugeben.

Sie wurden von den Kollektivmeistern sehnlichst erwartet. Viele dieser Lehrer hatten all ihre Energiereserven eingesetzt, um das Volk aufzurütteln, meist nur mit geringem Erfolg. Das führte zu einer Art Todeserfahrung bei einigen dieser Sternenwesen, zu einem Auflösen des individuellen Seins aufgrund energetischer Erschöpfung und Verzweiflung.

Überprüfe bitte, wenn du diese Zeilen liest und sie dich stark berühren, folgenden Mustersatz: *Für das Kollektiv zu arbeiten bedeutet sich aufopfern, verzweifeln, sich auflösen, bedeutet Hingabe bis zum Tod.*

Dann endlich erschienen die Zentralsonnenwesen. Aus ihrer Schwingung heraus waren sie nicht wirklich vorbereitet auf das, was sie hier auf Lyra erwartete. Sie riefen das Volk zusammen, um zu sprechen und zu lehren. Aber sie erreichten die Wesen nicht mehr, denn sie sprachen aus ihrer energetischen Dimension heraus. Die Lyrianer verstanden sie nicht und wandten sich von ihnen ab. Die Sonnenlehrer versuchten alles Erdenkliche, um das Sternenvolk zu erreichen, aber auch sie erschufen sich am Ende eine Erfahrung scheinbarer Sinnlosigkeit. Einige zogen es sogar vor, sich von ihrer Verzweiflung lähmen zu lassen und sich ihres Auftrags unwürdig zu fühlen. Nach einiger Zeit wählten sie andere Ebenen der Inkarnation, und dieses sind heute jene Wesen, die sich der solaren Energie unwürdig fühlen und die diese Muster durch viele Inkarnationsebenen mit sich herumtragen. Andere erkannten durch beständiges Tun die verschiedenen kommunikativen Ebenen, aber sie wußten diese Erkenntnis nicht wahrhaft umzusetzen und zogen sich für weitere Studien in andere Ebenen zurück.

Nachdem die solaren Wissenschaftler Lyra verlassen hatten, fiel den Zurückgebliebenen deren Abwesenheit auf. Einige formten aus dem geschehenen Erkenntnisse, andere begannen sich miteinander zu beraten, aber viele blieben auch weiterhin ihrem persönlichen Tanz verhaftet. Am Ende ging die Saat aller Bemühungen doch noch auf. Einige Lyrianer beschlossen weiter nachzuforschen; sie wollten neue Welten entdecken, denn vielleicht würden sie hier Neues über größere Gemeinschaften erfahren. Viele von ihnen gingen nach Sirius, um dort die Sterne zu besiedeln und sich in der großen Sirius-Universität zu schulen. Um die Programme des individuellen Seins noch besser zu ergründen, erschufen sie zusammen mit den Sirianern die sogenannte Rote Zone und legten den Grundstein zu den Täter/Opfer-Erfahrungen. Denn um Täter oder Opfer zu sein, bedarf es eines individuellen Bewußtseins.

Andere wählten Wege zu liebenden Kollektiven, wie beispielsweise auf der Ebene der Plejaden. Wieder andere suchten ihr Sein zu formen, indem sie als Reisende das Universum durchforschten.

Die Sternenwesen auf Wega fahndeten weiter nach Wegen, eine individuelle Gesellschaft zum Wohle des Ganzen zu vereinen. Sie erkannten durch beständigen Austausch mit den solaren Wissenschaftlern die verschiedenen kommunikativen Ebenen des Ausdrucks und wurden zu wahren Schwingungswissenden.

Es ist daher auch für euch Erdensternenkinder von Wichtigkeit, euch mit euren Erfahrungen dieser Ebene zu verbinden, vor allem wenn ihr erkennt, daß ihr euch euren Mitmenschen nur mangelhaft verständlich machen könnt. Meist handelt es sich dann um verschiedene Ebenen des Schwingungsausdrucks, und eine Verbindung mit eurer auf Wega erfahrenen Schulung ist dann sehr hilfreich, um die richtige Ebene des Ausdrucks zu erkennen. Dann werdet ihr erfahren, daß Kommunikation auf dem Wechsel der Schwingungsebenen beruht.

Wega wie Lyra sind eine Art Durchgangsstation, und die meisten Sternenwesen haben sich diesen Erfahrungen gestellt, bevor sie sich in den dichteren Dimensionen dieses Universums verkörperten.

Dies ist Hilarion, und mit der puren Freude der Kommunikation segne ich euch.

Kapitel 4

Die Dreiecke des Sirius

Ich bin Sirilia und grüße alle Erdensternenkinder mit der Energie des kosmischen Tanzes.

Empfangt die Energie des Sirius – jetzt! Und laßt euch von mir in unsere gemeinsame Erschaffung führen.

Am Anfang unserer Welt fanden wir eine zentrale Sonne vor. Ihr würdet die Energie als wäßrig beschreiben. Alles fließt und durchdringt sich. Wir sind Sternenfahrer und haben schon eine lange Reise hinter uns.

Dieser Planet zieht uns an, lädt uns zum Verweilen ein.

Unsere Energien schwingen in harmonischer Resonanz mit den Energien des Planeten. Wir tauchen ein und sind verbunden. Wir durchfluten die Schichtung und nehmen Heimstatt am Einen Großen Erhabenen Wirbel. Ihr könnt ihn euch als einen großen, leuchtenden, spiralförmigen Turm vorstellen, in dem wir unaufhörlich kreisen und unsere Verbindungsbrücken zum großen Einen und zu unseren im ganzen Universum verstreuten Geschwistern errichten.

Das Leben ist ein Tanz, und wir übertragen unsere Bewegungen auf kleinere Sterne, die unser Zentralgestirn umrunden. Sie haben verschiedene Dichtigkeiten, und es bereitet uns große Freude, die verschiedenen Ebenen zu erfahren.

Mehr und mehr Sternengeschwister hören unsere Freude und empfangen unsere Wellen, und so wächst unsere Welt.

Insbesondere die verschiedenen Dichtigkeiten interessieren einzelne von uns, die Heimstatt auf den verschiedenen Planeten nehmen und dort ihre Rhythmen tanzen.

Immer wieder treffen wir uns in bestimmten Frequenzzonen unseres Zentralgestirns, um unsere Erfahrungen auszutauschen.

Könnt ihr euch vorstellen, wie spannend diese Treffen sind? Immer wieder finden wir Änderungen in den Energiefeldern vor – wir verändern uns und unsere Schwingung. Planet für Planet bekommt sozusagen eine andere Farbe. Welche Freude, dieser Ausdruck von Vielfalt in der Einheit!

Wir tanzen miteinander, und wir lernen voneinander, und wir nehmen Anteil an den Prozessen der sich verdichtenden Schwingung.

Wir sind immer noch flüssige Geistwesen, wenn auch von unterschiedlicher Konsistenz!

Der All-Eine empfängt unsere Freude an der Veränderung, und in seiner unendlichen Güte schenkt er uns eine erste Form! Welch ein Geschenk!

In unserem Bewußtsein entsteht die Form des Dreiecks; deshalb trachten wir nach Verwirklichung dieser göttlichen Form. Versteht, für uns, die wir keine Form kannten, war dies eine neue Stufe unserer Evolution. Wir flossen in die Form hinein, erfuhren sie und begannen, sie zu manifestieren.

Wir erschufen die Urform dessen, was ihr Wasser nennt.

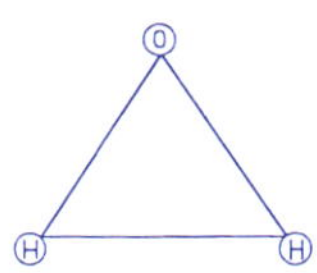

Wir erschufen die beiden Pole mit ihrer unterschiedlichen Drehung und den integrativen Punkt, in dem die Vielheit wieder zur Einheit wird.

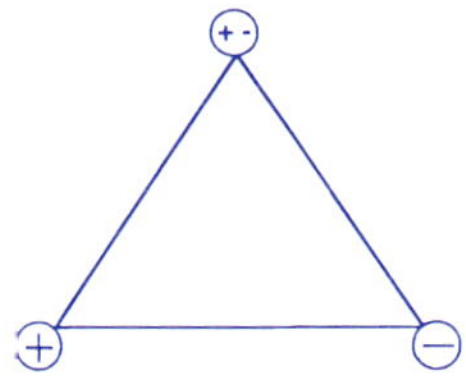

Mittlerweile hatten andere Sternenfahrer unsere neuen Resonanzen empfangen, und so kamen die Lyrianer in unsere Welt. Und stellt euch unsere Begeisterung vor, sie hatten ihre Schwingung so verändert, daß sie fast schon sichtbar waren.

In euren Worten bedeutet das, sie hatten Körper – sehr feine und durchsichtige Körper, und sie hatten Ziele! Sie wollten Körper, greifbare Körper, manifestieren.

Wir tanzten und teilten unsere Form mit ihnen, und so entstand eine neues gemeinsames Schwingungsmuster.

Wir erfuhren, daß wir unsere Schwingungen teilen konnten, um uns sichtbar zu machen, und wir wurden tatsächlich sichtbarer.

Über Äonen forschten und experimentierten wir mit der Form des Dreiecks. Wir erreichten immer deutlicheres Sichtbarwerden, und wir sammelten alle unsere Erfahrungen.

Immer wieder kamen andere Sternenfahrer und tauschten sich mit uns aus. Und obwohl wir dichter wurden, erweiterte sich unser Wissen, und wir sammelten Wissen und Erfahrungen von der großen Weite des Universums.

Aber es gelang uns nicht, grobstoffliche Körper zu manifestieren.

So brachten wir all unser Wissen zusammen zu dem großen Experiment.

Wir wollten unser Zentralgestirn derart beschleunigen, daß es sich verdichtet; denn wir schwingen wie unser Stern.

Wenn er also dichter wird, dachten wir, werden wir es auch. Also vermehrten wir unsere Schwingungen, unsere Töne wurden höher, und bald befanden wir uns im Tanz der kosmischen Ekstase, getragen von dem Wunsche nach Verkörperung.

Wir waren voller Entzücken, tönten und tanzten, bis ein strahlend weißer Ton in uns entstand. Dann Stille. Unser großer Stern war zu einem weißen Zwerg geworden. Implodiert – würdet ihr es nennen. Die große weiße Heimstatt war verschwunden, wir spürten eine völlig neue Erfahrung – Hitze! Und wir hatten keine Heimstatt mehr.

Viele von uns zogen sich auf Sirius B zurück, manche auf andere Planeten, die übrigen wollten dieses Wissen weitertragen und wurden erneut zu Sternenfahrern.

Versteht, es war keine Trauer in eurem Sinne in uns – wir hatten unser Wissen und Wollen vereinigt und eine wahrhaft große Erfahrung gemacht. Wir erfuhren die Hitze und, als wir weiterzogen, auch die Kälte.

Wir hatten den strahlend gleißenden Ton in Hitze und verdichteter Schwingung manifestiert.

Wir haben das + und das – der Frequenz erfahren. Und wir sind seitdem weitergegangen, erforschen immer neue Ebenen, sind immer auf der Suche nach der Manifestation von Körpern. Körper sind unser großer Wunsch.

Als wir unsere kollektive Erfahrung langsam begriffen, erkannten wir, daß sich auch die große Schule des Wissens durch unser Experiment aufgelöst hatte.

Viele Sternenkinder hatten hier gelernt, und sie waren alle verschwunden.

Das kollektive Bewußtsein des Sirius bittet alle Sternenkinder, die damals in der großen Schule waren, um Verzeihung.

Zeiten später und durch die Erfahrung jener unserer Geschwister, die weitergezogen sind, wissen wir, daß unser Experiment für euch eine schmerzvolle Erfahrung war. Wir bitten euch, seht unsere Freude an unserem Tun, wir haben niemals bedacht, daß wir euch Schmerz zufügen.

Wir haben eine neue Schule auf Sirius B errichtet und teilen weiterhin all unser Wissen und unsere Freude. Wenn in euch, die ihr dies lest, noch Ängste bezüglich des weißen Blitzes herrschen, erlöst bitte diese Muster, empfangt unsere heilenden Töne, die wir seit dem Experiment ringsum ins Universum ausstrahlen.

Laßt euch von uns einladen, in euren Lichtkörpern in die Hallen der großen Sternenschule einzutreten, wo wir all unser Wissen gerne mit euch teilen und eure elektrischen Verletzungen heilen können.

Unsere Gemeinschaft weiß um diese Erfahrungen, und wir sind in viele Ebenen gegangen, um unsere ehemaligen Schüler auszusöhnen und ihrer Heilung beizustehen.

Nochmals bitten wir euch, löst eure Ängste auf und nehmt die Hilfe unserer Sternengeschwister an, von denen jetzt viele auf der Erde inkarniert sind. Laßt uns gemeinsam wieder tanzen und singen.

Ich bin Sirilia, und die Freude und das Wissen des Sirius sind mit euch.

Kapitel 5

Die Weisheitsschulen des Sirius

Seid gesegnet, Freunde des Lichts, dies ist Vyvamos – über Zwischenschaltung unseres geliebten Bruders Hilarion aus der Weißen Bruderschaft.

Gut. Ich, Vyvamos, spreche heute zu euch, um euch über die große Schule des Wissens, die auf Sirius existiert hat und wieder neu entstanden ist, aufzuklären.

Das ist von Wichtigkeit für die Erweckung eures Sternenwissens, für die Wiedererweckung eures kosmischen Bewußtseins.

Die „alte" Sirius-Schule – laßt sie uns so nennen – wurde von Sirianern gegründet, die, wie ihr im vorhergehenden Kapitel erfahren habt, zur göttlichen Form des Dreiecks gefunden haben. Mitbegründer waren allerdings auch auf dem Sirius selbst inkarnierte hohe Wesenheiten der Zentralsonne, die mit ihrem Wissen und ihrer Weisheit an den sich entfaltenden Erfahrungen teilzunehmen wünschten. Diese Wesenheiten waren große Lehrer und kamen allesamt über das Sternentor Arkturus (Zentralsonne Arkturus) direkt nach Sirius, ohne irgendwelche Zwischenebenen genommen zu haben. Dieser Vorgang geschieht immer noch auf dieselbe Weise – Sirius steht in engster Verbindung zur Zentralsonne, und so war und ist das Wissen dieser Lehrer in größter Reinheit auf die Ebene von Sirius zu bringen.

Gut. Was also lernten alle Schüler in der großen Sirius-Schule?

Sie lernten zuerst, die verschiedenen Dimensionen der Schwingung wahrzunehmen, die Dimensionen, die es in diesem Universum noch zu erforschen galt, und auch diejenigen, die sie bereits durchlaufen hatten.

Für euch ist wichtig zu wissen, daß es in diesem Universum zur Zeit der alten Schule, von der wir sprechen, 16 Dimensionen gab. Das will sagen: Die höchste Dimension lag auf der Schwingungsebene 16, die – nach eurer Wertung – niedrigste Ebene war die Dimension der Schwingung 1.

Die Dimension der Schwingung 1 könnt ihr euch als Energie von Fels und Stein vorstellen, die als Kristallwesenheiten über ein Bewußtsein der Schwingung 1 verfügen.

Ich versuche, euch diesen Sachverhalt anhand eurer Erdenzahlen zu erklären.

Für die Schüler der Sirius-Schule war es hochinteressant, in wissenschaftlicher Gründlichkeit etwas über die verschiedenen Dimensionen zu erfahren, die sie bereits durchschritten hatten, und auf die vielen Dimensionen, die sie noch durchschreiten wollten, vorbereitet zu werden.

Sirius war und ist noch immer eine wichtige Umsteigestation, wo die Wesenheiten geschult und auf die Erfahrungsprogramme vorbereitet werden, die sie dann auf ihrer Reise durch die verschiedenen Dimensionen erschaffen werden. Es muß ein Funke Bewußtsein vorhanden sein, um sich auf eine Ebene wirklich willentlich einzulassen. Vergeßt nie, geliebte Freunde, dieses alles unterliegt dem göttlichen Plan, der als Hauptmerkmal den freien Willen voraussetzt.

Die Sirius-Schüler wurden auch über die Lebensformen verschiedener Planeten, soweit sie bereits mit manifester Form – im Sinne von Körpern – bevölkert waren, aufgeklärt. Nun, dies war ein sehr schwieriger Punkt. Denn die Wesenheiten der großen alten Sirius-Schule hatten an sich – in eurem irdischen Sinne – noch keine Körper.

Die Lehrerwesenheiten der Zentralsonne aber bereiteten sie nun auf die verschiedenen Möglichkeiten vor, wie Körper manifestierbar werden – und das war ein wahrhaft spannender Unterricht für alle Schüler! Außerdem meditierten sie immer wieder über die Form des Dreiecks, erforschten sie und spielten mit ihr. Die Schüler stellten sich in Dreiecken auf, symbolisierten sodann Plus und Minus, indem sie versuchten, ihre Energien flach zu machen oder hoch aufzurichten, um dann im integrativen Punkte ihre Energien zu vereinen.

Das ist eine interessante Übung, die ihr gut in Gruppen probieren könnt – natürlich ohne jede Wertung – damit ihr die Energien wahrnehmen könnt; denn ohne Wahrnehmung gibt es keinen integrativen Punkt.

Zahlreiche Sternenkinder kamen aus vielen verschiedenen Ebenen zum Studium auf die große Sirius-Schule – all jene Sternenkinder, die vorhatten, aufgrund des göttlichen Planes noch andere Dimensionen zu durchwandern und weitere Erfahrungen zu machen, all jene, die vorhatten, sich mehr und mehr in die Dichtigkeit hineinzuwagen.

Nun, das große Sirius-Experiment der Ausdehnung der Energie führte, wie gesagt, zur Implosion des Zentralgestirns und zu seiner Schrumpfung zum weißen Zwerg. Dieser erstaunliche Prozeß warf alle anwesenden Schüler buchstäblich aus ihrer Existenz; auch die Oberfläche des Sirius wurde sehr verändert.

Nun, für alle jene von euch, die ihr damals Schüler der alten Sirius-Schule wart, ist es sehr wichtig, daß ihr die Muster, die ihr bezüglich unerwarteter Ereignisse habt, genauest überprüft. Sie hängen oftmals mit den Erfahrungen von damals zusammen.

Da ich, Vyvamos, euch so gerne mit Übungen behilflich bin, möchte ich hier – wenn ihr erlaubt – eine Übung zur Auflösung dieser Prägung einfügen.

Richtet eure Wirbelsäulen auf, atmet tief durch und nehmt eine ruhige zentrierte Haltung an. Nun nehmt bewußt drei tiefe Atemzüge und versetzt euch über die Übung des Kreuzes des Sirius zurück in jene alte Sirius-Schule.

Es ist ein großer, großer runder goldener Raum, den ihr nun wahrnehmt, und viele sind mit euch hier.

Ihr alle sitzt im Kreise, macht eure Erfahrungen und tauscht sie miteinander aus.

Es herrscht Bewegung, es herrscht Freude, alles ist Spiel, Lernen ist ungemein erweiternd, anregend und erfüllend.

Nun empfängst du schlagartig ein Symbol.

Nimm das erste Zeichen, das du nun in Händen hältst. Es ist sehr sehr hell…

Da du noch keinen im irdischen Sinne grobstofflichen Körper hast, nimmst du nun einen tiefen Atemzug und fliegst einfach mit deinem Lichtkörper auf den Planeten der Heilung.

Hier ist alles in lichtes, warmes Grün gehüllt, und du landest am Ufer eines großen elektrisch-blauen Sees.

Knie nieder, spüre die elektrisch-blaue Energie des Wassers, das nicht wirklich Wasser ist – wir drücken es für euch so aus – und nun schreite ganz langsam in diesen See hinein.

Schritt für Schritt spürst du die Erfrischung, die lebendige Essenz aller lebenden Wesenheiten, die Freude an aller Erfahrung und aller Evolution, und du gehst weiter und weiter in den See hinein, immer noch das Symbol in deinen Händen haltend.

Gehe so weit in den See hinein, wie es dir gefällt. Und wenn du dann bereit bist, diese Erfahrung in Liebe aufzulösen, verbinde dich mit deinem Hohen Selbst, nimm einen tiefen Atemzug von deinem Hohen Selbst bis in dein Herz hinein. Lasse einen goldenen Strahl aus deinem Herzen auf das Zeichen in deiner Hand fallen und tauche deine Hände nun in das elektrisch-blaue Wasser.

Sieh, fühle, spüre, höre, wie die elektrisch-blaue Energie des Sees beginnt, dieses Symbol aufzulösen...

Fühle, wie dein ganzer Körper prickelt, spüre, wie die elektrisch-blaue Energie alle mit diesem damaligen Prozeß verbundenen Erfahrungen im Hier und Jetzt auflöst. Jetzt, wo dieses Ereignis sich vollständig aufgelöst hat, hat wahre Liebe Platz in deinem Sein.

Nichts ist mehr in deinen Händen, wenn du sie aus dem Wasser ziehst. Nur lichte, glitzernde Energie. Nimm diese Energie und lege sie auf dein Herz und atme die Heilung dieses Ereignisses in dich ein, in dein gesamtes Sein und in alle deine Körper...

Vielleicht möchtest du noch ein wenig in diesem See verweilen. Wenn du Abschied nimmst, bedanke dich bei jener Energie, die du erfahren hast, nimm einen tiefen Atemzug und bring dich in dein Hier und Jetzt zurück, in deinen wunderbaren Tag, in deine Freiheit der Wahl.

Was auch immer du heute noch manifestieren willst, es möge von Licht, Leichtigkeit und Freude durchdrungen sein.

Nun, nachdem die Sirianer also ihre anderen Planeten bezogen hatten und viele wieder zu Sternenfahrern geworden waren, begannen sie nach einiger Zeit, auf Sirius B die „neue" Sternenschule einzurichten. Um die vorgefallenen Ereignisse erforschen und verarbeiten zu können, holten die Sirianer andere Wesenheiten an ihre Schule und baten sie um Hilfe. Die Zentralsonnenlehrer waren zwar immer noch zugegen und die besonders forschenden Sirius-Lehrer auch, aber nun wollten sie sich von Wesenheiten des anderen Sternentores, des Antares, in der neuen Schule beraten lassen. Denn Antares ist das Sternentor, das für den ganzheitlichen Überblick über die gesamte Schöpfung in diesem Universum sorgt.

Aus großer Liebe und Einsicht und um Erfahrungen und Prozesse dieser Art leichter zu gestalten, erklärten sich hohe Antares-Wissenschaftler – nennen wir sie so – bereit, in der neuen Sternenschule auf Sirius B zu lehren. Das bedeutete natürlich, daß die Sirius-Universität nun ein völlig anderes Lernprogramm verfolgte. Die Fächer wurden breiter angelegt und konnten mehr gewählt werden, auch sorgte man für größere Vernetzung.

So ist es heute noch! Wenn ihr euch in den Zeiten eurer Nachtarbeit mit Sirius verbindet, werdet ihr in dieser großen Schule empfangen, die nun zum Teleskop für dieses Universum geworden ist. Hier wird das gesamte Wissen über jede nur denkbare Entwicklung und Entfaltung in diesem Universum gesammelt und gespeichert. Hier sind große Datenbänke, riesige Bibliotheken, welche die mannigfaltigen Manifestationen und Entwicklungen dieses Universums festhalten. Wann immer ihr etwas über die Entfaltungen und Erfahrungen verschiedener Planeten zu wissen wünscht, bittet um Einlaß in die Sirius-Schule. Tut dieses über das Symbol des Dreiecks, und ihr werdet Sirius mit Leichtigkeit erreichen. Sodann bittet darum, daß eure Brüder und Schwestern den richtigen Lehrer für euch und euer derzeitiges Wissensbedürfnis finden mögen. Wartet geduldig, bis dieser Lehrer erscheint, stellt eure Frage präzis und empfangt, was immer euch gesagt wird. Ihr lernt hauptsächlich über das Dritte und Vierte Auge.

Viele Sirius-Geschwister haben sich entschlossen, in Form von Wal- oder Delphin-Wesenheiten auf dem Planeten Erde zu inkarnieren. Dies taten sie, um euch Leichtigkeit, Freude und

Wiedererweckung der Kommunikation zu bringen. Denn, wie ihr wißt, suchen alle Sirius-Geschwister immer noch seit jenem großen Experiment nach der versprengten Schülerschaft der alten Schule, um ihr erneut behilflich zu sein, die Schlüssel zu ihrer Sternenerfahrung zurückzugewinnen.

Aus diesem Grunde sind viele Siriuswesen als Delphine und vor allem auch als Wale auf den Planeten Erde gegangen.

Diejenigen von euch, die sich mit ihnen verbunden fühlen, werden in der Sternenschule von Sirius B über das Vierte Auge informiert werden. Wer mit diesen Geschwistern keinen so engen Kontakt hat, wird hauptsächlich über das Dritte Auge unterrichtet werden.

Es wird immer so sein, daß euch euer Lehrer mit seiner feinstofflichen Lichthand auf dem Herzen gegenübersteht und mit der anderen Hand euer Drittes oder Viertes Auge berührt. Es wird sich öffnen, und ihr werdet wissen, ob ihr die Ereignisse nun in Bewegung, im Tanz oder in einem Ablauf von Bildern erfahrt.

Euer menschliches Verstandesselbst hat mit der Übersetzung dieser Bilder naturgemäß seine Schwierigkeiten. Ich, Vyvamos, sage euch jedoch, das ist nicht so wichtig. Wenn die Informationen durch euren Lichtkörper einsickern, dauert es oftmals einige Zeit, bis euer Verstandesselbst es für euch richtig übersetzt.

Also seid liebevoll mit euch und laßt euch Zeit nach einer solchen Schulung.

Der große Drang des „Unbedingt-wissen-Wollens“ ist hier nicht am Platze. Eher das Annehmen des Geschenks der Energie und ein ruhiges, vertrauensvolles Warten, bis die Dinge euch auch auf der Ebene des Verstandes klar geworden sind.

Mit den besonderen Grüßen der Lehrer von Sirius B, die ich euch hier übermitteln soll, segne ich euch. Ich bin Vyvamos.

Kapitel 6

Die Liebeswelt der Plejadier

Segen und Willkommen, dies ist Aquilia vom Rat der Sieben Schwestern.

Der ewige Fluß der unendlichen Liebe ist mit euch.

Ich lade dich ein, heute mit in meine Heimat, die Plejaden, zu reisen.

Nimm einen tiefen Atemzug und geh in dein Herz, deine goldene Kugel, hinein.

Dies ist der Raum des Einen Seins. Hier ist Liebe. Hier ist Frieden.

Sieh aus deinem Herzen hinauf zu den Sternen, erkenne das Sternbild der Plejaden und sieh, wie aus diesem Sternbild ein smaragdgrüner Kokon auf dich zufliegt.

Atme diesen Kokon in dein Herz hinein und laß jetzt dein Bewußtsein in den Kokon hineinströmen, als würdest du dich selbst in eine weiche Wiege betten.

Bitte dein Hohes Selbst nun um einen elektrisch-blauen Lichtmantel um den Kokon herum und erlaube dann deinen Flug zu den Plejaden. Wer so reist, erreicht in Gedankenschnelle unsere Welt der 800 Sterne.

Du siehst die Sterne in allen Blau- und Grüntönen, während du an ihnen vorbeifliegst.

Dein Ziel ist Alcyone, der Zentralstern und Sitz des Rates der Sieben Schwestern.

Du schwebst in die Umlaufbahn ein und sinkst langsam immer tiefer in eine ätherisch lavendelblau-smaragdgrüne Atmosphäre.

Du kannst nun sehen, daß der ganze Planet mit wogender wäßriger Energie bedeckt ist, einem smaragdgrünen Meer – so würdest du es nennen.

Da und dort haben sich hohe Städte, die wie Schneckenmuscheln geformt sind, aus dem Schaum des Meeres herausgebildet. Auf die größte dieser Städte schwebst du zu. Du erkennst die Form einer Venusmuschel, der die schaumgeborenen Türme entsprießen.

Sanft landest du am Fuße der Türme. Du steigst aus deinem Kokon heraus, und wir begrüßen dich auf telepathischem Wege.

Du fühlst, wie sich dein Herz öffnet und wie unsere Herzen nun mit dem deinen im Gleichklang schlagen. Ein im Herzen Eins-Sein. Wir nehmen dich in unsere Mitte und schweben in den Turm hinein und den gewendelten Weg hinauf bis zur höchsten Spitze.

Hier ist ein kreisrunder Saal. Für dich mag er aussehen wie die blaugrünweiß schillernden Farben des Muschelinneren. Aber alles ist weich, nicht wirklich fest, und da, wo du Platz zu nehmen wünschst, formt sich eine bequeme Liege.

Wir lassen uns alle im Kreise nieder. Mit dir sind wir sieben Wesenheiten. Je nach deiner persönlichen Sternenerfahrung nimmst du uns als Venus, Isis, als Lichtfrauen oder als Sternenenergie wahr.

Wir möchten dir Einblick in deine Geschichte geben; sie ist auch die unsere.

Über uns erscheint eine leuchtende Spirale, das unendliche Symbol allen Entstehens, das Sinnbild der Galaxien und Wahrzeichen weiblicher Kraft. Energiefäden verbinden dieses Symbol mit unserem Dritten Auge, so daß wir jetzt alle über unsere Dritten Augen verbunden sind.

Aus der Allgegenwart Gottes geboren und vom Universum der Shekinah ausgesandt, erreichten wir diese Sternenregion. Pulsierende Liebe und Verschmelzung ausstrahlend, befruchteten und bevölkerten wir alle diese Sterne. Wir verschmolzen mit ihrer Schwingung, und bald entstand ein großes Energiefeld der Liebe und der Einheit. Wir sind und waren alle immer eins, und wenn wir uns aus diesem Energiefeld lösten, um uns einem anderen der 800 Sterne anzuschließen, so fühlten wir uns doch ständig eins mit allen andern.

Da unser Energiefeld immer größer wurde, erschufen wir einen Dreiklang, der durch sein Tönen alle unsere Bewußtseinseinheiten wieder zu einem großen Ganzen zusammenschloß.

Auf diese Weise besiedelten wir die Sterne und erschufen dank unserer Liebe aus unseren Gedankenformen Meere und Wohnungen dieser Welt. Wir sind die Meere, wir sind die Wohnungen, alles ist eins.

Als der Zeitpunkt nahte, wo unser Sternensystem wieder auf einer Linie mit eurem Sonnensystem stand, erkannten wir, daß es einen neuen Planeten gab, der um die Sonne kreiste.

Wie wunderbar! Das Große Universelle Ganze hatte etwas Neues erschaffen.

Einige von uns lösten sich aus unserem Eins-Sein und brachten unsere Essenz, unser Meer, auf diesen Planeten. Wir bedeckten dieses neue Wesen mit der Essenz unserer Liebe und der Kraft des Erschaffens.

Als der Zyklus ein weiteres Mal umrundet war, nahmen wir wahr, daß GAIA sich verändert hatte: Form war entstanden, Tiere hatten sich entwickelt und waren dabei, aus dem Meer an Land zu gehen. Wie groß war unsere Freude.

Wieder gingen einige von uns nach Gaia, um diese Neuerungen aufzunehmen und einen weiteren Teil ihrer Essenz zu verströmen.

Jedesmal, wenn wir in direkter Ausrichtung zur Sonne standen, taten wir das. Bald war auch der Mensch auf Gaia erschienen, und wir trafen Wesenheiten anderer Sterne an, die alle dazu beitrugen, daß dieses Kleinod sich entfaltete.

Unser kosmisches Bewußtsein lehrte uns, daß hier dank der Liebe und der Gaben der Sternenwesen ein Heilungsplanet heranwuchs.

Durch die anderen Sternenwesen erfuhren wir viele Neuigkeiten, und einige von uns begannen, sich zu spezialisieren. Als die Sternenfahrer des Sirius uns von der Form des Dreiecks berichteten, begannen einige von uns mit dieser Form zu spielen. Sie baten darum, die Essenz unserer äußeren Sterne benutzen zu dürfen und erschufen unendlich viele Kreationen, die sich aus Dreiecken zusammensetzten. So entstanden die ersten Pyramiden mit Dreiecksflächen, die sich bald als Überträger von Energie bewährten.

Der nächste Zyklus erlaubte uns, die Pyramiden in eurem Sonnensystem zu errichten. Das taten wir auf dem Planeten Mars, wo die Bevölkerung schon recht zahlreich war – sie nutzte diese Technologie, wie sie es nannte, um Energie für ihre Projekte zu erzeugen – und das taten wir auf Gaia. Einige von uns blieben aus freier Wahl als Wächter dort, um sicherzugehen, daß der Leitstrahl zu den Plejaden aufrechterhalten blieb. Sie lehrten und beschirmten die Menschen, die sich Maya nannten, und enthüllten ihnen den galaktischen Code. Sie wußten, daß sie bis zum nächsten Zyklus auf Gaia bleiben würden; und sie wählten das aufgrund ihrer Liebe zu dem Planeten Erde.

Diejenigen von uns, die sich auf das Erzeugen von Energie mit Hilfe der Pyramiden verlegt hatten, kamen weit in diesem Universum herum. Immer wenn sie von einer Reise zurückkehrten, erklang der Dreiklang. Wir vernetzten unser Bewußtsein und teilten so alle Neuigkeiten und Neuerungen, die sie in Erfahrung gebracht hatten.

So wurden sie unser Bindeglied zu anderen Welten und Dimensionen. Durch ihre Reisen lernten sie, in größere Dichtigkeiten einzutauchen, und dadurch konnten sie selbst auch ihre Dichtigkeit formen. Sie begannen Raumhäfen auf äußeren Sternen zu erschaffen, so daß auch andere Sternenfahrer sie besuchen konnten.

Je mehr uns all diese Eindrücke überfluteten, desto mehr wuchs in uns die Erkenntnis, daß wir nicht mehr in der Lage waren, mit all diesen Schwingungen zu verschmelzen. Wir empfanden eine stetig zunehmende Trennung, die wir aber nicht verstanden.

So begann auch bei uns das Thema dieses Universums Gestalt anzunehmen. Der alles einigende Dreiklang veränderte sich, und wir erkannten, daß wir nun zwei Teile einer Einheit waren. Immer noch gab es große Vereinigungen, aber mehr und mehr ging unser Eins-Sein zwei getrennte Wege.

Das Thema dieses Universums ist die Dualität, und wir erkennen, daß alle Wesen, die sich in diesem Universum verkörpern, gerade diese Erfahrung wählen. Und in seiner unendlichen Liebe und Weisheit hat der Große Eine den Planeten Gaia in die Erscheinung gebracht, damit die Dualität, die Illusion der Trennung, heilen kann.

So lösen wir unser Treffen für heute und geleiten dich zu deinem Kokon, damit du in Liebe und Frieden auf deinen Planeten Gaia zurückkehren kannst. Du hast die Verbindung neu erschaffen und bist uns immer in Liebe willkommen.

Dein sich wieder öffnendes Sternenbewußtsein sei in Liebe gesegnet. Dies ist Aquilia.

Kapitel 7

Die drei Entwicklungsphasen des Orion

Willkommen, ich bin Min-Ra, eine Tochter der Og-Min, der Sternenhüter. Ich möchte euch die Geschichte der Wandlung des großen Sternenfeldes Orion erzählen.

Vor Äonen, als der Sohn des All-Einen dieses Universum ins Leben rief, waren alle Sterne und Wesenheiten in die Schwingung der goldenen Harmonie gebettet. Bald wurden die Wesen jedoch gewahr, daß es verschiedene Dimensionen in diesem Universum gab, und sie begannen, unterschiedliche Schwingungen wahrzunehmen. Nach und nach wurde aus der Wahrnehmung eine Wertung, die zunehmend an Raum gewann. Sie öffnete den gefallenen Heerscharen Tür und Tor. Denn der liebende Sohn erschuf dieses Universum, damit die Kinder Gottes ihre Wahl treffen und als die „verlorenen" Söhne und Töchter den Weg zurück zum Vaterhause finden könnten.

Vergeßt dies nie, wenn ihr nun die Geschichte des Sternenfeldes Orion hört.

In der Goldenen Schwingungsphase sandte der Sohn des All-Einen aus den Hallen der Zentralsonne acht Wesen nach Orion, die eingewilligt hatten, als Hüter dieser Welten zu dienen.

Sie bereiteten sich ihre Heimstatt auf den drei Sternen, die ihr die Gürtelsterne nennt. Hier herrschte seit jeher eine andere Schwingung als auf den anderen Himmelskörpern dieses großen Sternenfeldes.

Das mittlere Gestirn bildet das Auge von AN, jene Pforte, die Gaia und mit ihr dieses Sonnensystem auf seiner Heimreise durchschreiten wird.

Die heiligen Acht erforschten die Welten, und voller Freude erkannten sie, daß es materielle Welten waren. Sie nahmen von jedem Stern einen Berater in ihre Runde auf, und so entstand der Hohe Rat des Orion.

Sie kehrten nach Al Nilam zurück und besprachen sich, wie sie Glück und Wohlsein in ihrem Sternenfelde mehren könnten. Die Welten wollten besiedelt, die vorhandene Materie, von Geist durchdrungen, entwickelt werden. Sie sandten den Ruf hinaus ins Universum, daß alle, denen an der Entfaltung der Materie gelegen sei, hier von Herzen willkommen seien.

Während der Goldenen Phase trafen viele einzelne Sternenfahrer ein, um diese Welt der Materie zu erkunden. Und sie alle lebten und entfalteten sich in Frieden und Gemeinschaft. Sie fanden Wege, sich in das Geheimnis der Steine einzuleben, sie begannen, die versteckten Wasser zum Wohle aller zu kanalisieren.

Als die Kunde einer materiellen Welt die Schulen des Sirius erreichten, beschlossen viele Sirianer, vor allem jene, die mit den Lyrianern eng verbunden waren, nach Orion zu gehen, um die Gesetze der Materie zu erkunden und die Form des Dreiecks auf dieser Ebene zu ergründen. Der Hohe Rat von Orion hieß sie willkommen und erlaubte ihnen, alle Welten zu erfoschen.

Hier nun endlich gelang es ihnen, Körper zu manifestieren, und sie erkannten, daß Plus- und Minus-Spannung Materie zusammenhält.

Als ihr großes Wissen sie nach einiger Zeit dazu verleitete, sich als etwas Höheres zu empfinden, begann der Aufbau einer hierarchischen Gesellschaft, in der es Herren und Diener gab – so würdet ihr es in eurer Sprache nennen.

Viele unterschiedlich gesinnte Sternenfahrer kamen in diese Welten.

Bald wurde die Kluft zwischen Dienern und Herren unüberbrückbar, besonders als die Herren begannen, Handel mit anderen Welten zu treiben. Denn durch die Kenntnis der Geheimnisse von Plus und Minus war es ihnen gelungen, Elemente aus dem Stein herauszulösen, die riesige Energien in sich speicherten. Und alle materielle Welten bedurften dieser Energien, denn sie hatten vergessen, daß wahre Energie der Atem Gottes ist.

Diese Entwicklung machte die Kluft in der Bevölkerung so tief, daß einige der Herren anfingen, auf ihre Diener herabzusehen.

Wissen war so zu einer Macht geworden, die das „Volk der Diener" allmählich glauben machte, wirklich weniger wert zu sein. So entstand durch die Spaltung der Materie und der Wahrnehmung die Rote Phase des orionischen Sternenfeldes.

Die acht Sonnenhüter des Hohen Rates begannen ihre unendlichen Gespräche mit den acht Weltenhütern, denn sie wußten um die Leiden des Volkes, und sie, die aus der Einheit gekommen waren, hießen diese Entwicklung nicht gut.

Die Weltenhüter empfanden die Verhärtung jedoch als durchaus natürlich, denn nach ihrer Kenntnis entsteht aus verdichteter Materie die Form. Sie beschlossen, die weitere Entwicklung abzuwarten, alles in Ruhe zu betrachten, um den Sinn später ergründen zu können.

Nach wie vor sprachen Neuankömmlinge beim Hohen Rat vor, und sie wurden dann nach der Beratung in ihre Welten eingewiesen. Diese Beratungen wurden indes immer langwieriger, denn immer weiter klafften die Meinungen der Sonnen- und der Weltenhüter auseinander. Die Sonnenhüter erkannten in ihrer Weisheit, daß sich die Illusion der Trennung nun auch in ihrer Dimension festgesetzt hatte. Sie gingen in Meditation mit dem All-Einen und erfuhren so, daß dies im Einklang mit der Schöpfung des Universums vor sich ging. Sie fühlten tief in ihrem Sein, daß sie eingewilligt hatten, die Reise durch das tränende Herz anzutreten. Immer jedoch würden sie sich der ruhenden Einheit im innersten Sein erinnern.

So kam es zur Wahl des ersten spirituellen Oberhauptes überhaupt in der Geschichte des Universums. Er wurde „Friedensfürst" genannt, und es war seine Aufgabe, im Bewußtsein der Einheit zu verweilen und im Sinne der Einheit zu sprechen.

Der Friedensfürst bat die Weltenhüter darum, einen Sprecher des Rechts zu wählen, denn sie wollten ihre Welten bereisen, um Frieden und Recht wiederherzustellen. Erkennt, Geliebte, daß sich das Recht immer aus dem Materiellen ableitet, der Friede aber aus dem Einen Sein.

Die Aufgabe, die sie sich in den Nebeln der Trennung gestellt hatten, war nicht zu erfüllen, und durch die Unerfüllbarkeit ihrer Aufgabe begannen sie sich zu verbrauchen. Sie suchten Abhilfe, indem sie in regelmäßigen Abständen neue Vertreter wählten, doch dadurch wurde die Trennung als sogenannte „Erfahrung" nur noch gefestigt.

Der ältere Friedensfürst fühlte sich dem jüngeren an Weisheit überlegen, und so hielt der Hochmut seinen Einzug. Das Tal der Tränen hatte sich geöffnet.

Auch nach vielen Amtszyklen war es ihnen nicht gelungen, Frieden und Recht wiederherzustellen. Alle waren müde.

Da erschien ein schwarzgekleideter Sternenfahrer mit seinem Gefolge und zeigte ihnen, wie er und sein Volk Materie in „Licht" verwandeln konnte. Er bot diese Technologie dem Sternenfeld zum Geschenk an, wenn man ihm dafür Raum gewährte.

Das erste Mal seit langer Zeit war der Rat sich einig – diese „Licht“energie war sicher die ersehnte Lösung. Die Sonnenräte wurden an ihr Sonnenlicht erinnert, und den Weltenräten galt es seit langem als höchstes Ziel, Materie in Licht zu verwandeln.

Der damalige Friedensfürst befragte sein Herz und überprüfte die schwarzen Sternenfahrer. Auch er war von dieser neuen Technologie sehr angetan, aber er vermißte den Funken der Einheit in diesen schwarzen Herren. So riet er zur Vorsicht, doch schließlich einigte man sich darauf, daß der schwarze Herr, der sich Karon nannte, mit seinem Volke die Welt des Rigel besiedeln sollte.

So hielten die Schwarzen Herren Einzug auf Orion; und die Schwarze Phase nahm ihren Anfang.

Die Schwarzen Herren und ihre Begleiter aber waren gefallene Engel, die sich so tief auf die Materie eingelassen hatten, daß ihnen ihr göttlicher Funke vollkommen aus dem Gedächtnis entschwunden war. Sie hatten die Materie so lange gequält, bis sie deren göttliche Kerne spalten und dadurch das entstehen lassen konnten, was sie „Licht“ nannten, eine Energieform, die ihre ungeheure Gewalt dem Brechen der göttlichen Einheit verdankt.

Die Schwarzen Herren begannen auf Rigel ihre dunklen Städte und Bergwerke zu errichten; immer tiefer sprengten sie ihre Tunnel und Höhlen in die Berge hinein, und durch die freiwerdenden Gifte verdarben die Wasseradern.

Die Bevölkerung erkrankte. Reines Wasser war hochbegehrt; gegen das Versprechen guten Wassers ließen sich die Menschen sogar versklaven und arbeiteten in unsäglichem Elend in den Minen.

Als das reine Wasser auf Rigel schließlich erschöpft war, stellten die Schwarzen Herren ein Heer auf, fielen über die Welt

Saiph her und unterjochten sie. Danach eroberten sie Bellatrix und Beteigeuze.

Die Söldner der ersten Stunde erkannten dann, daß sich auf jeder neuen Welt bald die gleichen Übel einstellten, und sie gingen dazu über, ihre Erfahrungen dem Volk von Beteigeuze zu unterbreiten.

Die Führer von Beteigeuze, durchweg friedliebende Menschen, liebten ihre Felsen und Kanäle sehr. Sie baten um eine Unterredung mit den Schwarzen Herren, um friedliche Übereinkünfte mit ihnen abzusprechen. Doch sie stießen auf Granit. Die Schwarzen Herren waren unendlich erbost; noch nie war es vorgekommen, daß sich Sklaven gegen sie erhoben hatten. So etwas wollten sie nicht dulden.

Sie selbst waren auf reines Wasser nicht mehr angewiesen, da sie sich vor langer Zeit bereits den Giften angepaßt hatten.

Sie warfen die Führer von Beteigeuze in die Kerker und quälten sie so lange, bis sie aus ihnen die Namen der Verräter herausgepreßt hatten. Den überführten Missetätern implantierten sie dann winzige Metallplatten, über die sie sich jederzeit informieren konnten, wo ihre Träger sich befanden, was sie sahen, was sie sprachen und was sie taten. Die Metallplättchen waren durch haarfeine Drähte mit allen Nervenzentren verbunden, die die Körperempfindungen regeln. Wenn nun eines der Opfer etwas tun wollte, was nicht in ihrem Sinne war, sandten sie Impulse aus, welche das Wesen sich vor Schmerzen krümmen ließ. Wie man sieht, waren die Schwarzen Herren sehr erfinderisch.

Sie erkannten schließlich, daß über Schmerzen anscheinend alles zu erreichen war, und so experimentierten sie in dieser Richtung auf Beteigeuze weiter, bis sie die Implantate so genial gekoppelt und verfeinert hatten, daß aus ehemaligen freien Wesen fast willenlose Roboter geworden waren. Mit diesen künstlichen Wesen erreichten sie ihre Ziele wesentlich rascher, da in ihrer Zentrale alles aufgezeichnet wurde, was jene über ihre Umgebung erfuhren.

Nun machten sie sich daran, das ganze Sternenfeld unter ihre Kontrolle zu bringen, insbesondere den Rat und das Auge von AN. Zu diesem Zwecke experimentierten einige ihrer Wissenschaftler nun mit den Zellen der Sklaven. Nach dem Prinzip der Kernspaltung zerlegten sie die Zellen ihrer Opfer und versuchten, aus den Teilstücken neue Wesen zu züchten, die ihren Vorbildern ähnelten und wie jene handelten. So erschufen sie Klone, die als willenlose Befehlsempfänger ihre Armeen auffüllten.

Dank ihrer Sklaven kamen sie dann auch an eine Zelle des beteigeuzanischen Rechtssprechers, denn der Friedensfürst und der Rechtssprecher waren immer noch in ihrer unendlichen Mission unterwegs. Jetzt waren sie in der Lage, den Rechtssprecher zu klonen und auszutauschen. Daher kam der Rat von Orion nie zu einer Entscheidung und mußte wie alles Volk im Tal der Tränen wandern.

Je mehr jedoch das Nicht-Lichtvolle Raum gewann, desto mehr erinnerten sich der Friedensfürst und die Sonnenhüter an die ursprüngliche Einheit und entdeckten nach langer Kontemplation den winzigen Gottesfunken in den Herzen der dunklen Herren. Dadurch konnten sie die geklonten von den echten Persönlichkeiten unterscheiden. Immer wenn sie sich in Liebe mit diesem Gottesfunken verbanden, wichen die Schwarzen Herren zurück, denn dieses Geheimnis verstanden sie nicht, und so sehr sie auch danach suchten, sie fanden es nie heraus.

Trotz dieses Wissens mußten die Sonnenhüter auch noch die Einflugschneise, jene Welten, die ihr als das Schwert im Sternbild Orion bezeichnet, den Schwarzen Herren überlassen.

Dadurch verloren sie jeden Kontakt mit den an- und abfliegenden Schiffen.

Die Gürtelsterne jedoch waren durch ihr Wissen um die göttliche Essenz geschützt, denn immer genau die Hälfte aller Anwesenden auf jenen Sternen waren Abkömmlinge der Sonnenhüter und Träger der göttlichen Weisheit.

Diese Wesen waren die Hüter des Lichtes und fanden sich nun immer wieder zu Tagungen zusammen, in denen sie ihre Herzen stärkten und ihren Geist schulten, so daß sie nach und nach ihre in Vergessenheit geratenen telepathischen Fähigkeiten zurückerlangten. Sie befanden sich in andauerndem Gebet und stetiger Anrufung, wußten sie doch, daß am Ende des Tals der Tränen ein neuer Morgen dämmern mußte.

Durch die Besetzung und Umwandlung der Einflugschneise erreichte die Kunde des Geschehens auf Orion bald die anderen Sternenwelten.

Zwar gelang es den Schwarzen Herren anfangs noch etliche Male, einige der Sternenfahrer zu klonen, wodurch sie Zugriff auf andere Welten erhielten, aber sehr schnell versiegte der Strom der Lichtschiffe nach Orion. Die Saat der Gewalt jedoch war ausgebracht, und das Universum wurde erschüttert.

Die Hallen der Og-Min waren mit Trauer erfüllt, und in allen Sternengemeinschaften meditierten die Wesenheiten um eine Lösung und baten Vater und Sohn um Hilfe.

Das ewige Gebet der Og-Min ist mit dir. Ich bin Min-Ra. Segen.

Kapitel 8

Die Zerstörung des Mars

Segen und Willkommen, dies ist Monka.

Laßt mich euch berichten, wie es zur Schließung der Schule der Wahren Krieger kam.

Die Marsianer waren ein blühendes Volk, und dank der Technologie der Pyramiden konnten wir unsere Kraft und unser Wissen mehren. Wir erbauten unsere Städte mit Pyramiden, und so war jedes Haus angebunden an die Vervielfältigung der göttlichen Energie. Lange Zeit lebten wir ein gottgefälliges Leben, und wir entwickelten unsere Kraft und unser Bewußtsein in beständiger Anbindung an den All-Einen.

Bald hörten wir durch die uns besuchenden Sternenfahrer von den Veränderungen auf Orion, vom Anbruch der Roten Phase. Unsere Weisen wußten aus ihrer Kontemplation heraus, daß damit große Umwälzungen ihren Weg nahmen.

Die Gemeinschaft beschloß deshalb, die Schule der Wahren Krieger zu gründen. Wir errichteten eine besonders große Pyramide und entwickelten unsere Technik soweit, daß wir die Energie in Licht umwandeln und aus diesem Lichtstrahl einzelne Lichtschwerter „schmieden" konnten. Damit wir uns richtig verstehen: Das Lichtschwert war natürlich keine Waffe im irdischen Sinne. Es war und ist ein Symbol für den Strom der göttlichen wahren Macht im Hier und Jetzt.

Jeder Schüler, der mit dem Lichtschwert umzugehen lernte, durchlief viele Initiationen. Er erkannte, daß Wut und Zorn vom wahren Geschehen ablenken und daß das Aufrichten des

Lichten Schwertes ihm half, vollkommen zentriert zur rechten Zeit am rechten Ort die jetzt im göttlichen Plan angebrachte Handlung zu vollziehen.

Manche der vollendeten Lichtkrieger schlossen sich den Sternenfahrern an, manche, so auch ich, verweilten, um neue Schüler auszubilden.

Durch den Austausch, den wir mit anderen Welten pflegten – ihr würdet es wohl Handel nennen – entwickelte sich auch in unserer Gesellschaft eine Hierarchie, und bald begannen einige unserer Mitbürger, sich wie Herren zu verhalten.

Die Weisen unserer Schule konnten lange Zeit für Ausgleich sorgen, doch als die Schwarze Phase auf Orion ihren Anfang nahm, waren viele geblendet von der augenscheinlichen Macht der Schwarzen Herren. Sie vergaßen, daß wahre Macht als jetzt gelebter Ausdruck des Herzens göttlicher Natur ist.

Dann trafen die ersten Boten der Schwarzen Herren bei uns ein und drängten uns, ihnen unsere Kunst der Kernspaltung auszuliefern, denn sie glaubten, daß diese Technik sie noch mächtiger machen würde. Die Entwicklung überstürzte sich; die Schule der Wahren Krieger verlor jeden Einfluß auf die Ereignisse. Man stellte uns als frömmelnde Traumtänzer, die in ihrer Pyramide um Einswerdung mit Gott beteten, hin. Die von Orion ausgesandten Sklaven und Klone verstanden ihr Handwerk gründlich, und bald war unsere Gesellschaft bis in die Wurzeln mit sich zerstritten.

Bergwerke durchlöcherten unseren einstmals dicht bewaldeten Planeten, und das Wasser wurde unrein. Wir, die Schüler des Lichten Schwertes, errichteten ein Mahnmal aus den toten Steinen, denen sie durch ihre Spaltung die Seele geraubt hatten. Denn noch immer hofften wir, daß der Zerfall unseres Planeten in den Weiten des Universums erkannt würde. Weiterhin trainierten wir unser Bewußtsein und unsere Gewandtheit, aber wir konnten es nur mehr im geheimen tun. Telepathisch sandten wir unsere Bitten um Hilfe hinaus ins Weltall, wissend, daß unser Rufen zum richtigen Zeitpunkt gehört würde.

Dann kamen die dunklen Tage über Mars.

Viele der Kraftwerke waren ausdrücklich zu dem Zweck errichtet worden, unsere Atmosphäre zu schützen, denn wir hatten Kenntnis von dem zyklisch auftretenden Planeten Marduk, der bisher stets bei seiner Annäherung große Witterungsumschwünge auf Mars ausgelöst hatte. Und dieser Planet war bereits wieder deutlich am Firmament zu sehen. Unsere weisen Astronomen hatten seine Bahn berechnet, und so wußten wir, daß es uns diesmal wirklich gefährlich wurde.

Wir erwogen die Evakuierung des Planeten, doch wir stießen bei unserem ganzen Volk auf taube Ohren. Die wenigen, die an uns glaubten, versammelten sich in der Großen Pyramide unserer Schule und durchlebten schwere Stunden. Zusammengepfercht auf engstem Raum, galt es der Angst zu widerstehen.

Unsere Schiffe waren gerade fertiggestellt, der Planet Marduk ließ die Vorboten seiner Ankunft auf unseren Planeten regnen; da erschienen die Schwarzen Herren mit ihren Truppen, um unsere Heimat an sich zu reißen!

Unendliches Leid brach über uns herein.

Den Kriegern des Lichten Schwertes war es Herzenssache, nicht zu kämpfen, sondern so viele wie möglich zu erretten. Das bedeutete für manche eine schwere Prüfung, doch nun verstanden sie die wahre Macht des Lichten Schwertes. Mit ihr errichteten wir eine Zone der Aufhebung aller Trennung, so daß die Schiffe ungehindert aufsteigen konnten.

Während der Krieg auf Mars noch tobte, erhielten wir Botschaft von Ashtar, die Schule zu verlassen und uns in die lichten Heere einzugliedern. Hier erhielten wir neue Aufgaben, so auch mein Sohn Soltec, der aufgrund seiner Kenntnisse zum technischen Leiter bestellt wurde.

Das Volk der Marsianer, das dem Massaker entronnen war, zerstreute sich in verschiedene Welten. Wohin immer sie kamen, versuchten sie, den Bewohnern ihre Kenntnisse zu vermitteln. Oft gründeten sie Schulen der Wahren Kriegerschaft und spirituelle Orden.

Mars wurde vollkommen zerstört, kein Leben blieb erhalten; das steinerne Gesicht des Planeten dient als Mahnung für das ganze Universum.

Trenne nie die göttliche Einheit, denn damit zerstörst du das Selbst.

Seit dieser Zeit diene ich Ashtar und unserem Herrn Jesus Christus in den Reihen der Raumbruderschaft. Immer wieder inkarnierte ich in Welten, um die Botschaft der Lichten Krieger zu lehren.

Krieg, Geliebte, ist ein Wort, das Schmerz und Trauer auslöst, doch es ist der Krieg der Dualität in jedem einzelnen Wesen, der diese Schmerzen zum Vorschein bringt. Die Aufgabe des Lichten Kriegers, des Kämpfers für die Wahrheit, ist es, dem eigenen Schatten hier und jetzt gegenüberzutreten; den Schatten als ein anderes Ich zu erkennen, anzunehmen und aufzulösen in der wahren Einheit des Herzens, wo jede Dualität sich in der Einheit mit allem, was ist, erlöst.

So lasse den lichten Kämpfer jetzt in dir erwachen, errichte dein Lichtschwert und begegne dir selbst in den dunkelsten Kammern deines Bewußtseins.

Erkenne, daß alle Rollen, die du auf deinen Sternenwegen übernommen hast, deine Wahl und auch deine Schöpfung waren, so daß du selbst auch deine dunklen Rollen hier und jetzt durch lichte kraftvolle Tat wieder mit der Einheit, die du bist und immer warst, selbst vereinen kannst.

Dieser „Kampf" in dir ist eine Art Tanz, und wenn du eine flächige Pyramide mit dem Lichtschwert über deinem hellen und dunklen Teil errichtest und dann dein Herz öffnest und dein Dunkel annimmst, dann bringst du dich wieder in die Einheit, die immer sein wird, heil zurück.

Dann wird mehr und mehr aus deinem Lichten Schwert das Zepter der göttlichen Ermächtigung.

So sei es. Die Kraft ist hier und jetzt.

Das ist Monka, und meine Kraft ist die deine. Denn ich bin ein anderes Du. Segen.

Kapitel 9

Die Herrschaft der Schwarzen Herren auf Orion

Segen und Willkommen, dies ist Somar von Orion. Ich werde euch ein weiteres Kapitel des Oriondramas berichten.

Wie immer, wenn großer Druck und großes Leid auf einem Volke lastet, entsinnen sich einige des göttlichen Kerns. Jene Unterdrückten fanden den Mut, den Ihren zu helfen. Sie verabredeten streng geheime Treffen und beschlossen nach langen Beratungen, sich der Techniken der Unterdrücker zu bedienen, um das Volk vor ihnen zu beschützen. Diese sogenannten Schwarzen Garden lebten völlig im Untergrund und entwickelten von dort aus ein Warnsystem, mit dem sie das Volk vor dem Eintreffen der Greifer, die unentwegt auf der Jagd nach neuen Körpern zum Klonen waren, warnen konnten.

Natürlich blieben sie nicht unentdeckt. Die Schwarzen Garden, die den Mut hatten, sich zu widersetzen, waren den Schwarzen Herren ein besonderer Dorn im Auge. Mit organisiertem Widerstand hatten sie nicht mehr gerechnet. So manipulierten sie geschickt das Warnsystem, das sich dadurch bald gegen die eigenen Leute richtete. Überall wurden Überwachungskameras installiert, jeder Weg, jeder Pfad, jede Wohnhütte wurde mit einem alles sehenden Auge ausgestattet. Ein Entrinnen war nun nicht mehr möglich. Der einst zum Schutze eingerichtete Mechanismus verkehrte sich ins Gegenteil, und die Schwarzen Garden wurden gefangengesetzt.

Die Schwarzen Herren leisteten persönlich die Untersuchung. Was war der Ursprung ihres Mutes? Sie standen vor einem Rätsel. Schließlich entdeckten sie nach langen Folterungen eine Art chakrisches System im Körper ihrer Opfer. Sie erkannten, daß bei Anwendung bestimmter Energien einige besondere Körperteile mehr Energie abstrahlten als andere.

Obwohl sie diese Chakren – es gibt in eurer Erdensprache kein passendes Wort dafür; setzt diese Energiepunkte jedoch nicht gleich mit dem, was ihr heute unter Chakren versteht – nicht wirklich verstanden, entdeckten sie im Energiekörper ihrer Opfer eine Brücke, die offensichtlich diesen Mut und diesen Widerstandsgeist zuwege brachte. Es dauerte dann nicht lange, bis sie eine Technik entwickelt hatten, diese Energiegebilde aus den Körpern ihrer Opfer zu entfernen.

Und nun endlich hatten sie das erreicht, was sie für wahre Macht hielten. Die neuen manipulierten Wesen waren keine Klone und dennoch völlig steuerbar; unempfänglich für Schmerz und Leid, waren sie völlig willenlos ohne eigene Kraft, ohne jeden Selbstausdruck, herzlose Marionetten!

Als man sofort mit der massenhaften Entfernung dieser Energiebrücken begann, geriet das leidende Volk in noch größere Angst, denn es erkannte, daß ihm nun auch das letzte bißchen Selbst geraubt werden sollte.

In ihrer tiefsten Verzweiflung begannen einige nun wieder zu beten und erkannten, daß sie selbst es waren, die ständig die Ebene der Inkarnationen wechselten und sich in einem Zyklus des Täter/Aufseher- und Opfer/Sklaven-Lebens verfangen hatten. Sie entdeckten dies mit großer Trauer und wußten es nicht zu ändern.

Mittlerweile waren einige Lichtkrieger des Mars im Rat von Orion eingetroffen und berichteten von den Vorgängen auf ihrem Planeten. Der Rat von Orion verstand und ersuchte sie um Hilfe. Einige Lichtkrieger erklärten sich bereit, nach Bellatrix und Beteigeuze zu gehen, denn hier lebten noch einige der Mitglieder der Schwarzen Garden, die den Schwarzen Herren entkommen waren.

Die Marsianer waren in ihrer großen Liebe bereit, die letzten Aufrechten zu schulen, wissend, daß sie immer zur rechten Zeit am rechten Ort sein würden, um ihren göttlichen Plan zu erfüllen. Andere Lichtkrieger machten sich auf, um Hilfe anderer Welten zu erbitten.

So begann die Heilung des Orion, und Mut und Herzenslicht begannen sich am Ende des Tals der Tränen wieder auszubreiten.

Deshalb, Freund, rufe ich dir zu: Wie dunkel das Tal sein möge, das du durchwanderst, gehe zügig voran, vertraue auf den göttlichen Plan und erkenne das Licht am Ende jeder Dunkelheit. Richte dein Vertrauen stark und beständig aus, und du wirst jede Dunkelheit hinter dir lassen. Dann erkennst du, daß du selbst eingewilligt hast, durch dieses Dunkel zu gehen, um die Kraft des Lichtes in dir zu mehren und zu stärken.

Dies ist Somar, und mit der Flammenkraft, dem Licht in allem, was existiert, segne ich dich.

Kapitel 10

Der Liebeszug der Plejadier

Segen und Willkommen, dies ist Amrael. Ich komme, um euch vom großen kosmischen Liebeszug zu berichten.

Die Wesenheiten der äußeren plejadischen Welten hatten die Rote Phase auf Orion wohl bemerkt, ihr jedoch zunächst kein besonderes Gewicht beigemessen. Sie waren zu beschäftigt mit ihren Pyramiden und den daraus folgenden Projekten. Nach wie vor hielten sie regen Austausch mit anderen Sternenfahrern, auch mit jenen von Orion. Mit der Zeit kamen jedoch immer weniger Sternenfahrer von dort zu uns, und so beschlossen wir in der großen Versammlung, eines unserer silbernen Sternenschiffe nach Orion zu schicken.

Als die Plejadier auf Orion landeten, wurden sie sofort gefangengesetzt. Ihre im Vergleich zu den Orionern zu geringe Dichtigkeit machte es zwar sehr schwer, auch sie zu klonen, doch zu unserem Unglück gelang es den Schwarzen Herren nach langen, leidvollen Versuchen am Ende doch. Und eben diese Klone schickten sie zurück, um auch das Volk der Plejaden zu unterwandern.

Was die Schwarzen Herren jedoch nicht wußten und, da sie ihre göttliche Abkunft vergessen haben, auch nie verstehen werden, war der alles Bewußtsein verbindende Dreiklang. Er wurde von uns allen empfangen an jenem Tage, an dem wir den Schmerz kennenlernten. Denn alles, was unseren Geschwistern widerfuhr, erfühlten wir selbst in unserem Sein. Diese völlig neue Erfahrung brannte sich unauslöschlich in unser Bewußtsein ein.

Wir gerieten in helle Aufregung und beschlossen, sofort etwas zu unternehmen. Viele von uns erklärten sich bereit, nach Orion zu fliegen, natürlich nicht mit den Silbersternenschiffen, denn die würden bemerkt werden. Wir wollten uns verdichten, um zu retten, was zu retten war. Was dort zu tun war, wußten wir nicht genau, aber mit dem Segen unserer Schwestern machten wir uns auf den Weg.

Als wir in die Nähe des Sternenfeldes kamen, empfingen wir die Gebete der leidenden Wesen, denn es war die Zeit, als ihnen ihr Selbst durch die Entfernung der Energiebrücken geraubt wurde. Der Schmerz dieser Wesen rührte uns tief an, und wir waren uns einig, hier einzugreifen.

Energien sind für uns leicht spürbar, und so machten wir sehr schnell die großen Hallen aus, in denen die Platten gelagert und bewacht wurden.

Wir bereiteten uns darauf vor, so lange wie möglich dem Druck der materiellen Welt zu widerstehen, um diese Energieplatten aus den Lagerhallen herauszuholen. Tatsächlich bedurfte es unserer ganzen Kraft und Geschicklichkeit, dort einzudringen und uns je eine dieser Energieplatten auf die Schultern zu laden.

Wir waren zu vielen Hunderten gekommen, und jede flog zielsicher zu einer bestimmten Energieplatte; denn hier herrschte große Resonanz. Mit den geschulterten Platten flogen wir wieder hinaus und erkannten dann, daß wir zu schwer geworden waren und dem Sog der Materie nicht mehr widerstehen konnten. Wir trudelten tiefer und tiefer, bis uns ein Zielgedanke erreichte, der von dem wunderbaren Heilungsplaneten Gaia ausging. Und so erreichten wir die Erde.

Oh, wie groß war hier die Dichte! Wie schmerzlich drückten die Schwere der Atmosphäre und die Anziehungskraft auf unser Sein. Wir suchten im Meere Zuflucht und erkannten bald, daß wir nun wahrhaft Individuen geworden waren, daß wir Körper hatten. Wir waren alle Delphine geworden.

Nach und nach fanden wir uns in unserer neuen Welt zurecht. Wir liebten das Spiel der Wellen und hatten Freude am Wasser; das ewige Fließen war ja schon immer in uns.

Dann erreichte uns über unser kommunikatives Netz die Botschaft, daß wir uns so lange auf diesem Planeten verkörpern würden, bis wir die Besitzer der Energieplatten gefunden und ihnen ihr Eigentum zurückerstattet hätten. Voraussetzung sei jedoch, daß sich unsere Geschwister von Orion an ihr Sein und ihre Leiden erinnern müßten und aus vollem Herzen ihre eigene Energie wieder annähmen.

Zuerst erschien uns das nicht schwierig. Wir begannen zu inkarnieren und nach unseren Partnern Ausschau zu halten. Doch bald zeigte sich, daß wir viele Leben mit ihnen zu gehen hatten, bis sich ihre Herzen allmählich wieder öffneten. Denn zu groß war die begrabene Pein.

In dem Augenblick, in dem wir die Energieplatten von Orion wegführten, hatten die betroffenen Orioner die Möglichkeit, ihren Inkarnationszyklus zu verlassen. Viele empfanden das wie einen Sprung durch ein schwarzes Loch und fanden sich plötzlich auf der Erde wieder.

Natürlich erkannten die Schwarzen Herren schnell, was geschehen war, denn viele ihrer Sklaven und Soldaten waren urplötzlich verschwunden. Zur gleichen Zeit verstärkte sich aber der Lichtkrieg auf Beteigeuze und Bellatrix, so daß sie sehr beschäftigt waren. Um zu verhindern, daß ihnen noch mehr Wesen abhanden kamen, unterließen sie fortan die Entnahme der Energiebrücken.

In vielen Gefechten schafften es die Lichtschwertträger endlich, die dunklen Herren auf die Welten unterhalb des Gürtels zurückzudrängen. Die Gürtelsterne und der Rat von Orion hielten nun das Gleichgewicht zwischen Licht und Schatten, und zwar so lange, bis das Auge von AN sich öffnen und das Sonnensystem in eine neue lichtvollere Dimension aufsteigen wird.

Geblieben waren den dunklen Herren auch ihre Plejaden-Klone. Das hatte zur Folge, daß diese einen äußeren Raumhafen einnahmen und von dort aus ihre Geschwister manipulierten. So wurden alle Wesen dieses Sterns zu Dienern der Schwarzen Herren.

Da die Manipulation so geschickt und so verfeinert war, merkten sie nichts von ihrer Änderung und glauben immer noch, lichtvolle Plejadier zu sein. Natürlich haben sie den Dreiklang vergessen, denn sie bestehen hauptsächlich aus Klonen. Der Rat der Sieben Schwestern hat in seiner Not einen Lichtwall gezogen, so daß diese Wesen keinen Zugriff mehr auf die restlichen plejadischen Welten haben.

Die Nichtlichtvollen verfeinerten indessen ihre Techniken. Da ihr Stern durch die Macht der Schwarzen Herren von der vierzehnten auf die siebte Dimension herabgesunken ist, verfügen sie nun über die Fähigkeit, sich – in meist wunderschönen – Körpern zu zeigen, wie sie es gerade wollen; außerdem besitzen sie das Wissen über Pyramidenenergien. Oft besuchen sie die Erde und andere Planeten, aber die wahre Kraft des Herzens ist ihnen unbekannt. Fragt sie nach ihrem Licht, und am Strahlen ihres Herzens werdet ihr sie erkennen.

Deshalb ist es auch wichtig, wenn ihr zu den Plejaden reist, euch mit elektrisch-blauem Licht zu umgeben, so daß ihr sicher vor nichtlichtvollen Kräften seid.

Dies ist Amrael, und mit der Liebe der Plejaden segne ich dich.

Kapitel 11

Die Kreise der Andromeda

Segen und Willkommen. Dies ist der Kreis von Aa-dra-lay, und wir umarmen dich mit dem magentagoldfarbenen Licht unserer Galaxie.

Unsere Sterne und Planeten sind mit Lichtwesen belebt, die sich in einem beständigen konzentrischen Kreisen erfahren, genauso wie unsere Galaxie erschaffen wurde. Wir studieren und erforschen die Geheimnisse der Kreise, indem wir unserem Sein dieselbe göttliche Gestalt geben.

Der Kreis ist ein heiliges Symbol, ein Ausdruck der erweckenden Energie. Alles, was im Kreis entsteht, verweilt in dieser Form, bis seine höchste Schwingung erschaffen ist.

Wir sind keine Individuen in eurem Sinne, wir sind kreisförmige Gruppen von göttlichen Funken, die sich zusammengeschlossen haben, um Bewegung und Zentrierung zu erfahren. Die Bewegung bietet uns unsere Form, und wir dehnen uns beständig aus und ziehen uns wieder zusammen. Die Zentrierung lehrt uns der kleinste Kreis, der Punkt, in dem wir uns zu absoluter Ruhe verdichten.

Alles,was durch unsere Gedankenkräfte in die Manifestation gelangt, wird von uns im Kreis gehütet und in seiner Entwicklung beobachtet und gepflegt, bis wir alle Auswirkungen verstanden haben. Dann entlassen wir die höchste Form des Gedankens in unsere Galaxie, so daß diese Form sich erfahren kann und von dem nächst größeren Kreise erneut gehütet wird, bis sie alle Ebenen unserer Galaxie durchlaufen hat.

Über die lange Zeit unserer Existenz hin wurden wir zu Meistern der Kreise, durch unser beständiges Tun und all unsere Erfahrung erkannten wir die göttlichen Gesetze des Kreises. Wachstum formt sich in Kreisen. Galaxien erschaffen sich in Kreisen. Universen sind Kreise. Gott erfährt sich in Kreisen.

Durch die Besuche der Sonnensegler, jener Wesen aus der Zentralsonne, die neue Welten erforschen, wurde unsere Energie und unsere Form hinaus in den Weltenraum gebracht. Sonnensegler erschufen in vielen Welten dieses Universums Abbildungen der heiligen Kreise, um alle lebenden Wesen an die Präsenz der göttlichen Kraft zu erinnern.

Die geheiligte Form des Kreises erhöht jede Schwingung. Aus diesem Grunde befindet sich in unseren Ebenen auch ein Zentrum der Heilung für jene Wesen, die auf ihren Wegen durch dieses Universum hindurch Mißverständnisse und Verwirrung in ihrer Schwingung manifestiert haben. Ihr würdet diese Ebene vielleicht als eine Art Kurhotel bezeichnen. Das Durchfluten eines jeden aurischen Seins mit der magentagoldenen Farbe löst die energetischen Verwirrungen auf, erschafft Entspannung und heiteres Sein.

Alles, was ihr auf eurem Planeten in Kreisen erschafft oder in Kreise hineingebt, wird gehütet, durchflutet und in seiner harmonischen Schwingung erhöht. Benutzt dieses Wissen, wenn ihr miteinander nach Lösungen sucht. Gebt eure unharmonischen Gedanken in euren Kreis hinein und erlaubt, daß die Energien sich harmonisieren. Erleichtert euch die Erschaffung von Frieden, indem ihr euch der Kreisform bedient. Verbindet euch in Kreisen, wenn ihr Verzeihens- und Heilungsenergien rufen wollt, seid gewahr, daß jede Energieform, die in einen Kreis gerufen wird, ihr Potential erhöht und mit dem Kreise oder den Mitgliedern, die den Kreis bilden, in harmonisierende Resonanz übergeht.

Unterstützt das Wachstum eurer Lichtbringer, der Pflanzenwelt, indem ihr sie in Kreisen keimen und sprießen laßt. Das erhöht ihre Wachstumsenergie und fördert den Ausdruck ihrer höchsten erreichbaren Potenz.

Die vielen alten Steinkreise eurer Erdenwelt sind Orte der Energieerhöhung und dadurch Tore zu anderen Dimensionen. Wenn ihr euch in sie hineinbegebt, ist es für die Schaltkreise eures Bewußtseins sehr einfach, die nächsten Stufen der Erkenntnis zu erreichen oder auch Informationen aus anderen Dimensionen zu empfangen.

Alle diese Gaben sollen sich jedoch immer wieder im Zentrum des Kreises treffen, um dort den Punkt der Einheit zu erschaffen, so daß alle Erfahrung in allen Ebenen des bewußten Seins verankert wird.

Wir senden euch den magentagoldenen Strahl, zieht ihn in euer Sein hinein und dehnt das Licht durch alle eure Körper aus. Erfahrt die Befreiung möglicher verwirrter Energien jetzt in eurem Sein. Erlaubt euch, die heitere Gelassenheit wahrzunehmen, die euer Sein jetzt durchflutet, umhüllt und umkreist.

Erfahrt euch als magentagoldfarbenen Kreis... gebt eure Wünsche in euch, die ihr Kreis seid, hinein. Zieht nun das magentagoldene Licht zusammen und erfahrt euch als ruhendes zentriertes Sein. Erkennt die Essenz eures Wunsches, flutet diese Essenz mit Magenta und erlaubt euch nun zu sehen, zu hören oder zu spüren, wie das unendliche Wachstum euren Wunsch formt und hütet, so daß ihr diesen Wunsch in eurer Welt selbst manifestieren könnt.

Wir sind Aa-dra-lay, und wir segnen euch mit dem Kreisen des ewigen göttlichen Seins.

Kapitel 12

Die Spaltung Aldebarans

Segen und Willkommen, dies ist Ankiel, und an dieser Stelle möchte ich berichten, wie es zur Spaltung des Systems, das ihr Aldebaran nennt, gekommen ist.

Wisset, geliebte Sternenkinder, auf der Ebene von Aldebaran hatten viele der AN-Geschwister Wohnung genommen. Aldebaran war damals ein Sternensystem der neunten Dimension, eine Welt in hellen Pfirsich-, Silber- und Perlmuttfarben, hauptsächlich aber auch von Tönen. Diese sehr lichte Welt diente als Durchgangsstadium der verschiedenen dimensionalen Ebenen. Auf dieser Schwingungsebene begannen die AN-Geschwister nun damit, Teile ihres Bewußtseins auszufiltern und in eine Art Vormaterie zu überführen, indem sie durch beständige Drehung auf einer bestimmten Schwingungsebene eine gewisse Verdichtung der Essenz erreichten.

Im Verlaufe generationenlanger Versuche wurden einige der AN-Geschwister, die sich als überaus liebende und dienende Wesen zunehmend als Priesterschaft verstanden, zu regelrechten Spezialisten – laßt sie mich so nennen! – in der Kunst, ihre persönliche Materie von der göttlichen Essenz zu trennen und diese dann in Drehung zu versetzen, bis aus der göttlichen Schwingung eine Art Drehkörper – ich finde kein anderes Wort! – entstanden war. Diese fast schon materiell manifestierten Drehkörper hatten nun die Fähigkeit, durch Beschleunigung ihr Licht so auszudehnen, daß mit Hilfe dieses Lichtes

Kommunikationsbrücken von der neunten bis zur zwölften Dimension geschaffen werden konnten, aber auch – ohne Wertung! – hinunter bis zur sechsten Dimension.

Zu der Zeit, als auf Orion gerade die Rote Phase ihren Anfang nahm und jene Wesen, die ihr – nun, die wir als die nichtlichtvollen Drachenwesen bezeichnen, Eingangspforten in dieses Universum an sich rissen, um einen Teil der tiefsten Tiefe der Dualität zu manifestieren, da brauchten sie auch Zwischenstationen, die ihnen halfen, ihr energetisches in ein materielles Sein zu überführen. Durch die Klänge der Drehkörper auf Aldebaran auf dieses System aufmerksam gemacht, näherten sie sich diesem Sternenfeld und begannen, dessen äußere Planeten mit ihren Gedankenformen – nur mit ihren Gedankenformen! – allmählich zu unterwandern. Einige der dortigen Wesenheiten nahmen die Veränderungen zuerst in der Manifestation der sich verdichtenden Licht-Dreh-Klangkörper wahr und hielten sie zunächst für eine große Errungenschaft ihrer wissenschaftlichen Arbeit. In Wahrheit gewann die Frequenz der Macht über andere an Raum auf diesen äußeren Planeten, die sich sozusagen heimlich von ihrem Heimatsystem abspalteten und tiefer hinein in die Materie fielen, bis es, unbemerkt von den anderen AN-Geschwistern, eine Ebene von Aldebaran in der sechsten Dimension gab. Dieser Dimensionswechsel von 9 auf 6 führte, da nicht erkannt, bei den Versammlungen der AN-Geschwister zu immer größeren Spannungen in ihrer Energieausstrahlung, doch niemand konnte die Ursache deuten, warum die eine die andere Seite plötzlich nicht mehr verstehen konnte.

So kam es zur großen Trennung im Volk der AN. Als diese Spaltung sich manifestiert hatte, überfluteten die Energien der nichtlichtvollen Wesen ungehindert die Planeten der sechsten

Dimension und gewannen dadurch zunehmend an Raum. Dies ging so vor sich: Die Nichtlichtvollen verfügten über die Fähigkeit, ihre Schwingungsebene so herunterzutransformieren, daß sie ein physisches Sein erlangen konnten. Die Arbeit der AN-Geschwister an den Drehkörpern, die ja auch mehr und mehr Materie manifestierte, bot ihnen nun die Gelegenheit, sich in diese Schwingungskörper zu versetzen und sich über ihre Klänge und Frequenzen in das Sein der AN-Geschwister einzuschleichen und es von Grund auf umzuformen. Von nun an lebten sie abgeschnürt von ihrem göttlichen Lichte, sie verloren ihre geistige Heimat von Vater Sonne und Mutter Mond und büßten mit dem Bewußtsein der Liebe auch die Ausdehnung ihrer Liebe ein. Diese unglücklichen AN-Geschwister waren von fremden Wesenheiten vollkommen besetzt, ihr eigenes persönlich individuelles Sein schmolz immer mehr dahin, bis es zu einem kleinen Funken des göttlichen Lichtes zusammengeschrumpft war.

Den AN-Geschwistern der neunten Dimension entging die Transformation ihrer äußeren Planeten natürlich nicht, sie vermochten aber nichts mehr zu ändern. Da sie sich außerstande sahen, die kommunikativen Brücken aufrechtzuerhalten, stellten sie die Arbeit an den kristallenen Drehkörpern augenblicklich ein und unterbrachen damit die Verbindung zu den höheren und niedrigeren Dimensionen. Nur um den nichtlichtvollen Manifestationen jede Möglichkeit zu nehmen, weiter Raum zu greifen, kapselten sie sich völlig ab.

Viele von euch, geliebte Geschwister von AN, haben Anteile dieser Erinnerung in sich. Sie sagen: Wenn ich meine Kommunikation in die geistigen Welten ausdehne, ist ein Mißbrauch durch die nichtlichtvolle Seite möglich; wenn ich meinen Kanal öffne, können nichtlichtvolle Energien mein individuelles Sein besetzen und gegen meinen Willen transformieren.

Versteht, Geliebte, was alles in Zusammenhang mit den großen Auseinandersetzungen um Orion vorgefallen ist, ist längst Geschichte. Viele von euch haben Erinnerungen aus ihren Inkarnationen in der neunten oder sechsten Dimension des Aldebaran in ihrem transpersonellen Bereich gespeichert, was häufig zu einer Blockierung zwischen dem elften und zwölften Chakra führt; aber auch im Bereich des 16. Chakras sind die Kanäle oft ein wenig verengt, so daß der Lichtfluß behindert wird. Deshalb fordern wir euch auf, das zu reinigen und zu klären, damit ihr frei werdet.

Die nichtlichtvollen Mächte benutzten die besetzten AN-Geschwister eine Zeitlang, solange sie es nötig hatten, hier einen Zwischenaufenthalt zu nehmen, als Marionetten. Dann spien sie ihre ehemaligen Wirte aus und überließen sie sich selbst, als sie weiter zum Orion reisten. Die Zurückgelassenen waren energetisch zwar intakt, aber physisch – falls ich es aus unserer Ebene so nennen darf – vollkommen am Ende. Sie bedurften einer langen, langen intensiven Pflege, bis sie sich von diesem Alpdruck etwas erholen konnten. Die Geschwister der neunten Dimension standen ihnen dabei mit Rat und Tat zur Seite. Obwohl das Trauma schließlich ausgestanden war, blieben die äußeren Planeten auf der Schwingungsebene der sechsten Dimension. Die schmerzliche Erfahrung der eigenen Transformation – laßt es mich weiterhin so bezeichnen! – machte diese AN-Geschwister dennoch zu Hütern der Wahrheit, wußten sie doch jetzt, worauf zu achten war. Aus diesen Wesen gingen viele der Og-Min hervor.

In den Reihen der Sternenhüter von Og-Min schirmen sie die Kammern des wahren Wissens ab, um jeden Mißbrauch kommunikativer Brücken künftig auszuschließen. Versteht jedoch, daß es die freie Wahl der Seelen war, trotz allen Leidens gerade diese Erfahrung auf ihrem Wege durch die Evolution zu machen, und daß sie deshalb auch sinnvoll war. Nicht umsonst sind diese Wesen jetzt die wahren Hüter der Wahrheit für dies Universum.

Wenn ihr als Vermittler geistiger Botschaften über deren Reinheit Zweifel habt, wendet euch an jene Sterngeschwister von Aldebaran, die zu den Og-Min gegangen sind und die Schlüssel der Wahrheit nach wie vor behüten und bewahren; verbindet euch mit den Kräften der Og-Min, daß sie eure Kanäle schützen, wann immer ihr hierfür Bedürfnis habt.

Versteht aber auch, daß alles längst Geschichte ist und nur deshalb hier und jetzt berichtet wird, damit ihr die Schwierigkeiten eures Seins erlösen könnt. Denn durch die Erhöhung der Schwingung werden mehr und mehr der alten Blockaden sozusagen ans Tageslicht eures Bewußtseins gehoben, was zu ihrer Befreiung unumgänglich ist, denn nicht nur die Erde steigt auf. Dieses Universum steigt auf, das solltet ihr bei eurem Tun nie aus den Augen verlieren.

Dies ist Ankiel, und mit dem Lichte von AN segne ich euch.

Kapitel 13

Die sieben Tempel der Venus

Dies ist Sanat Kumara, und ich umarme euch in Liebe.

Aus dem einen Herzen heraus gab ich meine Energie in euer Sonnensystem, denn die umfassende Liebe des All-Einen hegt große Fürsorge für euer Universum. Ich ergoß mich und erfuhr mich in sieben Aspekten des einen göttlichen Seins, die da sind:

die göttliche Ermächtigung,
die göttliche Weisheit,
die göttliche Liebe,
die göttliche Gnade und Barmherzigkeit,
die göttliche Wahrheit,
die göttliche Heilung und
die göttlichen Gesetze für dieses Sonnensystem.

So entstand die Familie der Kumaras mit ihren sieben Tempeln.

Wir wählten als energetischen Fokus jenen Planeten, den ihr die spirituelle Venus nennt. Der Planet Venus bildet lediglich ein Tor in die spirituelle Dimension der Venus. Diese sichtbare Venus ist gleichsam eine Transmitterstation für die Energieausschüttungen, die die Kumaras immer wieder in euer Sonnensystem ergießen, um den Prozeß der Heilung der Dualität zu unterstützen.

Viele eurer Seelen haben in den Ebenen der verschiedenen Tempel mancherlei Schulung erfahren. Wir Kumaras und unsere Lichthelfer haben hier euer Sein vorbereitet und gefördert, so daß ihr eure kosmischen Aufträge besser an euer sich mit jeder Entwicklungsstufe veränderndes Bewußtsein anpassen konntet.

Oftmals habt ihr zwischen den verschiedenen Inkarnationen einen der sieben Tempel aufgesucht, vor allem immer dann, wenn euer göttlicher Plan einen Dimensionswechsel für euch vorgesehen hatte.

Entsprechend euren Erfahrungen durchlauft ihr nach und nach alle Tempelschulungen.

Im **Tempel der Ermächtigung** wird eure Ausdauer und Bereitschaft zu wahrer Hingabe an das große Werk der Heilung der Dualität geschult. Hier erhaltet ihr eure Zepter der Ermächtigung, die euch die göttliche Weisung zutragen und die Kraft der Manifestation der liebenden Macht verleihen. Hier wird euer transpersonaler Bereich mit Licht und göttlicher Kraft durchflutet, so daß ihr wieder Mut faßt, euch erneut in die Dimensionen hineinzubegeben, um euren Heilungsweg zu vollenden.

Im **Tempel der Weisheit** erhaltet ihr die eurem Sternenbewußtsein eingeprägten Schlüssel zurück, die euch auf allen euren Missionen behilflich sind, das wahre Wissen zu erkennen und in die Tat umzusetzen. Hier werden die Schaltkreise eures Bewußtseins umhegt und instand gesetzt, das Liebeslicht aufzunehmen, das euren Geist mehr und mehr erleuchtet, so daß ihr eure Sternenwege verstehen lernt und euch und eure Manifestationen wieder auf das eine wahre Herz, das göttliche Liebe ist, ausrichten könnt.

Im **Tempel der Liebe** werden eure Seelen geschult, wahre Hingabe an alles Seiende zu empfinden. Hier entdeckt der göttliche Funke seine Schönheit wieder und lernt, den Geist der

Schönheit und des heiteren Gelassenseins in eure Aspekte auszugießen, auf welcher Ebene auch immer eure Seele sich erfährt. Der Geist – die göttliche Essenz – erhellt jede Materie, in die er sich hineinbegibt, um die Liebe zu allem, was ist, zu manifestieren. Das galaktische Herz eines jeden göttlichen Funkens sprüht in diesem Tempel seine ursprüngliche Liebe in alle seine Inkarnationsebenen hinein. Hier festigen die Lichtfunken ihre Verbindungen zu ihren monadischen Ebenen, und hier versprechen sie sich gegenseitig Hilfe und Unterstützung auf ihren Inkarnationswegen in diesem Sonnensystem.

Im **Tempel der Gnade** erfahrt ihr Heilung eurer Erfahrungen und die Gnade des Verzeihens, so daß ihr vollkommen rein, das heißt befreit von belastenden Bindungen, die nächste Wegstrecke in Angriff nehmen könnt. Hier erfahren eure Seelen die höheren Beweggründe für die unendlich vielschichtigen Erfahrungen, die ihr euch selbst und anderen von Leben zu Leben zur Verfügung stellt.

Im **Tempel der Wahrheit** klärt ihr eure Erfahrungen ab; ihr erkennt eure Manifestationen, und eure Mentalfelder werden von Visionen der heilenden Liebe durchflutet. Hier erhaltet ihr Einblick in das umfassende Ganze dieses großen Universums, und ihr erkennt, daß göttliche Wahrheit mit anerkennender Liebe stets Hand in Hand geht. Wahrheit darf niemals ein schneidendes Schwert sein, Wahrheit ist immer Ausdruck des Einen Herzens und Anerkennung der vielen Wege.

Im **Tempel der Heilung** erhaltet ihr eure wundervollen Emotionalkörper, welche dem gesammelten liebenden Bewußtsein der Kumaras ihre Entstehung verdanken. Mit ihnen ist es den Seelen möglich, wahres Mitgefühl zu entfalten und damit die Freuden der Welten im Weg der Seelen besser zu verstehen. Trauer und Leid entstehen in diesen Körpern lediglich, wenn ihr die vielfältigen Ausdrucksformen des göttlichen Einen Seins zu bewerten anfangt und dadurch Muster in euch anhäuft.

Im **Tempel der göttlichen Gesetze** werdet ihr geschult, euch rückzubinden an den All-Einen in seiner dreifältigen Kraft, und ihr lernt die verschiedenen Spielarten, in denen sich Gott erfährt. Eure Integrität wird ebenso gefördert wie eure Ausrichtung auf die umfassende liebende Gerechtigkeit. Ihr erwerbt die liebende Kraft, eure Programme anzuerkennen, denn dies ist der Weg, die göttliche Einheit von allem, was ist, erneut zu stärken.

Es ist euch zu allen Zeiten möglich, euer Bewußtsein in die sieben Tempel der Venus auszudehnen.

Die Kumaras haben Aspekte ihres Seins auf den Planeten Gaia ausgesandt, wo sie als Anker dieser Tempel und geheiligten Energien dienen und so den Erdensternenkindern behilflich sind, den lichtvollen Aufstieg des Planeten und des Sonnensystems zu manifestieren.

Erkennt endlich, daß es Liebe ist, die dieses System in seine Existenz hineingeboren hat. Es ist Liebe, daß ihr euch diese Erfahrung zu eigen gemacht habt, und es ist das liebende Anerkennen der Programme der Dualität, das zu ihrer Aussöhnung führt.

Dies ist Sanat Kumara, und mit der umfassenden Liebe zu allem Seienden segne ich euch.

Kapitel 14

Die Entwicklung Gaias

Das Licht und der Segen der gesamten Flotte sind mit euch. Dies ist Ashtar.

Wir wurden vom Vater in dieses Sohn-Universum gesandt, um dort die göttliche Lichtwahrheit aufrechtzuerhalten. Unsere erste Heimat war Venus, und auf dieser Welt erforschten wir die Bedingungen in diesem Universum der Dualität. Die Liebe und die Einheit, die hier herrschten, stärkten uns für unseren Auftrag. In unserer Mitte hatte sich der Sohn selbst Form gegeben und bereitete sich auf seinen Heilungsauftrag auf Gaia vor.

So lebten wir im Lichte des All-Einen in glückseliger Harmonie. Der Sohn jedoch lehrte uns, daß in diesem Universum neben dem Lichte auch das Dunkel herrscht. Die freie Wahl aller Wesen bewirkt, daß sie, um sich selbst in den Tiefen der Schöpfung zu erfahren, auch durch die Trennung von der Einheit gehen und somit das Dunkel aus sich selbst erschaffen.

Als die gefallenen Heerscharen in dieses Universum einfielen, suchten sie ihrer Kriegerstruktur gemäß gleich nach einem angemessenen Feind. Dann fanden sie unser Volk, und bald begannen die Auseinandersetzungen zwischen Licht und Schatten. Ihre tief verankerte Furcht vor dem Lichte machte sie zu einem furchtbaren Gegner.

Im Zuge dieser immer noch währenden Auseinandersetzung veränderten wir unsere Existenz. Wir gründeten die Flotte und wechselten unseren Heimatplaneten. Die Spiralwelt des Centauri war ein geeigneterer Ort für unsere Erholungsphasen als der offen im Raume schwebende Planet Venus.

Auf Alpha Centauri errichteten wir unsere neuen Lichtstätten und Akademien. Die meiste Zeit sind wir in unseren Lichtschiffen in diesem Universum unterwegs, um den Mächten der Finsternis Einhalt zu gebieten. Wir haben nicht das Recht, in den freien Willen der Völker einzugreifen, und so mußten wir zusehen, wie die Entwicklung auf Orion ihren unheilvollen Verlauf nahm.

Nachdem die Krieger des Lichten Schwertes in unsere Reihen aufgenommen waren, baten sie, nach Orion gebracht zu werden, um sich hier zur Verfügung zu stellen. Es gelang ihnen, den Gottesfunken auf Beteigeuze und Bellatrix soweit zu stärken, daß es auch uns wieder möglich war, hier einzugreifen und Hilfe zu leisten. Wir hatten bereits den Flug der Plejadier überwacht wie auch das massenhafte Entkörpern der Orioner.

Der Sohn gab uns Weisung, sie alle nach Gaia zu geleiten, denn Gaia ist der Umkehrplanet für das ganze Spiel der Dualität. Hier werde er, der Sohn des All-Einen, sich selbst darbringen, um die Heilung der Trennung durch Öffnung der Christusenergie zu manifestieren.

Diese Kunde gaben wir an viele Planeten und Sternensysteme weiter und baten gleichzeitig darum, ihre Liebe und Achtung vor aller manifestierten geistigen Form, die zu Materie geworden war, diesem Planeten zu geben.

Jedes Sternenvolk schickte daraufhin Abgesandte auf die Erde. Die Sirianer, die im Verlauf der Roten Phase auf Orion gelernt hatten, mit Materie umzugehen, begannen, mit den ersten Pflanzen zu arbeiten. Sie brachten Sternencodes in die Zellen ein, so daß sie sich rascher und vielfältiger entwickelten. Die Wesen der Andromeda-Galaxie brachten ihre Spiralformen ein und halfen bei der Ausformung der ersten Schnecken. Aussiedler vom Mars schufen sich auf der Erde neuen Lebensraum. Sogar die Lyrianer in ihrem Bestreben, immer neue Welten zu erforschen, stellten sich ein, befanden Gaia indes für zu wenig entwickelt; als Geschenk hinterließen sie jedoch die Kieselsäurekristalle, das Siliceum. Weganer versorgten die Tierwesenheiten mit neuen genetischen Brücken, so daß sich die Vielfalt der Arten weiter ausbreiten konnte.

Viele einzelne Sternenfahrer sammelten auf ihren Reisen die Berichte über die Entwicklung und verbreiteten sie in den Weiten des Universums. Jedes Wesen ehrte auf seine Weise die dritte göttliche Kraft, Shekinah, die weibliche Energie, die hier Form angenommen hatte, damit sich ein neues Universum gebären konnte. Und Shekinah und ihre Töchter, die Plejadier, hüteten und bewachten den Prozeß der Entfaltung.

Nach und nach entwickelte sich auf Gaia ein Menschentypus, androgyn und hochgewachsen, der aus den verschiedenen Sternenvölkern entstanden war. Er lernte und erforschte eifrig seine Welt und erhielt immer wieder Lehren von Sternenfahrern.

Da es eine Welt wie Gaia vormals nicht gegeben hatte, wurden die Sternenfahrer selbst zu Lernenden, die diese Welt verstehen wollten. Die Erdenmenschen jedoch blickten zu ihnen auf – ihre Lehrmeister konnten sich schließlich in die Himmel erheben und schienen so viel weiser als sie selbst zu sein; sie veränderten durch scheinbare Zauberei die Pflanzen, vervielfachten die Ernten und geboten den Wassern Einhalt.

Den Sternenfahrern gefiel diese Rolle nur allzu gut, und sie ließen sich von den Erdenmenschen zu Göttern machen, obwohl sie wußten, daß vor dem Thron des Vaters alle gleich sind. Wieder einmal manifestierte sich eine Trennung.

Als wir dies sahen, riefen wir den galaktischen Rat an, der alsbald zu einem ersten Kongreß einlud. Von jeder Sternenrasse, die auf der Erde wirkte, von jedem Tierbewußtsein und ebenso von jedem Pflanzen- und Mineralbewußtsein wurden Seelen eingeladen. Wir beratschlagten lange.

Gaia war ein Planet, der sich selbst gebar. Die Mineralien bewahren das ursprüngliche Wissen der Schöpfung, die Pflanzen verankern das Licht und bringen es in Form, in den Tieren lebt die unzerstörbare Kraft der Schöpfung. So beschloß man, die Erdensternenkinder aus ihrer Androgynität herauszuführen, damit sie sich selbst gebären können. Der Gedanke von Mann und Frau war in der Welt. Christus, unser aller Herr, segnete die Idee, wohl wissend, daß die Liebe die einzige Kraft ist, die alles zu heilen vermag. Die Vereinigung von Mann und Frau sollte die Einheit, die Integration von Plus und Minus, bewirken. Erdensternenkinder sollten lernen können, daß im Verschmelzen plus- und minuspoliger Energie der integrative Punkt, die göttliche Einheit, erfahrbar ist. Und im Erkennen dieses Einen Seins liegt auch die Heilung des ganzen Sohn-Universums begründet. So beschlossen vom galaktischen Kongreß, wurde die Idee hinausgesandt und in das Bewußtseinsfeld von Gaia eingestreut, wo sie langsam begann, Form anzunehmen.

Ich, Ashtar, rufe euch zu: Erkennt das Geschenk, das euch gegeben wurde, und heiligt es durch eure Anerkennung. Trennung ist immer Illusion, in jedem Getrenntsein ist die Einheit. Achtet und liebt euch als Mann und Frau, als Plus und Minus, als Gegensätze, die im Einen Sein verschmelzen wollen. Ohne die Achtung vor eurer Andersartigkeit werdet ihr die göttliche Essenz in euch niemals erkennen.

Denn Gott ist das allgegenwärtige Hologramm des Seins.

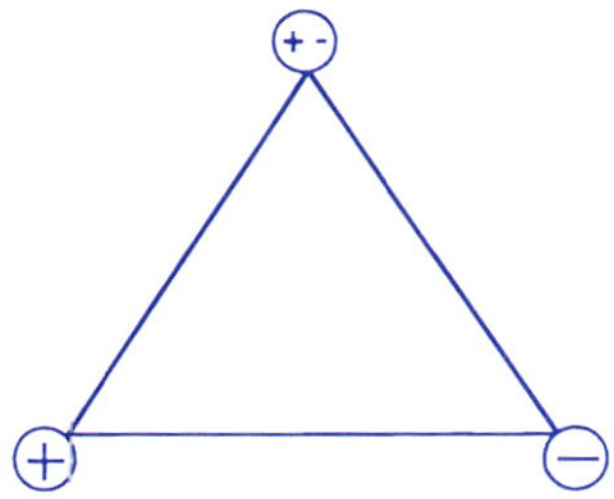

Meditiert darüber und erkennt die Freiheit eures Seins.

Ich bin Ashtar, und ich segne euch mit der Erkenntnis der Sterne.

Kapitel 15

Atlantis und Lemuria

Segen und Willkommen, ich bin Dirhiyn; ich stamme aus der vergangenen Welt und will euch von ihr berichten.

Der Planet Marduk hatte auf seiner großen zyklischen Bahn das Sonnensystem durchreist und durch seine Anziehungskraft das Bild von Gaia gewandelt.

Wo einst Meer war, breitete sich jetzt Land aus, das einstige Festland aber bedeckten die Fluten. So waren zwei neue Kontinente entstanden: Lemuria und Atlantis. Durch den Abgesandten Marduks gewarnt, hatten sich viele in die Boote begeben, um die Umkehrung der Welt zu überleben. Viele sammelten sich auf dem Atlantischen Kontinent und baten ihre Sternengeschwister um Hilfe. Bald entwickelte sich hier eine eingeweihte hochtechnisierte Gesellschaft.

Lemuria dagegen schlief, bis unsere Vorfahren, die Plejadier, wieder auf unsere Sonne ausgerichtet waren. Sie sahen das schlafende Land und erkannten dort den Minuspol der Erdenergien. So machten sie sich auf den Weg, um mit ihren Silberschiffen Gaia aufzusuchen.

Ihnen war jedoch entgangen, daß die Atlanter in der Zwischenzeit die Erdatmosphäre durch elektrische Ströme verändert hatten, und so konnte es geschehen, daß eine große Anzahl ihrer Silberschiffe zerschellte und viele unserer Schwestern zum ersten Mal einen körperlich materiellen Tod durchlebten. Die Schiffe waren zerstört, und ihre Insassen waren in der Materie gefangen. Dennoch gaben sie sich nicht lange ihren Schmerzen und ihrer Trauer hin, sondern begannen Lemuria mit ihrer Liebe zu erwecken. Sie pflanzten das Sternenwissen in die Steine, damit es auch in der Dichtigkeit erhalten bleibe, und erschufen dann ein neues Volk.

Wir waren groß, von brauner Haarfarbe und hatten die Smaragdaugen der Plejadier. Unsere Sinne waren weit geöffnet, so daß wir mit allem, was ist, Zwiesprache hielten. Schwingungen jeglicher Art galt unser ganzes Denken und Trachten. Mit unserem Summen ermutigten wir die Pflanzen zu neuem Wachstum, so daß sie die herrlichsten und duftendsten Blüten und Früchte zum Vorschein brachten. Durch unsere Vibrationen verständigten wir uns mit den Tieren, die bald als treue Freunde mit uns lebten. Wir wußten, daß sich unsere Vorfahren in den Delphinen verkörpert hatten, und lernten von ihrer Weisheit und Freude und von ihrem Spiel.

Wir liebten die Erde und alles, was sie uns in ihrer großen Güte schenkte, sie war die große Mutter – Göttin. So lebten wir ein Leben in Einklang mit allem, was ist.

Dann kamen die weißen Schiffe der Atlanter, und mit ihnen kam der Schmerz.

Die Atlanter verstanden unsere telepathische Sprache nicht. Sie hatten ihr Drittes Auge so machtvoll ausgedehnt, daß der telepathische Empfänger, das Vierte Auge, sich zurückentwickelt hatte.

Als sie dazu übergingen, sich alles, was sie fanden, anzueignen, mußten wir lernen, uns vor ihnen zu schützen, und wir zogen uns in die Höhlen zurück. Der Sturm ging immer schnell vorüber, und die Göttin heilte mit ihrer Lebenskraft die Wunden schnell.

Dann jedoch begannen die Atlanter, uns einzufangen und von Lemuria fortzuschleppen. Obwohl wir uns immer tiefer in

Mutter Erde hineinbegaben, nahmen die Raubzüge kein Ende. Wir waren vor Schrecken und Schmerzen wie betäubt.

Und dann traf es auch mich! Ich tauschte mich im Licht des vollen Mondes gerade mit einer Quelle aus, als sie mich stellten und gefesselt auf eines ihrer weißen Schiffe schleppten. Es herrschte ein unbeschreiblicher Lärm, als sie mich und meine Leidensgefährten im Rumpf des Schiffes zusammenpferchten. Bald fühlten wir, wie ein Kristall in Resonanz geriet und das Schiff anfing, sich zu bewegen. Sie ließen die Göttin für sich arbeiten!

Diese Erkenntnis überwältigte uns im tiefsten Sein, wir standen vor dieser neuen Welt wie vor einem Rätsel! Die Überfahrt dauerte lange; viele von uns wurden krank, manche gaben auf und verließen ihre Körper.

In Atlantis angekommen, fühlten wir die Allgegenwart der Resonanzen, die man den Kristallen aufzwang, um mit Hilfe ihrer Energie die Gebilde, die sie Städte nannten, zu versorgen. Sie trieben uns über den summenden Boden, der unser Energiesystem verwirrte, und warfen uns in ihre unterirdischen Gefängnisse.

Von Zeit zu Zeit wurde einer der unseren abgeholt und kam nie wieder. Wir waren sehr verstört und bekamen große Angst. Dann riefen sie mich. Ich sandte meinen Geschwistern einen stummen Abschied zu und folgte den Wächtern durch endlose Gänge in einen Raum, wo man mich dadurch demütigte, daß man meine Haut so lange abschrubbte, bis sie ganz wund war.

Dann brachten sie mich in einen kreisrunden Saal, in dem es vor verwirrenden Resonanzen nur so schwirrte, legten mich auf einen Tisch und schnallten mich dort fest. Ich versuchte, mich durch meine Augen mit ihnen zu verständigen, doch die ihren blieben kalt und geschäftig. Sie begannen verschiedene Apparate an mich anzuschließen, deren Schwingungen mich peinigten. Dann rasierten sie meinen Kopf und nahmen mir mein Haar. Welch ein Frevel! Das Haar war der Göttin heilig, und nie hätten wir gewagt, ein anderes Wesen seines Haares oder Felles zu berauben. Und dann schreckten sie nicht davor zurück, meinen Körper zu öffnen und sogar meinen Schädel. Ich verließ meinen Körper schließlich – doch ich wollte unbedingt verstehen.

Auf der Ebene, auf der ich nun war, in der Einheit mit meinem Hohen Selbst, erkannte ich, daß sie unsere Fähigkeit der telepathischen Verständigung ergründen wollten. Sie waren so versessen auf ihre Körper und auf ihre Technik, daß sie den Gedanken nicht fassen konnten, daß unser Sein aus dem liebenden Einverständis mit der Göttin erwuchs.

Mein Hohes Selbst bat mich, zu verweilen und die Entwicklung zu betrachten. So ließ ich mein Bewußtsein in eine der Säulen einfließen und erstarrte im Gestein. Langsam lernte ich die Schwingungen der Atlanter zu übersetzen, so daß ich ihre Sprache schließlich verstehen konnte. Das war nicht leicht, denn oftmals sprachen sie anders, als sie schwangen. Da viele lemurischen Seelen gleich mir als Zeugen in die Säulen eingegangen waren, konnten wir unseren Geschwistern helfen, ihre Körper zu verlassen. Obwohl die Atlanter ihre Experimente, wie sie es nannten, von Mal zu Mal „verfeinerten", gaben sie die Suche langsam, da erfolglos, auf, und es kehrte eine Zeit der Ruhe ein. Über das kommunikative Delphinnetz erfuhren wir dann auch, daß sich unser Volk allmählich von den Schrecknissen erholte.

Die Macht jedoch, die alles für sich selbst in Anspruch nehmen will, gewann mehr und mehr im Herzen der Atlanter Raum, und alles summte nur so vor Intrigen und Machtansprüchen.

Dann brachten sie eines Tages einen Atlanter in den Saal und schnallten ihn auf den Tisch. Sie öffneten auch seinen Körper, aber nur ein wenig, und entnahmen ihm einige Zellen; das gleiche taten sie dann auch mit einem von uns. Sie veränderten die Einrichtung des Saales und schleppten noch weitere Geräte herein. Sie begannen nun mit neuen Experimenten, indem sie die entnommenen Zellen durch große Kristalle in ungeheure Schwingungen versetzten, und zwar die lemurianischen in Linksdrehung, die atlantischen in Gegenrichtung. Als die elektrische Aufladung abgeschlossen war, brachten sie die Plus- und Minuszellen zusammen und ließen sie förmlich ineinanderschießen.

Die neu geschaffenen Zelleinheiten setzte man dann verschiedenen Lemurianern ein, auch einigen Atlantern, und beobachtete, wie die Versuchsobjekte sich veränderten. Als die Implantationen bei den Atlantern nicht recht anschlugen, beschränkte man sich auf die Versuche mit den Lemurianern. Jedoch ging man jetzt sorgsam mit seinen Opfern um. Man errichtete ihnen geräumige Käfige und gestattete ihnen freien Zugang zum Wasser. Meine Geschwister waren bereit, die neuen Zellen anzunehmen, waren doch auch sie ein materieller Ausdruck der Göttin, und so erklärten sie sich auch mit der Wandlung ihrer Körper einverstanden.

Nach geraumer Zeit war die Trennung dann vollzogen: Die Lemurier existierten nun als Mann und Frau. Sie erkannten die Schönheit in anderen und begannen sich zu vereinigen. Auf diese Weise wuchsen Kinder in den Frauen heran.

Die Kinder galten als etwas ganz Besonderes und wurden von den Atlantern hochgeehrt und sorgsam geschützt. Als man herausfand, daß mit den Ei- oder Samenzellen der Kinder die Umwandlung auch bei den eigenen Leuten erfolgreich war, hielt man nicht eher inne, bis das ganze Volk in männlich und weiblich aufgespalten war.

Die Männer entwickelten die Technik weiter und strebten Ruhm durch große Taten an; die Frauen, die die Gene der Göttin in sich trugen und Land und Wasser, Mensch und Tier verehrten, wurden von den Männern bald völlig unterjocht. Als sie sich gegen die Ausbeutung wehrten und ihren Unterdrückern gefährlich wurden, tat man ihnen Gewalt an oder steckte sie in Klöster. Dort hielten die Priesterinnen das Wissen um die Göttin aufrecht, und von hier aus wahrten sie die Balance mit den herrschenden Schichten.

Mit der Zeit wuchsen die Machtgelüste der Atlanter ins Uferlose und mit ihnen der Bedarf an Energien. Als sie Besuch von fremden Sternen erhielten und auf diesem Wege von den Schwarzen Herren hörten und von ihrer Macht, Materie zu spalten, luden sie einige dieser Männer in Schwarz als Gäste zu sich ein. Und so begann der Niedergang des Volkes von Atlantis.

Die ersten Versuche fanden auf dem lemurianischen Kontinent statt mit der Folge, daß dieser abzusinken begann. Bald wankte auch der überhitzte atlantische Kontinent, und am Ende fiel die ganze Welt in Schutt und Asche.

Ich und meine wachenden Geschwister verließen unsere Säulen und fanden in die Einheit unseres göttlichen Selbst zurück.

Wir haben weiter vor, euch von all unseren Projektionen in den verschiedenen Ebenen zu berichten und zu erklären, wie Macht sich selbst vernichtet, wenn sie die Gebote der Göttin, die sich selbst gebärt, mißachtet.

Die Göttin ist mit euch, seid in Liebe umarmt; dies ist Dirhiyn.

Kapitel 16

Die Megalithkulturen

Dies ist Amrael, und ich berichte euch aus der alten Zeit der Göttin, als ich mich verkörperte, um die Erfahrung der Täterschaft zu machen. Denn nur auf diese Weise läßt sich das Wesen der Trennung erfahren. So wie wir Opfer sind, so sind wir Täter. Erst wenn wir diese Zyklen als Spiel der Dualität erkennen, können wir den Heimweg zu unserem göttlichen Sein antreten.

Einige der Außenwelten von Atlantis und Lemuria hatten den alles verheerenden Blitz überlebt. Wasser überflutete in unendlicher Weite die einstigen Kontinente, und langsam entstanden neue Welten aus den Fluten.

Wenige Erdensternenkinder hatten überlebt und waren aller Technik beraubt. Die Pflanzenwelt war weitgehend zerstört, denn sie ertrug die Perversion des Lichtes nicht. Die Tiere waren so verstört, daß sie sich von den Menschen abgewandt hatten und sie fürchteten.

Der Mensch lernte in einer harten von Eis bedeckten Welt zu überleben. Nach und nach erinnerten sich die Frauen an ihr altes Wissen, und da sie es waren, die Kinder gebaren und die Zyklen des Mondes in sich trugen, wurden sie zu den Hüterinnen des Volkes. Die Stämme zogen im Land umher und erreichten auf ihren Wegen auch die Küsten, wo sie große Steinkreise vorfanden. Bald erkannten sie, daß sie hier den Lauf der Sonne und der Sterne erfahren konnten, und einige ausgewählte

Frauen blieben an jenen Stätten, um zu lernen und zu lehren. Sie lebten mit den Zyklen des Universums, und bald taten sich Tore im verborgenen Wissen auf. Große Tempel zum Ruhme der Göttin wurden errichtet, Riten formten sich aus. Durch die Zeremonien tauchten die Erinnerungen an vergangene Inkarnationen auf. Bestürzt entsannen sich einige der Zerstörung und Ausbeutung der Göttin. Die Frauen jedoch waren die Töchter der Göttin und schworen sich, so etwas niemals wieder geschehen zu lassen.

Doch nicht jeder der das Land durchstreifenden Wanderstämme achtete die Göttin. So konnte es geschehen, daß eine der Priesterinnen, die sich vom Tempel entfernt hatte, von einem umherschweifenden Jäger vergewaltigt wurde. Als ihre Mutter, die Hohepriesterin, die geschändete Leiche ihrer Tochter fand, geriet sie außer sich vor Wut und Schmerz und schwor Rache.

Alle Männer wurden in einem Ort zusammengetrieben, egal ob Knabe oder alter Mann. Dieses Unrecht, von einem Mann begangen, würden sie alle stellvertretend büßen. Die häuslichen Gemeinschaften wurden aufgelöst, Männer lebten von nun an getrennt.

Sie hatten die harte, schwere Arbeit zu verrichten, während einige Frauen sich trainierten, um Kriegerinnen zu werden. Im Alter von vier Jahren wurde jeder Knabe dem Männerdorf übergeben.

So entstand eine tiefgehende Spaltung, und Männer und Frauen lebten sich auseinander, denn sie verstanden ihre Schönheit nicht mehr.

Immer seltener gebaren Frauen Kinder und sie hatten Angst, daß es Söhne wurden. Denn diese wurden ihnen weggenommen, sie waren anders, sie waren fremd.

Aber auch hier siegte immer wieder die menschliche Liebe, die alle Hürden überwindet, und das Volk bestand weiter.

In jener Zeit wählte auch meine Seele, um die Tiefen der Spaltung zu erfahren, den Körper eines Mädchens. Meine Mutter liebte mich sehr, war ich doch ihr einziges Kind, ihre Vertraute in den stillen Stunden ihrer Sehnsucht. Oft erzählte sie mir von meinem Vater und seiner großen Liebe zu ihr, die ihn mutig immer wieder sein Gefängnis verlassen ließ, um sie zu sehen. Kurz vor meiner Geburt wurden sie dann beide von der Hohenpriesterin entdeckt. Mein Vater wurde zum Tode verurteilt, meine Mutter, da sie mich, ein Mädchen, gebar, nach der Geburt wiederaufgenommen – in die niederste Kaste allerdings. Wäre ich ein Knabe gewesen, hätte sie mich bis zum Alter von vier Sonnen aufziehen dürfen, um dann verstoßen zu werden. Vielleicht hätte sie Glück gehabt und sich einem fahrenden Stamme angeschlossen, meist jedoch lebten diese Frauen alleine, bis sie zur Göttin eingingen.

Aber ich war ein Mädchen, sie durfte mich behalten und mit den niederen Priesterinnen leben. Sie blieb jedoch stets traurig, denn – so sagte sie – sie hatte ihr anderes Ich verloren. Sie kränkelte und ging bald zur Großen Göttin.

Ich wuchs heran, doch ich vergaß ihre Lehre nicht. In jenen fremden, andersartigen Geschöpfen war also unser anderes Ich. Ich bestand mit Leichtigkeit die verschiedenen Initiationen und wurde bald in den Kreis der Hohepriesterinnen aufgenommen.

Wir bekamen die Männer wenig zu Gesicht, denn wir lebten abgeschirmt im inneren Tempelbezirk. Als ich jedoch eines Nachts im Steinkreis mit der Sternenheimat kommunizierte, wichen die Schleier meines Bewußtseins, und ich erinnerte mich, als fliegendes Sternenwesen eine Energieplatte zur Erde gebracht zu haben. Kurz erschien mir ein Gesicht in der Vision, dessen Augen der Gegenpol der meinen waren.

Von diesem Tag an fühlte ich immer deutlicher die geheimen Herzensschmerzen der wenigen schwangeren Frauen, und wenn ich Männer in der Ferne sah, schmerzte stets mein Herz. Einigen meiner Mitschwestern erging es ähnlich. Manche stahlen sich davon, nur wenige wurden schwanger.

Die Hohepriesterin war zutiefst empört. Bis in die heiligen Reihen hinein hatte sich nun schon diese „tierische Verschwendung" – wie sie es nannte – ausgebreitet. Sie brütete lange. Dann gab sie als Erlaß der Göttin bekannt, daß zur nächsten Sonnenwende ein Opfer vollzogen werden müsse, um die Unreinheit der Männer zu tilgen.

Die jungen Hohepriesterinnen, die der Königin dienten, und mit ihnen ich, sollten die Zeremonie vollziehen. Eine volle Mondphase brachten wir in der Erdgebärmutter zu und beteten als Sühne für unsere unreinen Wünsche. Zur Sonnenwende wurden wir in Trance hinausgeführt; das Sonnenlicht tat unseren Augen weh. Als wir die Tempeltore, die durch große aufrechte Steine markiert waren, erreicht hatten, erkannte ich blinzelnd, daß alle Männer in einer Reihe aufgestellt waren und von den Kriegerinnen bewacht wurden. Die Hohepriesterin reichte einer von uns die Opferschale und mir ein Steinmesser.

Die Hohepriesterin führte meine Hand, als ich einen tiefen Schnitt in das Brustbein des ersten Mannes machte. Ich spürte den Haß im Druck ihrer Hand, und so war der Schnitt sehr tief.

Das Blut wurde als Symbol der Göttin in der Opferschale aufgefangen und dem Manne so seine Lebenskraft genommen. Zwei Kriegerinnen führten ihn dann zur Außenpforte und übergaben ihn der Meermutter: Erreiche er die Mondinsel, sei er frei und könne gehen, wohin er wolle. Bis in den tiefsten Kern des Seins erschrak ich. Nie wieder würde ich Hohenpriestern oder Hohenpriesterinnen trauen. Doch ihr Wille lenkte meine Hand, und meine Augen nahmen kaum wahr, was ich tat. Umso mehr fühlte ich den Schmerz der betäubten Männer, die doch ein anderes Ich waren, wie meine Mutter mich gelehrt hatte. Als dieser Satz in mein Bewußtsein stieg – ich hatte den Schnitt gerade vollzogen – sah ich in die Augen des Mannes, und es waren die Augen aus meiner Vision. Ich hörte das Rufen und Klagen meines Hohen Selbst und verließ augenblicklich meinen Körper.

Im weißen Liebeslicht des Selbst erkannte ich die Seele meines anderes Ichs, deren Energieplatte ich trug. All seine Schmerzen waren auch die meinen, aber er war wie viele seiner Sternengeschwister, die Orion erfahren hatten, verhärtet und abgestumpft. Doch auch wenn sein Bewußtsein noch verschlossen blieb, seine Seele hatte mich erkannt. Mein Hohes Selbst begleitete ihn, und in diesem Licht vermochte er die Mondinsel zu erreichen. Viele Leben später würde sein göttliches Sein ihm die Erinnerung zurückgeben, wenn das Tor der Sterne II:II sich zu öffnen beginnt und das Auge von AN neu erwacht.

Der Mißbrauch der Macht geschah nun durch die Frauen, und ich sah, daß nichts sich reinigte, wie uns versprochen war, sondern daß die Kluft uns nun noch tiefer trennte.

Viel später im Zeitalter der Fische würden sich Männer daran erinnern und Frauen im göttlichen Wahne bis zu Tode quälen und im Feuer verbrennen, so wie jetzt das Salz der Meere ihre Körper verbrannte. Ich faßte meine göttliche Kraft zusammen und kehrte in meinen irdischen Leib zurück. Man hatte mich bereits weggebracht, denn ich hatte mich als unwürdig erwiesen, der Göttin in ihrer Gestalt als Hohepriesterin zu dienen. Ich war es nicht länger wert, ihre Dienerin zu sein. Ich wurde verstoßen.

Ich ging in die Welt hinaus und schloß mich einem Nomadenstamme an. Ich half, wo es mir möglich war, mit meinem Wissen. Ich betrachtete die Liebe zwischen Männern und Frauen, war sie mir selbst doch nicht möglich, denn ich hatte Schuld auf mich geladen.

Ich begann den Kindern von den Sternen und fernen Welten zu erzählen und wärmte mit meinen Geschichten in den langen und dunklen Nächten die Herzen der Männer und Frauen des Stammes. Als ich meinen Körper verließ und in mein göttliches Selbst einging, wurde ich in mein Sternenheim gebracht. Meine Schwestern zeigten mir den Zyklus der Zeit auf Gaia, und ich versprach, mich so lange für die Einheit von Mann und Frau einzusetzen, bis wir alle durch das Auge von AN in unsere geistige Heimat zurückkehren.

In Vater Sonne und Mutter Mond wird sich aller Schmerz der Trennung lösen, und wir werden alle wieder in dem Bewußtsein des Einen Seins verschmelzen. Die Steine der alten Tempel werden die Zeiten überdauern und jenen, die um Einlaß bitten, Auskunft geben. Meine Schwestern zeigten mir dann auch den alten Tempel, zu dem ich später zurückkehren werde, um einen Teil meines Auftrages einzulösen. Kurz bevor das erste Tor im Sternenweg II:II sich öffnet, habe ich hier dem Wächterstein das Wissen um die sieben Stufen der Heilung der Dualität zurückgegeben. Über meine Geschwister im Meer dehnt sich die Kunde ebenfalls aus, so daß das gebrochene Herz wieder zu dem einen göttlichen Herzen zusammenwachsen kann.

Gestärkt mit der umfassenden Liebe für alle Existenz und alle Erfahrungen, kehrte ich zu neuen Inkarnationen auf die Erde zurück. Immer wieder fand ich mein anderes Ich – mein

Sternengeschwister von Orion – und immer wieder nahm ich seine Härte auf mich und fühlte tief in mir seinen Schmerz. Viele Leben diente ich ihm, manche Leben erschufen wir als Freunde, in vielen halfen wir uns gegenseitig, bis unsere Achtung so groß voreinander wurde, daß wir wählten, zusammen als Mann und Frau zu inkarnieren.

Oft holten mich Prägungen des alten Täterinnenlebens ein, und ich zog es vor, das Opfer zu sein. Lange währte die Entwicklung. All meine Kenntnisse nützen nichts, die Platte blieb bei mir und mit ihr das Übermaß der Gefühle. Am 11. Januar 1992, als das erste Tor im Torweg II:II sich öffnete und wir in Liebe eins wurden, floß die Energieplatte vollkommen leicht in seinen Energieleib zurück. Er hatte sich und seine Geschichte anerkannt und in Liebe angenommen, und ich hatte ihn aus den Tiefen meines Seins in Liebe losgelassen.

So haben wir nun die Chance, vollkommen wir selbst zu sein und die Andersartigkeit unseres anderen Ichs lieben zu lernen.

Mit der alles heilenden Liebe meiner plejadischen Herkunft umarme ich euch.

Kapitel 17

Das Sternenreich AN

Segen und Willkommen, dies ist Ankiel aus dem Sternenreich AN.

Wir sind eine große Sternenfamilie und wurden vom unendlichen Einen gebeten, im Universum des Sohnes Wohnung zu nehmen, um dort die Wege des Sonnensystems zu hüten.

In der Welt von Atlantis und Lemuria verankerten wir den Tempel von AN über den Wassern, und als Atlantis unterging und das neue Land erschien, verbanden wir die heilige Stätte fest mit dem Planeten Gaia. Dies geschah in dem Gebiet, das ihr heute Anden nennt. Lange Zeit spendeten wir dem Lande und all seinen Geschöpfen unser Wissen und unsere Liebe.

Wir hielten die Pforten aufrecht, so daß lichtvolle Sternenfahrer ihr Wissen den Erdensternenkindern vermitteln und sie selbst wiederum von dem sich selbst ins Licht gebärenden Planeten lernen konnten. Wir ehren Vater Sonne und Mutter Mond als die Einheit, die aus großer Liebe gewählt hat, sich zu polarisieren.

AN ist mit vielen Sternenwelten verbunden, und viele Sternenkinder erfahren unsere Schulung des Ausdehnens und Zusammenziehens, des sich Auseinanderbewegens und wieder Zusammenfindens. Viele unserer Lehren findet ihr in den Weisheiten des roten Volkes wieder, das unser Wissen in seinen Tänzen und Lehren verwahrt.

Als jedoch der Sohn des All-Einen sich selbst dem Planeten zum Geschenk machte, wurde die Christuskraft, das Eine Herz, in das gesamte Erdbewußtsein ausgedehnt, und wir zogen unseren Tempel und unsere Anwesenheit zurück. Denn von nun an wählte jedes Erdensternenkind selbst in freier Wahl, ob es sich dem Christusbewußtsein öffnete oder die Tiefen der Trennung auszuloten wünschte.

Wir begannen dann, das Auge von AN zu erbauen, die Zeit war reif. Gaia, vom Sohn befruchtet, würde mit sich das ganze System aus sich selbst heraus neu erschaffen. Unsere Aufgabe war, den Geburtsweg dafür vorzubereiten.

Wir verbanden unsere Energien mit dem Hohen Rat von Orion und begannen im ätherischen Bereich über Al Nilam das Auge zu erschaffen.

Durch dieses Auge, diese Pforte, werden alle lichtvollen Energien dieses Universums in eine höhere Ebene eingehen. Hier wird sich der Umkehrpunkt manifestieren, an dem alles, was ist, wieder zum Einen Sein zurückschwingt.

Wir sind die Wächter dieses Tores und die Hüter des Torweges. Wir führen euch durch die elf Tore oder Einweihungen in euer höheres kosmisches Bewußtsein. Wir treten den dunklen Fürsten und Mächten entgegen, für die der Weg in das Eine Sein Gefahr bedeutet.

Nach wie vor helfen wir unseren geliebten Erdensternengeschwistern wie auch der liebenden Sternenwesenheit Gaia beim Vorgang ihrer Transformation. Wir sind die Hüter der elektrisch-blauen Energieschilde, die die nichtlichtvollen Energien in Liebe erlösen.

Immer unterstützen wir euch, wenn ihr die nichtlichtvollen Kräfte in der Materie erlöst, sei es, daß ihr euch selbst befreit, sei es, daß ihr die Pforten und Plätze auf eurem Planeten reinigt. Es bedarf der Schulung und großer Achtsamkeit, dieses zu tun. Aber wir alle aus der großen Sternenfamilie von AN tragen das

Wissen und den Auftrag in uns, dem Christusbewußtsein die Tore weit zu öffnen.

Ich, Ankiel, habe es übernommen, euch über den Zustand der Gitternetze zu informieren. Die Gitternetze erschuf sich Gaia bereits im Anbeginn ihres Seins. Sie halten die Energien im Gleichgewicht und tragen die kontinentalen Platten. Die Kreuzungspunkte sind abladende Transmitter, über die sich Gaia mit Sternenbewußtseinsenergie versorgt und über die sie ihre Transformation entläßt. Die lichte Raumbruderschaft ist sehr um Stabilität der Gitternetze bemüht, sind doch auch alle Chakren der Erde, alte wie neue, sowie die Dimensionstunnel, durch die wir reisen, mit ihnen verbunden.

Jetzt ist das Bewußtsein der Erdensternenkinder soweit erwacht, daß sie hier selbst Verantwortung übernehmen, und das ist wunderbar. Für euch, die ihr noch in der dritten Dimension lebt, ist es leichter, und ihr könnt hier viel unmittelbarer heilen als wir aus unseren Ebenen. Viele von euch, die in den Reihen der Raumbruderschaft inkarniert waren, sind jetzt auf Gaia, um sozusagen als Bodentrupp die Gitternetze zu behüten und von nichtlichtvollen Emanationen zu befreien. Die nichtlichtvolle Seite versucht hier immer wieder ihr zerstörerisches Werk, sei es durch Atomversuche, sei es durch Einschleusen von Nichtlichtenergie.

Arbeitet stets mit dem elektrisch-blauen Licht und dem rosafarbenen Heilungsgold des geliebten Sanat Kumara. In unserem gemeinsamen liebenden Tun unterstützen wir den Heilungsplaneten Gaia.

Ich bin Ankiel, und mit der unendlichen Liebe von Vater Sonne und Mutter Mond segne ich euch.

Teil 2

Heilung der Dualität

Kapitel 18

Die sieben Heilungsschritte der Dualität (Eine Initiation)

In diesem Teil des Buches möchte ich meine persönlichen Lernerfahrungen und die Erkenntnisse meiner Initiationsreise mit euch teilen. Alle diese Erfahrungen machte ich im Herbst des Jahres 1991 unter großer emotionaler Spannung. Mein gesamtes Leben, alle meine Pläne und Vorstellungen und selbst meine Ehe – mein Mann kündigte mir wegen einer anderen Frau die Treue auf – schienen zu zerbrechen. Es sah so aus, als stände ich vollkommen alleine beim Auf- und Ausbau unseres Lichtzentrums da.

Für mich stand fest, daß ich mein Versprechen in diesem Leben halten würde, dieses Zentrum aufzubauen und zu bewahren. Les Champs Chamagne ist ein uralter Kraftplatz in den Vogesen, der schon in den frühesten Zeiten dieser Welt ins Sein gelangte. Sowohl mein Mann als auch ich hatten in unterschiedlichen Leben bereits an diesem Orte inkarniert, und wir wußten von Vyvamos durch meine Lehrerin Janet McClure, daß wir bereits einmal in einer chinesischen Inkarnation einen Tempel auflösen mußten, weil wir weder genug menschliche noch mentale Kraft noch genug Vertrauen aufgebracht hatten, um die selbstgewählten Aufgaben zu erledigen. Diesmal, so wußte ich, wollte ich durch nichts in der Welt meine Aufgabe gefährden lassen.

Da stand ich nun, vollkommen aufgewühlt, in meinem Schmerz, mit meinen Verlustängsten, ohne Kenntnisse mit einem Bauprojekt, dessen Abmachungen ich anscheinend nicht einhalten konnte. Ich war verzweifelt und stand am Rande des Zusammenbruchs. Meine überkochenden Emotionen erschöpften mich am Ende derart, daß ich mich nur noch hinlegen konnte und um Schlaf bat.

Aber der Schlaf wollte nicht kommen. Emotionen und die undenkbarsten Gedanken rasten durch meine Systeme. Es gelang mir schließlich mit dem Reste meiner Fähigkeiten, mich zu zentrieren und so weit wie möglich zu entspannen. Ich begann zu beten. Ich rief den geliebten Meister Hilarion, der mein Führer und Lehrer ist. Ich rief alle Meister und Meisterinnen der Weißen Bruderschaft, die mir einfielen, und bat sie um Hilfe und Führung. Sie kamen alle und standen sichtbar um mein Bett herum. Jedoch keiner sagte auch nur ein Wort. Alle sandten mir Licht und lächelten mir voller Mitgefühl zu, und alle – schwiegen sie!

Ich merkte, wie ich ruhiger wurde und wie es mir gelang, die heilenden Energien durch alle meine Körper fließen zu lassen. Hilarion gab mir nun ein Zeichen, nach oben zu schauen. Aus dem Weltenall bewegte sich ein anthrazitgrauer Körper in Spiralbahnen auf mich zu. Je näher er kam, desto genauer nahm ich seine Größe und Gestalt wahr. Es war eine Art Monolith, etwa 1,80 Meter lang und 30 Zentimeter dick. Und dieser Körper stürzte auf mich zu. Ich blickte zu den Meistern. Ich bat um Hilfe. Sie flößten mir Mut ein, Mitgefühl und ließen mich spüren, daß alles in vollkommener Harmonie war. Dann stürzte der Körper in mich hinein und rammte sich förmlich in mein zweites Chakra. Der Schmerz und die Wucht des Aufpralls waren so enorm, daß ich wie eine Gebärende atmete und das Gefühl hatte, einen halben Meter über meiner Matratze zu schweben.

Als ich wieder einigermaßen normal atmen konnte und der nachlassende Schock es mir erlaubte, meinen Körper wieder zu spüren, sah ich auf die Meister. Sie lächelten mir unentwegt Mut und Kraft zu. Da wußte ich im Inneren: Dies ist eine Initiation. Ohne weitere Widerstände in mir nahm ich das Geschehen an. Der Körper steckte in meinem Sein, und ich spürte seine Kraft und Vibration. Es gab keine Schmerzen mehr, aber das volle Bewußtsein seiner Form, die vorne aus meinem physischen Körper 1,60 Meter herausragte.

Hilarion gab mir Schlaf, und ohne Übergang glitt ich in ein zeitweises Vergessen hinein.

Am nächsten Morgen suchte mich mein Seelenfreund Johannes auf, und nachdem ich ihm von der Nacht und dem in mir steckenden Körper berichtet hatte, fragte er mich: „Was willst du jetzt?“ Plötzlich wußte ich: Ich mußte jetzt erst mal fort, weg vom Hof und hin ans Meer. Gleichzeitig sah ich eine Landschaft vor mir, die ich noch nicht kannte, und der Name einer bretonischen Ortschaft begann sich in mir auszuformen. Meine Freundin half mir packen, übernahm meine Aufgaben am Platz, und Johannes erklärte sich bereit, mich auf meiner Fahrt zu begleiten. Ich war körperlich so elend und hatte auch Mühe, mich mit dem Körper in mir fortzubewegen, so daß er mich oft stützen mußte.

Da wir beide keine genaue Vorstellung von unserer Reise hatten, ließen wir uns von unserer Intuition führen. Wir kauften eine Straßenkarte, bestimmten grob den Weg in die Bretagne und fuhren los.

Während der Fahrt und der Pausen, die wir einlegten, erkannte ich, daß durch die Beschleunigung im Auto und durch unser konzentriertes Am-Thema-Bleiben der Körper in mir in Bewegung geriet. Bei der ersten Rast in einem Café entdeckte ich, daß auf diesem Körper mehrere Erkenntnisstufen verzeichnet waren. Wir machten uns daran, diese Informationen anzuschauen und sie zu erfahren. Je näher wir unserem Ziele kamen, desto mehr Informationen des Körpers wurden uns verständlich, und mit jeder erfaßten Heilungsstufe rutschte der Körper weiter durch mich hindurch.

Wir hatten die Bretagne kaum erreicht, da meldete sich meine geliebte Lehrerin Janet in meinem Kanal und erklärte mir den Sinn dieser Initiation, den Grund für unsere irdischen Inkarnationen und unsere Sternenwege und die damit verbundenen Aufgaben. Hier erfuhr ich erstmals von der Vereinbarung zwischen den Sternenkindern der Plejaden und des Orion. Ich spürte die große Verletzung der Orion-Geschwister, und ich erkannte, daß ich die Trägerin der Energieplatte meines Mannes war.

Von keinem anderen Meister als von Janet hätte ich dieses Wissen angenommen. Ich versuchte mit allen Mitteln, diese Energieplatte, die ja nicht zu mir, sondern zu meinem Mann gehörte, ihm zurückzustrahlen. Natürlich ging das nicht, und wieder war es an Janet, mir klarzumachen, daß es sich um einen Heilungsweg handelt, der nicht erzwingbar ist, und daß die Heilung über die gegenseitige Anerkennung und die Erschaffung des dualen Eins-Seins erfolgen wird.

Wir machten eine Pause und entdeckten einen alten Tempel gleich neben der Autobahn. Es war ein Schulungstempel aus der Zeit des Matriarchats, und hier lehrte Janet mich verstehen.

Die matriarchale Kultur hatte die Aufgabe, das Wissen über unsere Sternenherkunft zu bewahren. Die Spaltung der einst androgynen Erdensternenkinder war bereits auf Atlantis erfolgt. Durch den Untergang der Kontinente waren viele Kraftplätze und viel Wissen verlorengegangen. Die Frauen wußten aufgrund ihrer Zyklen um die Umläufe des Mondes und der Erde. Sie bewahrten und ergänzten das alte Wissen. Wegen ihrer Kenntnisse nahmen sie bald eine herausragende Stellung in der

Gemeinschaft ein, so daß schließlich eine Priesterinnenkaste entstand. Die heiligen Frauen verstanden nicht, daß die Männer nicht bluteten, jedoch wußten sie um die Kraft des Blutes, des lebensspendenden Saftes der Mutter Erde. Anscheinend fehlte den Männern etwas, sie waren anders, weil sie nicht denselben Zyklen unterworfen waren. Mit der Zeit begann die Wertung, denn es waren die Frauen, die aufgrund der Fähigkeit zu gebären den Fortbestand der Gemeinschaft sicherten. So entwickelten sie schließlich Rituale, in denen die Männer versklavt wurden und bluten mußten. Aus der ursprünglichen Idee der Dualität – die an sich die Freude an der Andersartigkeit ist – und den verbliebenen Wissensbruchstücken über die Sternenherkunft und die andersartigen Abstammungen, wurde die Polarität, die Trennung.

Janet gab mir genaue Hinweise auf den alten Tempel jener fernen Zeit, und sie bat mich, dieses Mißverständnis an dem Orte, wo alles seinen Anfang genommen hatte, stellvertretend für alle Frauen, aber auch für mich persönlich, auszuräumen und zu heilen.

Dann schulte sie mich darin, weitere Teile meines Sternenauftrags zu erkennen und sie zu verstehen. Mein persönlicher Auftrag lautet, dieses Wissen für Männer und Frauen verständlich zu machen und ihnen, falls sie es wollen, die Heilungswege aufzuzeigen. Darüber hinaus habe ich meinem Gefährten die Energieplatte zurückzugeben, was jedoch erst möglich ist, wenn auch er versteht und annehmen kann. Ich verstand jetzt, warum wir eine spirituelle Hochzeit manifestiert hatten, deren Auftrag lautete, in diesem Leben in die Einheit zu kommen, das heißt die Polarität zu überwinden. Denn Einheit bedeutet wahre Freiheit. Mein Geliebter stärkt die männliche Energie in mir, ich belebe die Energien der Göttin in ihm wieder.

Meine Lehrerin half mir zu verstehen, daß jene andere Frau für meinen Mann ein Spiegel für die Vollständigkeit ist. Sie ist ein Wesen in ihrer Kraft, in ihrer vollkommenen Energieverbindung. Daraus erwächst erschaffende Freude. Erschaffende Kraft kann wahrhaft manifestieren, wenn sie sich über die Begierde erhebt.

Weil ich seit meiner plejadischen Liebes/Diebes-Inkarnation diese Energieverbindung für ihn trage, erlebe ich immer ein Übermaß an Emotionen. Es besteht eine Seelenvereinbarung zwischen uns, die mich zur Hüterin seiner Platte machte. Erdleben für Erdleben trabte ich neben und hinter ihm her, um ihm seine Energie zurückzugeben. Dadurch häufte ich unzählige Verletzungen in mir an, und meine Erfahrungen, das Opferlamm zu sein, wurden immer weiter verdichtet, bis ich hier und jetzt bereit war, mich dem Heilungsweg der Anerkennung hinzugeben.

Er gibt mir dadurch meine Erdung, und ich gebe ihm seine Verbindung zurück. Wenn wir beide vollkommen annehmen, entsteht ein Eins-Sein in der Dualität, und in uns beiden erschafft sich dann die Heilung selbst.

In der ruhigen wissenden Energie des alten Tempels war ich bereit, diesen Auftrag anzunehmen. Dadurch rutschte der in mir steckende Körper bis zur Hälfte durch mich hindurch. Wir mußten nun noch den Platz am Meer finden und das Heilungsritual vollziehen.

Wir fuhren weiter, und mein Verstand schlug seine Kapriolen. Aber ich war jetzt bereit, meinen Stolz zu läutern, wirklich zu vertrauen und den Weg zu Ende zu gehen.

Unsere Intuition führte uns ohne jeden Umweg zum Schauplatz der Vision. Ich erkannte, daß dies der Ort war, an dem ich in der Nacht von Janets irdischem Tod auf sie gewartet und wo sie mir eine Botschaft übermittelt hatte. Mein Begleiter und ich tauchten tief in unsere vergangenen Inkarnationen ein, beide erfuhren wir viel Heilung alter Leiden und erfreuten uns unserer gegenseitigen Hilfe.

Von den Meistern des Lichtes unterstützt, konnten wir all unsere mißverstandenen Energien von Stolz, Habsucht, Gier und Eifersucht mit der Hilfe des unendlichen Meeres aus unseren Systemen herauswaschen. Wir versprachen, die Freude der Dualität zu leben und anderen diese Freude erfahrbar zu machen, damit diese Energie der Mutter Erde wieder voll zur Verfügung steht; dann kann sie ihrerseits auch heilen und ihren Aufstieg in Leichtigkeit und Freude manifestieren.

Der matriarchale Tempel war sehr groß, und immer noch ragen die wichtigsten Steine und das in ihnen verborgene Wissen aus der Heidelandschaft heraus. An einem Menhir, der alten Eingangspforte zum inneren Heiltempel, war es mir möglich, mir selbst und allen Menschen und Elementen des Planeten Erde zu vergeben, die mich jemals die Erfahrung des Leidens, des Opfers, des Verletztseins erfahren ließen. Dadurch drehte sich wie ein Spiralband das Opferbewußtsein aus meinem feinstofflichen Sein heraus, und ich konnte mir jetzt selbst allen Schmerz und alle falsch verstandenen Energien, die ich jemals erfahren hatte, verzeihen. Jetzt erst fühlte ich meine Kraft in mir und das Vertrauen in mich und in den göttlichen Plan für meine Inkarnationen.

Wahre Liebe ist jenseits der Angst.

Indem wir das Heilungsritual für die Polarität am alten Opferstein, dem Stein des gebrochenen Herzens, vollzogen, löste sich der Körper mit den sieben Heilungsschritten aus meinem Sein und verankerte sich im Menhir. Von hier aus strahlt das Wissen um die Heilungsstufen über das Meer hinaus zu allen Wesen, die dieses Wissen brauchen. Über meine Delphingeschwister wird die Botschaft der sich jetzt öffnenden Bereitschaft der Erdenkinder zu den Plejaden gesendet. Der Stein des ehemals gebrochenen Herzens strahlt diese Botschaft über die Gitternetze zu den Steinreihen in Carnac und allen anderen an diesen Erfahrungen beteiligten Erdenebenen.

Wir beteten und baten um die Kraft in uns und allen beteiligten Wesenheiten, die Aufträge liebend zu erfüllen und die Freude an der Andersartigkeit jetzt in die Existenz zu bringen. Ich sah viele Menschen, Bekannte und bis dahin noch Unbekannte, mit denen ich an der Heilung des Oriondramas arbeiten sollte. Ich verstand plötzlich viele Strukturen und Verhaltensweisen in meiner biologischen und spirituellen Familie. Jetzt spürte ich das Vertrauen in mich und meine Kraft, den Auftrag meiner gegenwärtigen Inkarnation zu erfüllen.

Mit Hilfe des erfahrenen Wissens und der Übungen gelang es mir durch meine ständige Geduld und Authentizität die Ehe mit meinem Manne weiter zu führen. Ich erlaubte mir keine Zweifel mehr, beruhigte ständig mein Verstandesselbst und war vollkommen gewiß, daß die Heilung erfolgen würde. Das Wunder geschah, und mein Geliebter nahm das Wissen in sich auf, indem er sich langsam öffnete. Als wir am 11. Januar 1992 hier auf Les Champs Chamagne mit unseren Freunden die Öffnung des ersten Tores feierten, löste sich die Energieplatte aus meinem Sein und ging zu ihm über. Es waren Momente des größten Glücks, der absoluten Anerkennung unserer Einzigartigkeit und der umfassenden Liebe. Wir waren eins. Ohne Machenschaften, ohne Druck, einfach nur durch Einverstandensein mit allem, was ist.

Ich habe nach II:II begonnen, die Heilungsschritte in meinen Seminaren erfahrbar zu machen, und indem ich das Wissen hier auf diesen Seiten mit euch teile, erfülle ich einen weiteren Teil meines Sternenauftrags.

In der Zusammenarbeit mit den Erdensternenkindern, die an meinen Trainingsseminaren teilnehmen – dank ihrer Bereitschaft, ihren Schatten zu begegnen, lerne ich selbst viel – habe ich erkannt, daß auch die Heilung des Oriondramas in den Paaren über ein Dreieck fließt. Wie könnte es anders sein?

Wenn sich ein Plejaden/Orion-Paar wieder zusammengefunden hat, ist es meist große Liebe, auf deren Lebensweg unendliche Mißverständnisse, Schmerzen und ein Nicht-verstehen-Wollen und -Können liegt. Orion/Plejaden-Paare treffen sich nicht immer als Mann und Frau, ich kenne auch einige dieser Paare, die Eltern und Kind, Geschwister oder gleichgeschlechtliche Freunde sind.

Da in dieser Zeit der Schwingungserhöhung für die Erde dieses Wissen jetzt zur Heilung freigegeben wird, manifestieren sich vollkommen natürlich überall die Heilungskrisen. Oft kann der Plejadier sich trotz allem nicht von seinem Orionpartner lösen, der seinerseits wiederum von dieser ewigen scheinbaren Hingabe vollkommen genervt ist. Er meint zwar zu lieben und Gefühle zu spüren, aber dadurch, daß ihm die Energieverbindung zwischen Solarplexus und Halschakra fehlt, kann er nicht wirklich fühlen. Er hat die Vorstellungen und Gewohnheiten von Liebe und Gefühl entwickelt, aber er ist im eigenen Panzer gefangen und evakuiert sich meistens in einem übermächtigen Verstandesbewußtsein, was ihn hart und unnahbar erscheinen läßt. Gleichzeitig ist er unendlich einsam, er ahnt das, aber er spürt es nicht wirklich. Er sucht ganz zu werden, indem er auf alle möglichen Arten versucht, seinen Mangel zu stopfen. Er hat meist größte Angst vor Manipulationen, und damit er nur ja nicht manipuliert wird, manipuliert er selbst.

Der Plejadier seinerseits schwimmt in einem Übermaß an Emotion. Er kann seine Empfindungen nicht klar trennen, er meint, er übe absolute Hingabe, und ist im Innersten stolz darauf, beständig das Opfer zu sein. Oft macht er sich mit diesem Bewußtsein schwach und krank, um sich damit Anerkennung zu verschaffen. Er manipuliert mit seiner angeblichen Hingabe, seiner ewigen Dienstbereitschaft und mit seinem manchmal schlechten Gesundheitszustand.

Beide, der Orioner und der Plejadier, sind getrennt von ihrem wahren Sein, von der echten Kraft in sich, und beide brauchen Mut und Bereitschaft, sich selbst anzuschauen. Wenn das geschieht, wenn Anerkennung an Raum gewinnt und die gegenseitige Bewertung in der Partnerschaft abnimmt, kann die Heilung einsetzen.

Meistens bedarf es dazu eines integrativen Punktes. Das ist oft ein anderer Mensch, der in die Beziehung hineinwirkt und sie durch seine Kraft und seine Einheit mit sich selbst aus dem Sumpfe der Erstarrung und des Leidens herausreißt. Es muß wirklich nicht immer so dramatisch zugehen wie bei uns! Als Plejadierin „mit Platte" war ich Dramaspezialistin, und ich brauchte sehr viel Energie, um mich dieser Initiation zu stellen. Im Drama erzeugen wir sehr viel Energie. Dem emotionalen Selbst, das alle unsere Energien steuert, ist es vollkommen gleich, ob es sich um Schmerz oder Freude handelt, es ist süchtig auf viel Energie, damit sich die verschlossenen Türen unserer Erinnerung öffnen.

Die Heilung an sich, die Zurückgabe der Energieplatte an den Orionpartner, ist ein Akt der Gnade und kann in keiner Weise erzwungen werden. Auch ist es oft so, daß der plejadische Teil der Partnerschaft seine Geschichte und Herkunft leichter erkennt. Auch darf er keinen Zwang auf seinen Orionpartner ausüben, das würde diesen nur noch mehr verhärten! Zuallererst steht immer die Arbeit an sich selbst, auch und gerade in der Partnerschaft. Wenn es dir gelingt, wenn du den bewundernswerten Mut aufbringst, dir deine tiefliegenden Musterprogramme anzuschauen und sie zu erlösen (und dafür gibt es viele Übungen, unter anderem die Übung der geistigen Welt im dritten Teil des Buches), wird sich, weil du dich änderst, auch etwas in deiner Beziehung ändern. Schritt für Schritt wird die Wertung abnehmen und das gegenseitige Anerkennen eurer Einzigartigkeit wird zunehmen. Heilung fließt in das Sein, in dem Anerkennung bereits vorhanden ist.

Alle Hilfe der geistigen Welt steht uns zur Verfügung. Indem wir uns erkennen und uns erlauben, heil zu werden, erlauben wir es auch unseren Mitmenschen und unserem wunderbaren Planeten.

Nicht alle Plejadenkinder, die jetzt auf der Erde inkarniert sind, sind Plattenträger. Auch nicht all den Orionern, die auf der Erde verkörpert sind, fehlt ihre Energieverbinung. In manchen dieser langen Partnerschaften hat die Übergabe schon in vorangegangenen Inkarnationen stattgefunden, und da tiefe Liebe und Verbundenheit zwischen den Partnern besteht, sind sie erneut, frei von Verpflichtungen, zusammen. Manche stammen gar nicht aus der Schwarzen Zone von Orion oder haben auf anderen Sternenwegen die Erde erreicht. Tief in dir spürst du sehr genau deine Resonanzen auf die Sternenwege und möglicherweise auf die Plejaden/Orion-Verbindung. Vertraue deiner göttlichen Führung, daß du das für deine weitere Erlichtung Wichtige immer zum richtigen Zeitpunkt erfahren wirst.

Kapitel 19

Läuterung des Egos

Dies ist der erste Heilungsschritt, den mir der monolithische Energiekörper offenbarte.

Ich war jahrelang damit beschäftigt, mein Ego zu zertrümmern, da ich der felsenfesten Überzeugung war, daß der Egoismus die allerschlimmste Eigenschaft des Erdenmenschen ist. Durch den Egoismus entsteht Leid und Schmerz, Zerstörung jeder Art, der Krieg des Menschen gegen seinesgleichen, gegen Tier- und Pflanzenwelt und gegen Mutter Erde selbst. Tief in meinem Innern war ich so erschrocken über die Auswirkungen des Egoismus in mir und in den Erinnerungsspeichern meiner Inkarnationen, daß ich für mich die Entscheidung getroffen hatte, den Egoismus aufzulösen und möglichst nur noch der „Hingabe“ und der „Liebe“, wie ich sie verstand, zu leben. Eine meiner besten Freundinnen fragte mich oft, woher es komme, daß ich mich so häufig ausnutzen, ja regelrecht benutzen und immer wieder prompt zum Opfer machen lasse. Ich antwortete ihr ebenso oft, ich wisse und spüre ganz genau, daß einzig der Weg der Auflösung des Egoismus der wahre Weg der Hingabe und der Liebe sei. Nur – ich hatte in diesen Jahren weder die Liebe noch die Hingabe noch meine Kraft richtig verstanden!

Da ich nicht bereit war, meinen zwar gut versteckten, aber natürlich vorhandenen Egoismus anzuschauen, trennte ich mich von der dynamischen Kraft in mir. In einem dualen Universum müssen beide Kräfte, die rezeptiven und die dynamischen, einander gleichwertig sein, beide müssen sich entfalten dürfen, damit die Wahrnehmung des integrativen Punktes – des wahren Herzens – möglich wird.

Die dynamische Energie ist befruchtend, lebensfördernd, sie bringt die Dinge und Ereignisse in die Existenz. Und natürlich bringt diese an sich reine Energie auch den Egoismus hervor, dann nämlich, wenn sie unsere Energiespeicher durchläuft und sich mit unseren Erfahrungen verbindet, die wir ja nicht nur in diesem Leben gemacht haben, die jedoch blitzschnell mit jedem Reiz im Hier zum Ausdruck gebracht werden. Denn die vornehmste Aufgabe dieser Energie besteht darin, das System am Leben zu erhalten, das Überleben abzusichern. Und wir haben alle genügend ungelöste Gewohnheiten und Muster in uns, die uns durch unsere Erfahrungen gelehrt haben, wie wir in der jeweiligen Situation am besten überleben. Daß Gewinnen im allgemeinen lustvoller als Verlieren ist, spüren wir natürlich auch.

Aber bleiben wir einfach in diesem Leben, das wir jetzt gerade erfahren. Im Krabbelalter fangen wir an, unsere Grenzen zu erforschen. Wir müssen die Erfahrung machen, daß unsere warme, ernährende Quelle der Geborgenheit nicht mehr ständig zur Verfügung steht. Ja, wir erkennen sogar mit Schrecken, daß uns diese Quelle von anderen streitig gemacht wird. Natürlich beginnen wir um unser „höchstes Gut" zu kämpfen. Über diese Kämpfe erobern wir uns unsere Stellung im Familienverband, unsere soziale Position, Besitz und Ansehen. Wir errichten und verteidigen unsere Grenzen. Dadurch entfaltet sich unser Ich-Bewußtsein. Hier beginnt nun unser Ego mit seinen Spielen: Ich will, ich befehle, ich habe recht, ich habe Macht. Um all diese Erfahrungen zu machen, bedürfen wir der dynamischen Kraft. Diese Erfahrungen, als Ganzes betrachtet, sind bei uns dann entweder als lustvoll oder als unerfreulich gespeichert, und das hat ernorme Auswirkungen auf unser ganzes Leben. Wir prägen unsere Dominanz- und Unterwerfungsmuster und unser grundlegendes Verhältnis zu der dynamischen Energie und wie wir mit ihr in diesem Leben umgehen. Bei jedem Reiz verdoppelt sich diese Prägung auch noch durch die Erfahrungen unserer vergangenen Inkarnationen.

In dieser Phase unseres Lebens prägen wir unseren zweiten Gehirnschaltkreis, den territorialen Gefühlsschaltkreis, wie John Lilly und Timothy Leary diese Ebene benannt haben. Wenn wir unbewußt durch unser Leben gehen, fallen wir immer wieder in die verschiedenen Prägungsstufen unserer Gehirnschaltkreise zurück. Deutlich sichtbar wird der zweite territoriale Schaltkreis bei allen Politikern und Militärs, um ein ganz eindringliches Beispiel zu geben.

Wir sind jedoch auf diesem Heilungsplaneten verkörpert, um unsere Erfahrungen und Programme zu heilen, daß heißt in die Einheit zu führen.

Um nun den ersten Heilungsschritt zu vollziehen, bedarf es des Mutes, sich diese Phase unseres Lebens anzuschauen und unser Verhältnis zur dynamischen Kraft zu klären. Die dynamische Kraft ist etwas Wunderbares, sobald sie von unseren mißverstandenen Erfahrungen befreit ist. Sie gibt uns ungeheure Kraft, sie flößt uns den Mut und die Energie ein, mit der wir uns selbst erlichten.

Unser Ego ist dazu da, unser Überleben zu sichern. Wie wir das tun, unterliegt der jeweiligen Stufe unserer Bewußtwerdung. Auf der säugetierhaften Stufe des zweiten territorialen Schaltkreises greifen wir zur Keule und veranstalten ein großes Geschrei. Wir zetteln unzählige große und kleine Grabenkämpfe an und haben nicht die Möglichkeit, uns über diesen Schaltkreis zu erheben.

Je weiter wir uns schulen, desto eher gelingt uns unser Flug in die Freiheit. Wir merken in der jeweiligen Situation, was unser Ego da wieder für ein Schauspiel abzieht. Wir erkennen an, und indem wir diese Ebene nicht verdrängen, haben wir die Möglichkeit, unser Ego zu läutern. Wir sind die Meister und Meisterinnen unseres Lebens, und wir ganz all-eine bestimmen die energetische Ebene, in der wir uns aufhalten wollen. Also haben wir jederzeit durch einen bewußten Atemzug die Chance, unser Bewußtsein anzuheben und unser Ego in die liebenden Arme unseres Hohen Selbst zu erheben. Aus dieser Ebene unseres Seins erfahren wir die Situation, die wir uns erschaffen haben, vollkommen anders. Durch die liebende Weisheit unseres Hohen Selbst sind wir in der Lage, vollkommen anders zu handeln, ja, sehr oft verfallen wir auf vorher unsichtbare völlig neue Lösungen für die Harmonisierung unserer Manifestation.

Die Energie ist immer da, wo das Bewußtsein ist. Für mich ist das der wichtigste Kernsatz der alten Hunalehre, die von den plejadischen Sternenfahrern zur Erde gebracht wurde und für mich somit universelle Gültigkeit besitzt. Wenn wir uns selbst und unser Tun beobachten und nicht sofort die Augen zukneifen, wenn unsere Erkenntnisse uns schockieren, dann haben wir jederzeit die Möglichkeit, unser Bewußtsein und somit unsere Energie zu erhöhen.

Wenn wir unser Hohes Selbst anrufen, diese göttliche Ich-bin-Präsenz in unserem Sein wahrnehmen, können wir alles, was ist, auch von dieser liebenden und niemals wertenden Warte aus betrachten. Und selbst, wenn wir hinterher bemerken, daß wir gerade wieder einmal auf unseren ungeklärten Energieebenen herumgetobt sind – wie wunderbar! Lobe dich dafür, daß du es jetzt wenigstens bemerkt hast! Suche dir einen ruhigen Ort, vergegenwärtige dir nochmals die Situation, frage dein emotionales Selbst oder, wie Huna sagt, dein Unihipili nach dem Muster und integriere dieses Muster beispielsweise über Rama Integration. Falls du eventuell erkennst, daß du hier eine tiefe immer wiederkehrende Prägung hast, solltest du einen Menschen deines Vertrauens, der ausgebildet ist, um Hilfe bitten: Er wird dir vielleicht mit Hilfe einer Rückführung weiterhelfen. Es gibt unendlich viele Möglichkeiten, und es hängt von ganz persönlichen Umständen ab, was nun gerade dir hilft. Huna sagt auch: **Wirksamkeit ist das Maß der Wahrheit,** kurz: Nimm das, was nützt. Du bist und bleibst der Meister, die Meisterin deiner Welt, und du all-ein trägst die Verantwortung für deine Bewußtseinsentfaltung. Indem du dich für jede noch so kleine Erkenntnis lobst, entspannst du dich, und dein emotionales Selbst, das die Speicher deiner Erinnerung hütet, unterstützt dich darin, daß du dir selbst immer schneller auf die Schliche kommst. Lob und Segnung bedeutet auch, daß du die Energie auf eine bewußtseinserhöhende Stufe lenkst. Dich zu loben hilft dir, dich anzunehmen, so wie du bist, und nicht mehr ständig zu werten. Indem du dich annehmen lernst, beginnst du auch, den anderen in seiner Einzigartigkeit anzuerkennen.

Wenn du den beiden Kräften in unserer Welt erlaubst, sich in dir zu läutern, gibst du damit große Heilungskraft für dich und unseren geliebten derzeitigen Heimatplaneten frei.

Das Ego läutern heißt: **Befreie die dynamische Kraft in dir von allen Mißverständnissen und lasse sie in deinem Leben sichtbar werden.**

Kapitel 20

Hingabe mit der wahren Kraft

Hingabe gilt als besonders edel, gut, liebend, weich und vielen als der Weg der Erleuchtung. Aber dieses Wort ist längst zu einem Mythos geworden, denn jeder von uns hat seine besonderen Vorstellungen von echter Hingabe und wahrem Dienst. Besondere Hingabespezialisten sind jene, die sich aufgrund ihrer gespeicherten Erfahrungen in der Opferrolle gefallen. Auch ich gefiel mir ausnehmend in der Opferrolle, und ich war mir sicher, daß ich mich nahezu allem, was ist, hingab. Ich hielt Hingabe natürlich für die unerläßliche Eigenschaft eines Channels, ohne Demut und Hingabe kein klarer Kanal. Ich halte sie nach meiner Initiation noch immer für eine der wichtigsten Eigenschaften, habe ihre wahre Energie jedoch erst durch meine Manifestation und durch die Führung meiner geistigen Lehrer richtig verstanden.

Der Energiekörper vermerkte als zweiten Heilungsschritt: Hingabe aus eigener Kraft heraus, nur dann ist Hingabe eine energiefördernde Kraft.

Zunächst war ich völlig ratlos: Hatte ich nicht alles für unsere Beziehung getan; wurde nicht, was man von mir verlangte, stets prompt erledigt (egal, wie ich mich dabei fühlte); war ich nicht jederzeit für andere da (nie für mich selbst); hielt ich mich nicht an Vereinbarungen, die ich mit anderen getroffen hatte, wenn auch mit größter Mühe meinerseits (Vereinbarungen mit mir selbst hielt ich so gut wie nie)? Ich war doch fast perfekt als Dienerin meiner Mitmenschen, was konnte daran falsch sein?

Mich selbst und meine festgemauerten Ansichten bezüglich der „Hingabe“ anzuschauen, war wohl der schmerzhafteste und schwierigste Teil meiner Erkenntnisreise. Ich erkannte, daß ich stolz auf meine sogenannte „Hingabe“ war, daß ich dadurch geliebt und angenommen werden wollte, denn das brave Kind wird ja mehr geliebt als das selbstbestimmte. Ich praktizierte in Wahrheit also „egoistische Hingabe“, denn ich wollte damit etwas für mich Wünschenswertes erreichen. Gleichzeitig wurde ich jedoch immer enttäuschter, denn die anderen erkannten diese Form von „Hingabe“ natürlich nicht an! Ich agierte auf der Opferschiene, sammelte eine Verletzung nach der anderen ein und hatte am Ende das Gefühl, nicht dazuzugehören. Lag es da nicht nahe, anzunehmen, daß ich als Sternenkind der planetarischen Ebene von der energetischen Dichtigkeit der Erde und ihrer Menschen verschreckt sei? Kurzum, ich war sehr versteckt in mir der Meinung: Ich bin zu gut für diese Welt, deshalb versteht sie mich auch nicht. Mit dieser Schlußfolgerung hielt ich mich sehr erfolgreich auf Distanz von dieser Erde und ihren Energien, denn die waren ja zu dicht und zu verletzend. Das praktizierte ich nun schon über viele Leben! Ich lebte getrennt von der Erde und somit jenseits der Freude, welche Mutter Erde in ihren mannigfaltigen Manifestationen ausdrückt, und ich hielt mich abseits von der Heilung, die hier auf dieser Ebene möglich ist. Ich erkannte die Erde und mich selbst nicht wirklich an. Schmerzlich erkannte ich, daß ich in meinem Seelengarten eine Menge Unkraut gehegt und gepflegt hatte und nun dringend und sehr gründlich zu jäten hatte.

Ich erfaßte, daß meine „Hingabe“ den Empfänger meist belastete, denn natürlich verspürte er im Unbewußten genau die gnadenlose Forderung, an die meine „Hingabe“ gekoppelt war. Ich gab und diente aufgrund meiner Muster und der Vorstellungen, die ich von mir hatte. Ich gab nicht etwa deshalb, weil ich ohne Anspruch mit meiner ganzen Kraft und auf allen Ebenen meines Seins freudig bereit war, etwas zu tun! Wenn ich meine Energie aus Freude und ohne Erwartung einer wie auch immer gearteten Belohnung zur Verfügung stelle, dann nährt diese Energie denjenigen, dem ich sie schenke, da er sich frei fühlt, die Gabe anzunehmen oder abzulehnen, ohne Gefahr zu laufen, mich „zu verletzen“ oder zu „ent-täuschen“. Diese Art des Gebens nährt jedoch auch mich selbst, denn die Freude erhöht meine Energie; ich beteilige mich und stelle meine individuellen Eigenschaften dem Wohl des Ganzen zur Verfügung. Wenn das Ganze, in dem ich mich gerade aufhalte, in einer harmonischen, lebensfördernden Energie schwingt, fühlen sich alle beteiligten Wesenheiten und Energien wohl. Es entsteht eine zwangfreie Atmosphäre, aus der heraus sich alles leicht entfalten kann. Alle sind wahrhaft frei, ihre eigenen Entscheidungen zu treffen, und so kehrt gelassene Heiterkeit in die Gemeinschaft ein.

Auf der zweiten Heilungsstufe ist es also wichtig, daß wir unsere Hingabemuster klären. Wir begegnen dabei unseren lange so sorgsam gehüteten Vorstellungen von uns selbst. Indem wir unsere Opferlegenden ohne Wertung als Erfahrung erkennen, können wir sie auch heilen. So viele dieser Erfahrungen bringen wir aus vorangegangenen Leben mit, und besonders die Erfahrungen des Fischezeitalters mit all seinem ausgeprägten Opferbewußtsein haben unsere Vorstellungen tief und dauerhaft geprägt.

Gott, die Quelle allen Seins, hat nichts davon, wenn wir uns opfern. Ich nehme sogar an, die Quelle bemerkt es nicht einmal! Die Quellenebene hat keine Leiden für ihre Gottesfunken vorgesehen, denn diese Ebene befindet sich nicht in der Getrenntheit, die Leiden ja erst möglich macht. Sogar das Christusbewußtsein hat sich der Erde und den Erdensternenkindern hingegeben, als es mit dem Meister Jesus verschmolz. Das Christusbewußtsein hat nicht gelitten, sich nicht geopfert! Es gab sich voll bewußt aus Liebe als Gabe der Erkenntnis für die Erneuerung der Menschheit hin. Das Christusbewußtsein hat nichts dafür erwartet, es war und ist vollkommen in der Einheit mit sich selbst, denn es ist Kraft. Wer möglicherweise gelitten hat, war der Mensch Jesus, aber auch ihn halte ich für so geschult, daß er sich über die Ebene des Schmerzes erheben konnte und dieses sicherlich auch tat. Es war die menschliche Interpretation, diese Hingabe als ein Opfer hinzustellen, denn der Mensch betrachtet sich getrennt von seinem göttlichen Bewußtsein, getrennt von seiner göttlichen umfassenden Energie, die ihm jeden nur gewünschten Bewußtseinszustand ermöglicht. So entwickelte sich aus der wahren Hingabe des Christusbewußtseins und des Meisters Jesus der Mythos, daß nur Leiden uns den Weg zum Himmel bahnt. Das ist ein sehr altmodisches Bewußtsein, hatten doch die Menschen der alten Kulturen immer schon aus Furcht vor dem Zorn der Götter Opferungen inszeniert. Hilarion fordert mich und seine Schüler und Schülerinnen immer wieder auf, jetzt doch endlich die Freude beim Lernen zuzulassen und die altgewohnten sicheren Geleise des Leidens aufzugeben. Es gibt keine Götter, die wir besänftigen müßten, aber es gibt die Schatten in uns, deren Dämonen wir uns zu stellen haben.

Im weiteren ist es unendlich wichtig, daß wir uns mit unserer Erde auseinandersetzen und unsere Mißverständnisse erlichten. Wie wir aus den „Sternenwegen“ erfahren haben, war es für viele von uns nicht einfach, uns in einer dreidimensionalen Welt zu verkörpern. Auch gab es die elf erdähnlichen Planeten, auf denen wir Erfahrungen gesammelt haben, die unsere Ängste vor der Dichtigkeit und Unbeweglichkeit eines dreidimensionalen Lebens nährten. Wir werden mit Sicherheit nicht aufsteigen, bevor wir diese Ebene nicht in ihrer ganzen Herrlichkeit verstanden haben, bevor wir mit unseren Erfahrungen in der dritten Dimension nicht versöhnt sind, bevor wir uns und unsere Erde nicht lieben gelernt haben. Wir sind hierhergekommen, um unsere Erfahrungen zu verstehen und, indem wir sie anerkennen, zu heilen. Damit diese Heilung im vollen Bewußtsein aller irdischen Ebenen um sich greifen kann, hat sich das Sternenbewußtsein Gaia zu unserem Planeten verdichtet. Gaia hat sich wahrhaft hingegeben, und sie tut dies auch noch weiter. Mit unendlicher Geduld erlaubt sie uns, die unglaublichsten Erfahrungen zu sammeln, stets auf die Evolution des bewußten Seins vertrauend. Sie vertraut ihrem göttlichen Plan, und aus diesem Wissen keimt ihre Liebe für alle ihre Manifestationen. Dadurch lernt auch sie, hebt ihr Bewußtsein an, wird immer mehr mit Liebeslicht durchflutet, bis sie auf die nächsten Dimensionen aufsteigt, um hier weitere Erfahrungen für die Quelle zu machen. Es ist eine sehr menschliche Vorstellung, daß Mutter Erde uns böse ist. Solange wir das noch glauben, stehen wir ihrer Liebe und ihrer Freude noch sehr fern.

Wir sind jedoch keine Wickelkinder mehr, wir haben alle, fast alle schon irdische Inkarnationen hinter uns. Jetzt ist es an der Zeit, unsere Erfahrungen aus der Wertung herauszunehmen und sie als das, was sie in Wahrheit sind, anzuerkennen, nämlich als das, was wir uns erschaffen haben, um zu lernen. In diesem Lernen übernehmen wir die Verantwortung für unser Handeln, unsere Gefühle und ausgesandten Energien. Wir sind Meister und Meisterinnen, die üben!

Wir allein tragen die Verantwortung für unsere Vereinbarungen. Auch jene, die wir mit uns selbst ausmachen, verantworten ausschließlich wir selbst. Wir müssen uns immer wieder fragen:

Was will ich jetzt? Was ist der nächste Schritt, und bis wann bin ich bereit, ihn zu meistern? Verfüge ich in diesem Augenblick tatsächlich über die notwendige Kraft, einem anderen meine Dienste anzubieten? Tue ich es wirklich gerne? Sobald wir uns dabei ertappen, daß wir auch nur den geringsten Gegendienst erwarten, ist es „gesünder", es zu lassen und sich zuerst noch mit den eigenen Mustern zu beschäftigen. Vereinbarungen sind einzuhalten, sonst entstehen energetische dunkle Löcher, die wieder aufzufüllen ein Vielfaches an Energie verbraucht. Wir sind verantwortlich für unseren Energiehaushalt und den von Mutter Erde. Warum also schaffen wir uns Anstrenung, wo wir doch mit Leichtigkeit und Freude wirken können.

Solange wir nicht bereit sind, uns selbst gegenüber wahrhaftig zu sein, sind wir es auch nicht unseren Mitgeschöpfen und Mutter Erde gegenüber. Und Wahrhaftigkeit erfordert wiederum Mut, Rückgrat zu zeigen, wenn wir den Erwartungen der anderen nicht entsprechen (und uns und andere mit unklaren Erwartungen konfrontieren) und vielleicht auch nicht dem Bild entsprechen, das wir von uns selbst erschaffen haben. Gut, deine Partner werden allenfalls etwas murren, möglicherweise deine Entscheidung aber auch widerspruchslos hinnehmen, jedenfalls hast du keine Unklarheit oder Verwirrung in die Existenz gebracht, die immer dann entsteht, wenn du Versprochenes nicht halten kannst. Meist bedarf es dann ja mehrerer Energiegeber, um das entstandene Chaos wieder auszugleichen. Mit einiger Übung lernst du sodann, dich zunächst auf dich selbst zu verlassen, und die anderen wiederum wissen, daß sie ihrerseits auf deine Vereinbarungen bauen können. Auch das ist ein echter Dienst, der zu allgemeiner Entspannung und Gewißheit führt. Die Energien der Gemeinschaft kommen in Fluß und erschaffen sich selbst neu und lebensspendend. Du bist dadurch im Fluß und erlaubst dir, dich deinem göttlichen Plane und dir selbst hinzugeben. Und die sogenannten Wunder kommen in deine Welt. Du bist Meister oder Meisterin, die sich üben, und der Weg ist das Ziel.

Die Göttlichkeit erfährt sich in allem, was ist, auf allen Ebenen und in allen Universen. Gott, die Quelle, erfährt sich also auch in uns. Unser Weg führt uns zur Quelle zurück, aus der wir uns herausbegeben haben, weil wir als göttliche Funken Erfahrungen machen wollten. Die Quelle liebt alle Existenz, sie ist jenseits jeder Wertung. Die Wertung kam vielleicht nur in unserem Universum in die Existenz, denn wir wissen nicht, ob es auch in anderen Universen Wertung gibt.

Unser Hohes Selbst, unser göttlicher Funke, liebt uns unendlich und ohne jede Wertung und würde niemals zulassen, daß wir etwas manifestieren, was nicht unserem Erfahren dienlich wäre, etwas, dem wir nicht gewachsen wären. Jenseits unserer persönlichen Dramatisierungen sind wir daher in der Lage, unsere Programme zu erlösen. Und das ist auch die Aufgabe, mit der unser göttliches Bewußtsein uns hierhergesandt hat. Indem wir unsere Blockaden abbauen, können wir unserer Göttlichkeit gewahr werden und uns wieder mit unserer Multidimensionalität verbinden. Und dazu brauchen wir die Erde, unsere Erdung und unser Verständnis für diese Lernstufe. Mein Kanal, meine Multidimensionalität, dehnte sich in dem Maße aus, wie ich mich und meine Programme mit der Erde versöhnte. Jeder Kanal braucht eine gute Erdung. Alle Weisheit, Liebe und Heilung, die wir durch die Verbindung mit unserem Hohen Selbst (auch das ist channeln) erhalten, dient ja auch der Führung für die Erde. Wir sind hier, um die göttlichen und irdischen Energien zu verbinden. Wir sind auch hier, um Umformer der Energien zu werden, um unseren Beitrag für den

Aufstieg unseres Planeten, unseres Sonnensystems, letztendlich unseres Universums zu leisten. Und das können wir nur erfüllen, wenn wir die jeweilige Ebene, auf der wir uns befinden, lieben, verstehen und annehmen.

Hingabe kann dann als wahre Kraft empfunden werden, wenn keine Erwartung damit verbunden ist, wenn der Dienst aus Freude heraus geschieht, wenn der Akt der Hingabe dich und andere energetisch nährt und aufbaut. Wahre Hingabe erschafft heitere Gelassenheit, Selbstbestimmtheit und das Vertrauen in die vollkommene Kraft in dir.

Kapitel 21

Verantwortliche Lenkung der Energien

Alles, was ist, ist Energie. Wir sind aus Energie, das Universum ist aus Energie. Und alle Energie steht miteinander in Kommunikation.

Alles, was wir berühren, alles, woran wir denken, wird über das feinstoffliche Netz der Energien transportiert. Sowohl die Sternenfahrer als auch die Eingeweihten dieser Erde wußten von dieser Tatsache. Und so konnten sie die erstaunlichsten Phänomene bewirken.

Als nun die einstmals androgynen Wesen von den Atlantern in männliche und weibliche Wesen getrennt waren, wurde dieses Wissen dazu verwandt, über die zunächst rein biologische Anziehung den Pfad vorzubereiten, auf dem die Herzen der Menschen sich wieder vereinen konnten. So besteht auch in ganz besonderer Weise eine Energieverbindung zwischen den Chakren der Paare.

Die weibliche Energie sucht ihre Vervollkommnung, indem sie eine (je nach Mustern) passende Verbindung mit einer männlichen Energie sucht und umgekehrt. Wir suchen uns unsere Partner unbewußt immer danach aus. Was in meinem Bewußtsein noch im Schatten des Unwissens liegt, wird von meinem Partner bereits gelebt. Täter trifft auf Opfer, Opfer trifft auf Täter. Somit machen wir Erfahrungen, wenn wir die Stufe des Verliebtseins verlassen haben, die oft nicht angenehm sind. Jeder unserer Partner wird ein neues Feld unseres Schattenbewußtseins erhellen, wenn wir uns erlauben, nicht in den

Spielchen der Verteidigung und Rechthaberei stecken zu bleiben, sondern unseren Partner als einen Spiegel annehmen. Wir schleppen unsere Programme, solange sie unerlöst sind, von einer Beziehung in die andere mit. Oft ist die Beendigung einer Paarbeziehung auch eine Flucht vor uns selbst, und so erfahren wir in unserer nächsten Beziehung die gleichen Schwierigkeiten. In diesem Falle ist es an der Zeit, uns unseren eigenen Blockierungen zu stellen.

Hat ein Paar sich körperlich vereinigt, verbinden sich die Energien ihrer Chakren und suchen den Weg in das Eine Herz frei zu machen. Dabei werden alle Blockaden, die wir aus unseren Erlebnissen aufgebaut haben, an das Licht des Bewußtseins gebracht, in der Hoffnung, daß nun ein gemeinsamer Weg der Erkenntnis beginnt. Über diese Energieverbindungen, die wie Telefonleitungen ständig offen sind, spüren wir auch, wo unser Partner gerade ist, was er gerade fühlt oder tut. Daher ist es für viele von uns ein leichtes, nicht nur Untreue, Angst und Trauer, sondern auch Glück und Freude, kurz das energetische Befinden unseres Partners sofort zu spüren.

In unseren personalen Chakren sind viele Erinnerungen gespeichert, die mit den jeweiligen Qualitäten dieser Energiezentren in unserem feinstofflichen Sein verbunden sind. Wir könnten unsere Chakren als Telefonhörer bezeichnen, die nicht nur von außen einfallende Reize speichern, filtern und weiterleiten, sondern ebenfalls Reize aussenden. Und diese Filter bedürfen der immerwährenden Reinigung und Achtsamkeit. Auch zu diesem Themenbereich stehen uns vielfältige Übungen zur Verfügung.

Über das kommunikative Energiefeld empfangen alle mit uns verbundenen Wesen die Aussendung unserer Energien. Wenn wir beispielsweise voller Ärger sind, nehmen hellsichtige

Menschen diese Energie drei Tage lang als rotbraune Farbwolke in unserer Aura wahr. Während dieser Zeit lasssen wir solch unklare Energie in die kommunikativen Verbindungen einfließen, und wir sind ganz alleine dafür verantwortlich, wenn unsere ausgesandten Energien auf andere ähnlich schwingende treffen, sich verdichten und vermehren und dann möglicherweise an beliebigen Orten als zerstörerische Kräfte niederschlagen.

Ich benütze ein so drastisches Beispiel nur, damit ich klarer auf den Punkt komme. Wir können die Kriege und Zerstörungen in unseren Beziehungen und in unserer Welt nur dadurch heilen, daß wir die Herrschaft über unsere Energien erlangen und unser Gegenüber als gleichberechtigten Spiegel betrachten. Wir sollten anfangen, bei uns zu suchen und uns auch eines eventuell auftretenden esoterischen Hochmutes enthalten, also auch nicht unseren Partner angreifen, um dann zu verkünden: Ich diene dir als Spiegel! Hinter einem Spiegel kann man sich nämlich gut verstecken! Auch hier gilt wieder, daß wir Meister und Meisterinnen sind, die noch üben müssen!

In jedem Menschen fließen männliche und weibliche Energien. Es ist sehr dienlich, wenn wir diesen Ebenen in uns erlauben, sich zu personifizieren, auf daß wir besser mit ihnen kommunizieren können. Die indianische Tradition nennt diese Ebenen die Heiligen Zwillinge. Oft bedarf es der Geduld, die beiden Ebenen in uns auszusöhnen und ins Gespräch zu bringen. Bei allen Fragen, die wir haben, können wir uns stets an unseren inneren Mann und unsere innere Frau wenden. Es ist spannend und lehrreich zu hören, was sie uns zu sagen haben. Wenn wir den Mann in uns mit der Frau in uns vermählt, das heißt zusammengeführt haben, stehen uns auch diese Energien jederzeit voll zur Verfügung. Um geliebt zu werden, können wir auf jede Manipulation verzichten. Wir erkennen die Ebenen in uns an und beginnen uns selbst zu lieben. Dadurch strahlen wir harmonische Energie aus und ziehen harmonische Energie – Partner – an uns.

In Krisenzeiten innerhalb von Partnerschaften ist es oft sehr nützlich – vorausgesetzt, beide sind sich ihrer Heiligen Zwillinge bewußt – herauszufinden, wer jetzt gerade mit wem in Disharmonie steht. Möglicherweise streitet ja gerade dein innerer Mann mit der inneren Frau des Partners. Die jeweilige Konstellation macht sichtbar, auf welcher Ebene die Mißverständnisse, die Muster, begründet sind. Wenn das Paar darüber sprechen kann, die Bereitschaft bei beiden vorausgesetzt, wird sich der Heilungsweg eröffnen, und gemeinsam kann eine Lösung gefunden werden.

Wir sind mehr als unsere Emotionen, so werden wir immer wieder von unserer geistigen Welt belehrt. Das bedeutet nicht, unsere Emotionen zu verdrängen, es bedeutet vielmehr, selbstbestimmt mit dieser Energieebene umzugehen. Ich bin nicht der Sklave meiner Gefühle. Es ist mir jederzeit durch einen Akt bewußten Wollens möglich, mich über diese Ebene zu erheben, sei es, ich verbinde mich mit meinem Hohen Selbst, sei es, ich erschaffe einen geschützten Raum, in dem ich mir die Botschaften meiner Gefühle betrachten kann, um daraus zu lernen und die erkannten Muster zu integrieren.

Jetzt haben wir alle nötigen Hilfsmittel zur Verfügung, um uns selbst zu heilen. Wenn wir uns bei einer ungewollten energetischen Aussendung ertappen, können wir sie zum Beispiel mit der violetten Flamme oder dem elektrisch-blauen Lichte wieder auflösen. Und wir sollten uns erlauben, uns zu loben, daß wir es bemerkt haben und nicht blind in unsere eigene Falle gestolpert sind.

Wir sind alle Sternenwesen, und ein für uns nicht überschaubarer großer Plan hat uns bis hierher gebracht. In dieser Zeit der Schwingungserhöhung erinnern wir uns, wir werden langsam erwachsen und erkennen unser ungeahntes Potential. Wir müssen uns nicht länger unbewußt von den Ereignissen, die wir uns selbst erschaffen, hin und her zerren lassen. Wenn wir uns erlauben, uns selbst zu bestimmen und mit den Außenspielen aufzuhören, das heißt, wenn wir die Verantwortung für alles, was in unserer Welt vor sich geht, übernehmen, wird die Heilung einsetzen.

Jedoch wie oft verstricken wir uns in die Pflichten unseres Alltags! Scheinbar bleibt uns wenig Zeit zur kontemplativen Betrachtung. In Wahrheit erschaffen wir uns diese Verstrickungen, dieses Keine-Zeit-Haben selbst, weil es uns allemal angenehmer erscheint, als daß wir uns mit unseren Gewohnheiten auseinandersetzen. Auch an unsere Pflichten und unerledigten Angelegenheiten sind wir energetisch gefesselt. Und dann ergeht es uns so wie Gulliver, der von den Zwergen mit dünnen Fäden so verschnürt wird, daß er sich nicht mehr bewegen kann. Je länger wir die zu erledigenden Dinge aufschieben, desto mehr verstricken wir uns in ihnen.

Ich bin einem meiner irdischen Lehrer unendlich dankbar für die Fünf-Finger-Regel. Sie lautet: Überlege dir am Beginn des Tages fünf Dinge, die du heute vom Berg deiner unerledigten Angelegenheiten abtragen willst. Stelle dir vor, du bindest jeweils eine dieser Angelegenheiten an einen Finger. Wähle zwei sehr unangenehme, zwei weniger unangenehme und eine leichte Angelegenheit. Dann triff mit dir die Vereinbarung, diese Obliegenheiten bis zum Schlafengehen zu erledigen. Du selbst wählst, wann du welchen Punkt erlöst. Wenn du eine Aufgabe vollkommen erfüllt hast, stelle dir vor, wie du diesen Faden von deinem Finger löst, wie die energetische Verbindung sich löst, und atme dieses Stückchen neue Freiheit bewußt in dich ein.

Ich habe diese Regel seither in mein Leben aufgenommen. Gut, es hat fast ein Jahr gebraucht, bis ich das unendliche Durcheinander, das ich erschaffen hatte, vollkommen aufgelöst hatte, aber es hat funktioniert, und siehe da, ich hatte plötzlich genügend Zeit für Meditation und Freude. Ich fühle mich seitdem deutlich freier, denn ich bestimme jetzt, welche Aufgaben ich übernehme.

Mit der Hilfe unseres Hohen Selbst können wir lernen, bewußt zu manifestieren und unser Leben so zu gestalten, wie wir es wünschen. Trotz aller Achtsamkeit bei der Formulierung unseres Manifestationsgebetes übergeben wir unsere Bitten jedoch der Liebe unseres Hohen Selbst. Wir bitten jedesmal darum, daß es möglicherweise Vergessenes hinzufügt und das, was unserer Entwicklung nicht dienlich ist, aus unserem Text entfernt. Den präzisen Weg der Anrufung unseres transpersonalen Bewußtseins und die Gesetze einer klaren Manifestation sollten wir allerdings genau kennen. Natürlich ist unser Hohes Selbst jederzeit mit uns und hört uns immer. Wenn wir jedoch unsere Blockierungen auf unserem Weg zu unserem Hohen Selbst gelöst und den genauen Weg erfahren haben, können wir um ein Vielfaches leichter die Verbindungen schalten. Dazu bedarf es einen speziellen Trainings und immerwährender Übung.

Wir sind die Meister und Meisterinnen unserer Energien, daher können wir auf Außenspiele leicht verzichten. Wir sind voll verantwortlich für alle Erfahrungen in unserem Leben.

Kapitel 22

Sinnvoller Einsatz der Gedanken

So wenig wir die Sklaven unserer Gefühle sind, so wenig sind wir unseren ständig kreisenden Gedanken hilflos ausgesetzt.

Wir wissen, welche Kräfte den Gedanken innewohnen. Unsere Gedanken erschaffen den Ablauf unserer Leben. Wer stets ablehnt und verneint, wird kaum Freude in sein Dasein bringen können. Nur der Glaube und auf das lebensfördernde Gute ausgerichtete Gedanken werden uns ein erfülltes Leben erschaffen.

Unsere mentalen Kräfte waren immer mit uns, auch während unserer Sternenwege. Mentale Energie war und ist mitbeteiligt an der Erschaffung von Universen. Zentrierte Gedankenkräfte halten die Lichtschiffe der lichten Raumbruderschaft auf Kurs. Telepathische Kommunikation und Teleportation kommen mit Hilfe der mentalen Felder zustande, und nicht zuletzt erfassen wir alles Wissen zuerst mental.

Es ist aber auch unser Verstandesselbst, das beständig wertet und uns wie tausend schnatternde Affen mit seiner Meinung zu dem, was wir gerade handeln oder fühlen, in den Ohren liegt. Die Emotion ist, sie wertet nicht. Unser Verstand bildet sich vor allem durch die Prägung unserer westlichen Welt zu einem recht autoritären Herrscher in unserem Dasein aus. Während unseres ganzen Lebens hält man uns immer wieder an, nur ja nicht unseren Verstand zu verlieren, denn der Verstand finde für jedes Problem eine angemessene Lösung und sei es die „Schuld"-Zuweisung an eine andere Wesenheit.

Um unser galaktisches Erbe aufs neue anzunehmen und unsere kosmischen Kräfte zu entfalten, damit wir wirklich die Mitschöpfer werden, die wir nach Aussage der geistigen Hierarchien bereits sind, müssen wir unsere Gedankenfelder klären. Auch in diesem Bereich gilt es, unser Bewußtsein zu schulen und zu erhöhen.

Der Huna-Weg erklärt uns, daß unser Verstandesselbst eine liebevolle Lehrerin für unser emotionales Selbst sein sollte. Damit mögen sich Menschen, die in östlichen Kulturkreisen aufgewachsen sind, einigermaßen leicht tun, wir jedoch haben die absolute Herrschaft des Verstandes bereits so verinnerlicht, daß wir unsere Macht an ihn abgetreten haben. Ein absoluter Herrscher hat jedoch die Verbindung zu seinem Volk verloren, und deshalb ist er meist verhärtet und sehr einsam. Den Huna-Weg der drei Selbste halte ich persönlich für den freud- und wirkungsvollsten Weg, die Ebenen in uns zu verstehen und ins Gespräch zu bringen, damit sie sich als Mitspieler in derselben Mannschaft, dem eigenen Selbst, verständigen können. Aber selbst wenn wir uns nicht für die Hunaphilosophie interessieren haben wir Möglichkeiten, die Herrschaft unseres Verstandes auf liebevolle Art in ein harmonisches Miteinander zu verwandeln.

An erster Stelle steht die Beobachtung unserer Gedanken. Auch hier erkennen wir mit Sicherheit Muster und ähnliche Rhythmen. Wenn wir uns darüber einig sind, daß wir mehr sind als unsere Gedanken, können wir beginnen, sie umzuformen und darauf zu achten, daß wir möglichst lichtvolle und liebende Gedanken in die Welt setzen. Manchmal hilft auch ein bewußtes: stop! Bei der Arbeit mit unseren Verstandesselbsten ist liebevolle Klarheit vonnöten. Nun bin ich niemand, der dazu rät, mit einer Wasserpistole einen Panzer aufzuhalten! Mit etwas

Übung gelingt es uns jedoch, mit unseren schnatternden Affen umzugehen, und zwar vor allem durch gezieltes Andersdenken, durch bewußtes Neinsagen, und wenn es gar nicht anders geht, empfehle ich die Sandwichtechnik meines Huna-Lehrers: Sage und denke bewußt etwas Positives, dann das Negative, dann wieder das Positive.

Alle unsere Gedanken haben Auswirkung auf unseren Energiehaushalt, der von der Ebene unseres emotionalen Selbst gesteuert wird. Diese Ebene in uns nimmt alles sehr persönlich, sie vermag ja nicht zu werten und zwischen Traum und Realität zu unterscheiden. Wenn wir also negativ über einen anderen Menschen denken, beeilt sich das emotionale Selbst, diese negative Energie in unserem Sein hervorzubringen, und über die energetischen Felder wird der andere die Auswirkungen dieser Energien in sein System aufnehmen. Dadurch erklärt sich auch die uralte Weisheit: Tu, was du willst, aber verletze niemand anderen. Bereits durch unsere negativen und bewertenden Gedanken verletzen wir andere energetisch. Ihre Energie wird geschmälert, und ein Schneeballeffekt entsteht.

Wenn wir nun – nur wenn es gar nicht anders geht – die Sandwichtechnik anwenden, die negative Botschaft durch zwei positive einzuhüllen, werden die emotionalen Selbste zweimal „positiv" und einmal „negativ" hervorbringen, und dies ist allemal besser als die reine negative Energie.

Auch unsere Ängste und Zweifel laufen energetisch über unsere Mentalfelder. Indem wir uns solchen Energien überlassen, vermindern wir unsre Energie. Wir alle wissen, welch unerbittlicher Gefängniswärter unsere Angst sein kann. Wenn wir ständig an uns selbst und unserem göttlichen Plane zweifeln, werden wir zwangsläufig die Erfahrungen erschaffen, die unsere

Zweifel als berechtigt erscheinen lassen. Das Verstandesselbst will um jeden Preis stets recht behalten. Angst ist laut Vyvamos eine mentale Emotion; in seinem Buch „AHA – Lexikon für Lichtarbeiter" hat er sie wunderbar beschrieben und eine sehr gute Lösungsübung angeboten. In der Übung des elektrischblauen Sees – sie steht im dritten Teil des Buches – wird mit der Personifizierung der Angst gearbeitet.

Um den Zweifel in uns in einen Freund umzuwandeln, empfehle ich, ähnlich vorzugehen. Indem wir uns erlauben, auch den Zweifel zu personifizieren, können wir mit ihm reden und ihn fragen, was er braucht, um uns ein liebevoller und hilfreicher Freund zu sein, solange er uns scheinbar noch dienlich ist. Indem wir nämlich den Zweifel anerkennen, wissend, daß er zwar nicht immer recht hat, uns jedoch vor unbedachten Handlungen warnt, nähern wir uns unseren natürlichen Instinkten wieder an. Wenn wir bemerken, daß der Zweifel sich in uns ausbreitet, können wir die Angelegenheit aus der Warte des Hohen Selbst betrachten und unseren göttlichen Funken um Hinweis und Führung bitten. Wir können die Angelegenheit auch in unserem Herzen, dem Raum jenseits jeder Wertung, überprüfen, ja, wir können ausgesandte Zweifel mit der elektrischblauen Flamme auflösen. Hilarion gab einer meiner oftmals zweifelnden Freundinnen einmal den Rat, das Netz aus Zweifeln, das sie über ihr Leben und ihre Manifestationen ausgeworfen hatte, einfach wieder zurückzuziehen und mit dem goldenen Heilungslicht des Herzens aufzulösen.

Indem wir lernen, unsere Gedanken zu zentrieren und sie in die Bahnen zu lenken, die wir bestimmen, können wir die mentalen Kräfte sinnvoll einsetzen. Sei es, wir bedienen uns lichtvoller Affirmationen, sei es, wir senden unsere Gedankenenergien aus, um zu heilen, Botschaften zu übermitteln oder bestimmte

Farben und Kräfte in unser Leben hereinzuholen, sei es, wir benützen unsere zielgerichtete mentale Energie, um uns mit der geistigen Welt zu verbinden.

Selbst in Situationen größter Belastung können wir unsere Gedankenkräfte meistern. Durch das Anerkennen der Kraft der jeweiligen Gedanken, ohne diese Kraft jedoch zu bewerten, können wir die pure Gedankenenergie wieder in unser System einspeisen, anstatt sie hilflos und unbeherrscht in unserer Welt zu verstreuen. Hilarion lehrte mich, daß alles, was über eine liegende goldene Acht geleitet wird, sich in reine Kraft zurückverwandelt. Als ich während meiner Reise unter einem Riesendruck stand, schlug mein Verstand ja pausenlos Kapriolen, was mich oft davon abhielt, die neuen Erfahrungen in Ruhe anzuschauen. An dieser Stelle erhielt ich Unterstützung von der Raumbruderschaft; sie lehrte mich, meine vielen Gedanken über eine liegende Acht in meinem Gehirn laufen zu lassen, ja sie bewußt sogar noch zu beschleunigen, bis die pure Kraft jenseits aller Gedanken frei wird, und diese Energie dann über den Schnittpunkt der Acht in der Mitte meines Gehirns in den Chakrenkanal meines Seins einzuspeisen. Dadurch erfährt das gesamte System eine Energiezufuhr, die Gedanken klären sich und die Energie für weitere Erkenntnis oder Handlung steht zur Verfügung. (Diese Übung findet sich als „Herr König fährt Carrera“ im dritten Teil des Buches) .

In der Dualität hat auch die Mentalenergie zwei Seiten, doch wir alle haben das Experiment der Dualität freiwillig miterschaffen, und uns steht nun, da die tiefste Erfahrensebene mit dem Oriondrama durchschritten ist, alles Wissen zu Gebote, um uns wieder an unser Mitschöpferbewußtsein rück-zu-binden und so Meister und Meisterinnen unserer Gedanken zu werden.

Indem wir uns nun unsere göttliche Herkunft bewußt machen und unser vergessenes Erbe antreten, erlangen wir wieder die Meisterschaft über uns und unsere energetischen Aussendungen. Wir beginnen, unsere Inkarnation bewußt zu verändern und im göttlichen Sinne zu gestalten, wir heilen die Trennungen, die Polaritäten in uns. Wenn das erfolgt ist, beginnen wir als bewußte Mitschöpfer, die Dualität als das anzuerkennen, was sie ist, nämlich als Erfahrungsebene, die uns alle und alle Mitspieler in diesem kosmischen Spiel den Ausdruck und die Vielheit-in-der-Einheit aller Energien lehren will.

Letztendlich ist alle Energie Gottesenergie, und Gott ist Liebe.

Gedankenenergie sinnvoll einsetzen heißt, uns im göttlichen Sinne unserer Mitschöpferenergie bewußt zu sein und in diesem Sinn zu handeln.

Kapitel 23

Freude an der Andersartigkeit

Die fünfte Erkenntnisstufe der Heilungswege der Dualität umfaßte die Plejaden-Orion-Geschichte mit ihren Erkenntnissen für unsere Erdenleben, wie sie in den Sternenwegen aufgezeichnet ist.

Indem das Sternenwissen unserer Herkunft jetzt freigegeben wird, ist es uns als Erdensternenkindern möglich, unsere Wege zu erforschen und unsere mitgebrachten Prägungen und Muster zu erkennen und sie hier auf der Erde, dem Heilungsplaneten der Dualität, aufzulösen. Wir sollten nie mehr vergessen, daß die tiefste Stufe unseres Universums mit der Schwarzen Phase auf Orion erreicht war. Tiefer können wir als göttliche Geschöpfe nicht in die Materie eindringen. Die Erde wurde von den kosmischen Meistern als ein Planet der Heilung erschaffen, auf dem wir alle unsere Programme heilen und alle unsere Dramen erlösen können.

Wir erkennen, daß die Polarität gleichsam die Kehrseite der Dualität ist. Die Polarität als Getrenntheit zweier Pole, die um ihrer Wiedervereinigung willen auseinandergebracht wurden, damit sie sich durch anziehende Ergänzung erneut vereinigen können. Die Polarität kam mit der Erschaffung der Täter-Opfer-Erfahrungen in die Existenz, verdichtete sich in der Schwarzen Zone des Oriondramas und wurde als Spaltung der Plus- und Minusenergien in männlicher und weiblicher Gestalt auf der Erde festgelegt.

Das Sternenbewußtsein Gaia war aus Liebe bereit, diese Spaltung in die Existenz zu bringen, da der göttliche Plan durch sie die Möglichkeit der Heilung und der Wiedervereinigung vorsah.

Mutter Erde war bereit, dies auszudrücken, da sie als großes, umfassendes Bewußtsein die Dualität verstanden hatte. Unser duales Universum wurde ja nicht erschaffen, damit wir leiden sollen. Das mag von einem irdischen Standpunkt aus zwar erst einmal so scheinen. Doch hat sich ja das Leiden erst dann so sehr entwickelt und verfestigt, als sich die Bewußtseinsebenen von ihrem göttlichen Funken, ihrer Ich-bin-Präsenz, abgespalten haben und in die Abgründe ihrer Erfahrungen hineingestürzt sind. Der große Fall in die Materie, in die Dichte, hat uns vergessen lassen, daß Gott sich durch unsere Individuation erfährt und daß wir mehr sind als unsere Erfahrungen, unsere Muster, mehr sind als unsere Gefühle und Erwartungen, mehr sind als unsere Gedanken und Vorstellungen. Wir sind göttliche Energie, die sich aus freiem Willen in der Materie ausdrückt.

Solange wir als Lichtfunken in dem unendlichen Licht und der unendlichen Liebe der Quelle badeten, hatten wir keine Unterscheidungsmöglichkeiten, alles war Licht, und Licht ist Liebe. Um es humorvoll auszudrücken: Dieses immerwährende „Licht und Liebe“ wurde uns zu langweilig; wir hatten auf anderes Appetit, und deshalb baten wir die Quelle um Urlaub aus der Einheit – und darum wurde speziell für uns ein Universum erschaffen, in dem es uns gestattet war, die unterschiedlichsten Erfahrungen zu machen! Zuallererst war und ist da die Freude, Erfahrungen zu machen; sie allein versprechen Wandel und Veränderung, Bewegung und Unterscheidung.

Wir haben die Möglichkeit, die Freiheit zu wählen und, je nach der Schwingungsebene unseres Bewußtseins, durch unsere Wahl etwas in die Existenz zu bringen. Und das ist ein großes

Geschenk, das unser aller Schöpfer uns gemacht hat! Was wir daraus gemacht haben, ist wiederum unsere eigene Produktion, begründet auf unserer Wahl, die wiederum auf unseren Mustern beruht. Von der göttlichen Quelle wurden wir mit dem freien, also göttlichen Willen ausgestattet! Was ist aus ihm geworden? Wir haben ihn mit dem Schutt unserer Ängste und den Schmerzen unserer unklaren Erfahrungen überhäuft, so daß wir nur mehr imstande sind, unseren freien göttlichen Willen dem Diktat unserer Muster und Gewohnheiten zu unterwerfen. Ist das noch wirklich freier Wille? Haben wir ein Recht, uns bei der Göttlichkeit darüber zu beklagen, daß die Welt so ungerecht ist? Aber wir alleine sind es, die unsere Welt gestalten, durch unsere Muster, unsere Gefühle, durch unser Denken und durch unser Handeln!

Dualität ist die Manifestation der Freude an der Andersartigkeit!

Wenn wir uns erlauben, dieses ursprüngliche Bewußtsein wieder in uns aufzunehmen, wird es uns möglich, uns an all den mannigfaltigen Erscheinungen zu erfreuen und den Ausdruck der göttlichen Essenz in allem, was ist, wieder wahrzunehmen. Heilung entsteht durch Anerkennung. Wie wunderbar ist es doch, unserer Katze oder unserem Hund übers Fell zu streicheln. Sie sind anders als wir, das bereitet uns Freude. Eine Pflanze äußert sich durch einen anderen Ausdruck der Materie, um uns Freude, Nahrung, Wärme zu bereiten. Ja, auch mein Partner fühlt sich anders an, als ich mich empfinde, und es ist eine Freude, diese Berührung zu erleben.

Wenn wir darüberhinaus anerkennen lernen, daß auch der größte Ärger, den uns ein Partner gerade bereitet hat, letztendlich aufgrund seiner Andersartigkeit in die Erscheinung tritt, und wenn wir uns erlauben, uns in diesem Augenblick von unserem Muster- und Erwartungswirrwarr freizumachen, erkennen wir, daß wir durch seine Andersartigkeit etwas Wichtiges über uns selbst erfahren. Und auch eine solche Erkenntnis kann uns zur Freude gereichen, denn wir erhöhen durch Klärung unsere Energie, wir räumen den Schutt beiseite, der uns von unserem göttlichen freien Willen fernhält. Das ist eine Freude, die wir während der Auseinandersetzung lediglich noch nicht empfinden können!

Freude ist eine erschaffende Kraft. Freudiges Tun gelingt mit Leichtigkeit und erzielt meist unerwartete Ergebnisse. Wir setzen schöpferische Energie frei, wenn wir in der Freude sind. Natürlich müssen wir auch hier verstehen, daß wir Meister und Meisterinnen sind, die üben! Auch hier sollten wir uns und andere für jede Freude loben!

Viele alte Kulturen wußten um die Einheit mit der Erde, und sie ehrten den göttlichen Kern in jeder Materie. Franz von Assisi, der geliebte Meister Kuthumi, zog sich in die Einsiedelei zurück, um seine Einheit mit der Natur wieder zu erreichen. Wie er suchten viele erleuchtete Menschen die Einsamkeit einer Eremitage, um in Ruhe und ohne die Ablenkung der äußeren Welt wieder in die Einheit mit Gott zu finden. In unserer Zeit nun sind Einsiedeleien rar geworden, und ich erlaube mir hier anzumerken, daß uns ein solches Leben auch von den Erfahrungen mit der Welt und unseren Mitmenschen isoliert. Trennung jeglicher Art behindert jedoch die Heilung. Wir sind aufgefordert, im Hier und Jetzt unserer Erde die Heilung einzuleiten.

Auch die Erleuchteten der alten und neuen Zeit haben gleich uns ihre Erfahrungen auf den verschiedenen Ebenen gemacht und sie in das jeweilige Leben eingebracht. Sie sind jedoch in der Lage gewesen, sich jederzeit über die Prägungen ihrer niederen Schaltkreise, ihrer Programme, zu erheben. Mit ruhiger

Gelassenheit erkennen sie ihre Prägungen an, heilen sie, und ihr liebendes Mitgefühl läßt sie um die Muster ihrer Mitmenschen wissen. Sie haben es nicht mehr nötig, andere auf ihre Blockierungen aufmerksam zu machen, sie stärken vielmehr den Lichtfunken in ihren Mitgeschöpfen, und da sie darauf fokussiert sind, erhöhen sie die Energien ihrer Umwelt. Sie sind sich der Einheit in der Dualität und all ihrer Freuden bewußt, halten diese Energie und stärken somit die göttliche Einheit.

Indem wir die Andersartigkeit anerkennen und unser Bewußtsein auf den göttlichen Kern einer jeden Wesenheit richten, verstehen und erkennen wir uns selbst, entfalten wir Mitgefühl statt Mitleid für uns selbst und alle andere Existenz. Mehr und mehr wird es uns dann gelingen, die Dualität als Manifestation der Freude zu erkennen.

Gleich den ehemaligen Eremiten werden wir vermehrt duale Erfahrungen des einen Seins machen können, sei es mit den Pflanzen, Tieren oder Mineralien, sei es mit den Mitmenschen. Jede duale Eins-Sein-Erfahrung erhebt unser Bewußtsein und läßt uns unser göttliches Potential gewahr werden. Wir erfahren Liebe, die universelle Energie, die in allem und überall ist und die Heilung ist. Liebe ist wesentlich mehr als ein Gefühl, mehr als eine Erfahrung, mehr als eine Vorstellung. Liebe ist göttliche Präsenz, Liebe ist die Energie, die alles, auch die Materie, geformt hat. Gott ist Liebe in jeder Form, in der er sich erfährt.

Dualität ist die Manifestation der Freude an der Andersartigkeit.

Duale Erfahrungen des einen Seins erheben unser Bewußtsein in die höheren Dimensionen.

Kapitel 24

Verzeihen und Vertrauen

Als der Energiekörper in mir bis zur Erkenntnis einer dualen Erfahrung des einen Seins durchgerutscht war, kam meine Wut.

Wut hatte ich mir aus vielerlei Gründen nie erlaubt; ich hatte Angst vor ihrer zerstörerischen Kraft und davor, die Kontrolle über mich und meine Energien zu verlieren. Wut empfand ich als etwas zutiefst Erniedrigendes. Doch jetzt suchte mich diese Energie mit ungeheurer Heftigkeit heim. Der lang angestaute See drohte den Wall, den ich in mir errichtet hatte, zu durchbrechen und alles zu verwüsten. Ich erlaubte der Wut, mich zu lehren. Ich spürte die Wut der alten Tempelsteine, die Wut der Erde, die sie wegen des Mißbrauchs ihrer Manifestationen anscheinend empfinden muß, und ich fühlte die Wut der Frauen in mir, diese enorme angestaute Kraft, die nun all die Schmach und all die Schmerzen, die die Göttin jemals erduldete, in mir nach oben spülte. Ich fühlte die Kräfte der Zerstörung in mir branden, und ich hatte die Gewißheit, daß daraus Neues entstehen würde, so wie der Phönix einst aus der verbrannten Erde aufstieg.

Ich spürte aber auch die Urwut aller Männer über ihr Getrenntsein, ihre Unfähigkeit zu gebären, ihr Anderssein. Ich empfand ihre ohnmächtige Wut über ihre Leiden hier in diesem alten matriarchalischen Tempel, und ich war gleichzeitig wütend, daß sie sich nicht gegen ihre Versklavung gestemmt hatten, sondern sich erst in der Zeit des Mittelalters und der sogenannten Aufklärung im Zeichen der Inquisition an den

Frauen rächten, wo sie die Frauen ihres alten Wissens und ihrer Kräfte, aber auch ihres materiellen Besitzes wegen marterten. Ich spürte ungeheure Wut in mir, daß all die vielen Opfer meiner vielen Leben mich abgetrennt hatten, so daß ich den Mißbrauch meiner göttlichen Kraft erlaubt hatte, daß ich meine Fähigkeiten zur Verfügung gestellt hatte, damit Menschen über andere Menschen Macht erlangen konnten, daß ich Machtmißbrauch jemals zugelassen hatte.

Hilarion lehrte mich, daß die Wut an sich eine starke Energie ist, eine Energie, die aus den Ebenen der Erde aufsteigt. Ohne Angst vor dieser Energie, ohne Bewertung, kann ich ihre reine, kraftvolle und dynamische Essenz in mein System aufnehmen. Ich erlaubte dieser Energie, von mir bewußt gesteuert, durch mein rechtes Bein bis zu meinem zweiten Chakra aufzusteigen. Hier lenkte ich unter Hilarions Führung die Energie über eine liegende goldene Acht, die ich im Bereich meines Polaritätschakras visualisierte, und erlaubte den dadurch wertfreien Energieströmen, in meinen chakrischen Kanal einzufließen. Den Überschuß entließ ich über mein linkes Bein. Fast gleichzeitig fühlte ich große, klare Kraft in mir und die Reinigung meiner Polaritätserfahrungen. (Manchmal ist es auch sinnvoll, die liegende Acht im Solarplexus zu visualisieren.)

Diese Kraft half mir zu der Erkenntnis, daß mein Ego fürchterliche Angst vor den Konsequenzen des Vertrauens hatte! Denn würde ich in all das Wissen, das mir auf der Reise gegeben wurde, Vertrauen setzen, müßte ich auch meinem Geliebten und der Erfüllung meines Sternenauftrags vertrauen, ich müßte bereit sein, wider meinen Verstand zu lieben, ohne Erwartungen, komme, was da wolle. Ich müßte mir alle meine Opfererfahrungen verzeihen! Ich würde sämtlichen Erfahrungen offen und ungeschützt gegenüberstehen. Ich müßte meine Rolle ablegen. Ich wäre dadurch zutiefst verletzbar und könnte mich nicht mehr hinter meiner gewohnten Opferschiene verbarrikadieren. Und das, wo ich doch so stolz auf all die vielen Opfer war, die ich im Laufe meiner Leben dargebracht hatte! Der Stolz auf meine Opfertaten stand meinem Vertrauen in mich selbst und in den göttlichen Plan im Wege.

Solange wir uns unsere Erfahrungen nicht verzeihen, bewerten wir sie noch, wir fühlen uns schuldig, oder wir sind stolz. Wir stehen nicht im freien Fluß der göttlichen Energien, wir sind nicht Mitschöpfer, denn wir ziehen unsere Erfahrungen aus unseren Blockaden. Wir schwingen nicht in Harmonie mit allem, was ist. Wir sind nicht im Frieden.

Zuerst müssen wir bereit sein, unsere Erfahrungen zu heilen und Groll, Stolz, Neid und Habsucht loszulassen, jene langgehüteten Bollwerke unseres Egos. Indem wir unser Ego verstehen und läutern, können wir den Weg für das Verzeihen freimachen. Von unserem Hohen Selbst aus können wir uns und unsere egoistischen Eigenschaften versöhnlich anschauen, verstehen und uns durch liebendes Anerkennen auf unsere Heilung vorbereiten. Je mehr wir verzeihend loslassen, desto mehr erkennen wir den göttlichen Plan in all unseren Erfahrungen. Im dritten Teil des Buches befinden sich Übungen, die uns das Verzeihen möglich machen. Nie sollten wir uns mit Lippenbekenntnissen zufriedengeben, sondern uns selbst gegenüber wahrhaftig sein. Gelingt es mir nicht, mir selbst oder einer anderen Wesenheit zu verzeihen, übergebe ich diese Angelegenheit meinem Hohen Selbst mit der Bitte, mir Wege des wirklichen Verzeihens aufzuzeigen, und ich treffe dann eine Vereinbarung mit mir, bis wann ich soweit bin, auch diese Erfahrung heilend aufzulösen.

Indem wir uns erlauben zu verzeihen, stärken wir unseren Glauben an uns selbst, an unser Leben als eine Existenz, die wir uns erschaffen, und wir werden zunehmend freier von unseren belastenden Gedanken und Bindungen. Dadurch entwickeln wir Vertrauen in uns und unsere Manifestationen. Wir lernen, unserem Hohen Selbst zu vertrauen, und da wir in dieser Energie schwingen, erzeugen und erfahren wir Vertrauen. Wir geraten in ein harmonisches Gleichgewicht, wir vertrauen auf unsere Kraft und unsere Möglichkeiten und sind somit in der Lage, unseren göttlichen Plan zu verwirklichen.

Oft stellen wir dann auch fest, daß wir unser Urvertrauen in die Quelle und in den Plan auf unseren langen Sternenwegen einst verloren haben. Indem wir uns auch diese schmerzliche Erfahrung der Trennung von der Einheit verzeihen und indem wir den göttlichen sich in allem existenten Sein erfahrenden Lichtfunken wieder als den integrativen Punkt der Verschmelzung einer jeden Polarität annehmen, erschaffen wir in uns die „religio", die Rückbindung an Gott. So können die göttlichen Energien wieder frei fließen, von uns zur Quelle und von der Quelle zu uns, denn die Staudämme der mißverstandenen Erfahrungen haben sich durch das Verzeihen aufgelöst.

Indem wir unserem Gottesfunken vertrauen, erlauben wir auch, daß die höhere Weisheit und die Liebe uns in unserem Leben führen. Die „Stimme" des Hohen Selbst ist sehr, sehr fein, sie dringt nur über Inspiration und Intuition in unser Leben. Wir können lernen, sie zu hören, wenn wir uns in der Ruhe und im Gleichgewicht befinden.

Ich habe es selbst unzählige Male erlebt, wie sich die Richtung, die mein Leben scheinbar nahm, grundlegend änderte, weil ich die Botschaft meiner höheren Führung angenommen hatte. Immer war es eine Erweiterung meines Lebens, meines

Bewußtseins, die mir angeboten wurde, und es war immer meine freie Entscheidung, ob ich den angebotenen Weg einschlagen wollte oder nicht. Ich ganz persönlich habe gelernt, meiner Führung zu vertrauen, ich erlebe ständig Fortschritte auf die Einheit hin, und mein Leben gestaltet sich zunehmend freudiger und liebevoller. Ich habe es damals über mich gebracht, an der Liebe zu meinem Manne wider jede Vernunft festzuhalten, und wir erfuhren ein duales Eins-Sein während der Toröffnung II:II und der Übergabe der Energieplatte, und wir erfahren es auch jetzt noch stets aufs neue. Noch gelingt es uns nicht, diesen energetischen Zustand ohne Unterbrechung aufrechtzuerhalten, aber wir üben!

Dank täglicher Meditation und Übung und dank meiner inneren Führung erfahre ich duales Eins-Sein jedesmal, wenn ich meinen Kanal zur Verfügung stelle. Immer öfter gelingt es mir auch, mit den Pflanzen unserer Gärten und mit unseren Tiergeschwistern in ein duales Eins-Sein zu kommen, und dadurch weiß ich, wie ich ihnen behilflich sein kann oder was sie gerade brauchen.

Wir alle sehnen uns zurück in die Einheit, wünschen uns die Heilung der Dualität. Wir haben das Bewußtsein um die Einheit in uns und mit allem, was ist, auf unseren Inkarnationswegen immer mehr aus dem Bewußtsein verloren. Jetzt ist der Zeitpunkt, daß wir uns mit kleinen Schritten der Einheit, dem Eins-Sein wieder nähern. Jede Erfahrung des Eins-Seins verbindet uns mit der Einheit von allem, was ist. All das wird möglich, wenn wir uns selbst und unserem Hohen Selbst bedingungslos vertrauen. Wir lernen uns selbst und unsere tiefsten Tiefen und unsere bestgehüteten Geheimnisse kennen, und gerade deshalb können wir uns nun annehmen, so wie wir sind, und beginnen, uns selbst zu lieben.

Auf unserem Planeten gibt es Zeit, und Heilung bedarf noch der Zeit. Wären wir vollkommen frei von unseren Mustern und von unserem inneren Glauben an die Zeit – ich bin ganz sicher, wir könnten uns auf Knopfdruck heilen, ja, wir hätten den Kippschalter zur Erleuchtung gefunden! Der alte Zen-Spruch sagt, daß der Weg das Ziel ist. Ich möchte keine einzige Erfahrung, keine einzige Erkenntnis und keinen Augenblick meines Weges missen, denn jede dieser Erfahrungen bietet mir ein weiteres Puzzlestück im göttlichen Teppich des Universums. Es ist erfüllend, dieses Bild zusammenwachsen zu sehen. Und ich vertraue darauf, daß wir alle das gesamte wunderbare Bild zum richtigen Zeitpunkt und am richtigen Orte wieder in seiner ganzen Pracht erschauen werden.

Verzeihen führt zu Vertrauen und gibt uns das Vertrauen in die Einheit, in die Quelle wieder zurück.

Wir können erst dann alle eins sein, wenn wir unsere persönlichen dualen Erfahrungen des Einen Seins leben.

Kapitel 25

Heilung als Manifestation der Freude

Mutter Erde manifestiert die Andersartigkeit, und sie will damit Freude vermitteln. Wir leben hier in grobstofflichen Körpern, und wir lernen in der Materie, unser feinstoffliches Sein zu begreifen. Jedwede Krankheit erfahren wir über unseren Körper, über die Materie. Jede Krankheit gibt uns Hinweis auf ein Muster, das wir noch nicht erlöst haben. Unsere Körper dienen also unserer Erkenntnis, und wir erfahren meist schnelle Heilung, wenn wir die Muster aufgestöbert haben, die sich durch körperliche Symptome äußern. Unsere Körper sind also buchstäblich unsere Schulungstempel.

Für viele von uns war es ein großer Wunsch, sich als göttlichen Funken in der Materie zu erfahren. Wir sollten die Verwirklichung dieses Wunsches in liebender Dankbarkeit anerkennen und unsere Körper achten. Durch unsere Körper erfahren wir zahlreiche Freuden, die wir nur in einer materiellen Welt erforschen können.

Freude ist eine erschaffende Kraft. Wenn wir uns freuen, steht uns sehr viel Energie zur Verfügung, die unser Bewußtsein beschleunigt. Wir kennen die Hochleistungen, zu denen frisch Verliebte in der Lage sind. Wir sind dann glücklich, und unsere Körper strotzen voll gesunder Kraft. Es ist auch die Freude des Entdeckens, die unseren Geist in neue Ebenen des Bewußtseins schweifen läßt, sei es, wir erforschen fremde Welten, sei es, wir erforschen unseren Geist und sind neuen Erkenntnissen auf der Spur.

Ich bin keine Traumtänzerin, ich weiß sehr wohl, daß es oft alles andere als einfach ist, sich auf die Freude auszurichten! Oftmals ist der Humor, mit dem wir unseren selbstgestrickten Fallen entgehen können, eine große Hilfe. Jedes Lachen erhöht sofort die Energie und hilft uns voranzuschreiten. Wir erhalten so viele Hilfen, die wir oft kaum wahrnehmen. Die Erde hilft uns mit ihrer Materie, und die geistige Welt hilft uns mit der Freigabe von Wissen und durch spirituelle Führung. Hilarion sagt uns immer wieder, daß wir jetzt durch Freude lernen können. Jetzt können wir unsere Dichtigkeit, unsere Schwere, unsere Blockierungen loslassen, und das mit Freude, denn wir haben sie verstanden.

Wir können jeden Tag damit beginnen, uns vorzunehmen, den Anteil der Freude zu vergrößern. Indem wir unser Bewußtsein auf die Freude lenken, werden wir sie auch wahrnehmen. Etwa in einem Sonnenstrahl, der durch die Wolken bricht, in einem Lächeln, das wir empfangen oder verschenken, in gegenseitiger Unterstützung, die wir uns zukommen lassen, wohl wissend, daß es noch nicht selbstverständlich ist. Wir können uns vornehmen, bewußt und aus der Kraft unserer Herzen heraus „danke“ zu sagen. Freude und Liebe werden uns mannigfach begegnen. Wir geben und nehmen und erschaffen so einen Fluß der Energien, wir erzeugen harmonisches Glücklichsein. Wir manifestieren ein Klima, in dem wir unseren Mitgeschwistern aller Ebenen begegnen können, in dem wir wachsen und Erfahrungen sammeln dürfen. Auf die Freude ausrichten heißt, unser Bewußtsein schulen, und dadurch erlauben wir immer mehr Freude und wertungsfreie Liebe, sich auszudrücken.

Dankbarkeit ist das Maß der Offenheit der Herzen! Indem wir Mutter Erde und dem Schöpfer allen Seins für alle Erfahrungen danken, kehrt die Freude in unser Leben ein. Und mit dieser Freude kommt das Einverstandensein mit uns und allen anderen Ausdrucksformen des Göttlichen. Wir beginnen, ohne jede Wertung zu lieben. Indem wir lieben, werden wir heilen. **Liebe nimmt zu, wenn Wertung abnimmt.**

Die Heilung der Dualität erfolgt über die Befreiung unserer Polaritätsmuster, unseres Glaubens an die Trennung, der eine Illusion ist. Wir sind und waren niemals von allem, was ist, getrennt, denn alles, was ist, ist durch den göttlichen Funken verbunden, und alles, was jemals in der Existenz war und ist, ist aus der unendlichen Quelle allen Seins heraus erschaffen. Wir haben uns die Trennung erdacht und sie dann manifestiert, weil wir uns selbst erst definieren mußten, um unser Dasein zu begreifen. Da wir uns jetzt auf der Erde und in materiellen Körpern wiederfinden, haben wir uns definiert. Wir haben die Trennung gelebt und erlebt, und auch sie war uns ein Lehrer, und wir danken ihr für alles, was wir durch sie erfahren haben.

Jetzt können wir diese Erfahrungen in uns heilen und uns aus der Illusion erheben. Wir erlauben uns jetzt als das anzuerkennen, was wir wirklich sind, als göttliche Lichtfunken, die einen langen Weg der Erfahrung erlebt haben und nun in einer materiellen Welt, der Erde, unsere Heilung erschaffen, indem wir unsere Mißverständnisse lösen. Wir beginnen, unsere Erde und unser Sein in allen unseren Bewußtseinsstufen und auf allen unseren Sternenwegen liebend anzuerkennen. Durch die anwachsende und nicht mehr wertende, also befreite Liebe findet die Heilung auf allen Bewußtseinsebenen statt.

Indem wir in uns die Heilung zulassen, erlauben wir auch die Heilung der Erde, ja, da es keine Trennung gibt, die Anhebung der Schwingung unseres Universums, denn wir sind ein Teil davon. Auch unser duales Universum wird sich durch die

Freude, der die Liebe folgt, anheben, und wir werden wieder vollkommen eins werden mit dem Schöpfer allen Seins.

Mit der Freude als erschaffende Kraft wurde unser duales Universum in die Existenz gebracht. Mit der Freude, all diese Erfahrungen erlebt zu haben und sie ohne Wertung anzuerkennen, erheben wir unser Bewußtsein wieder in die Einheit mit allem, was ist. Dadurch erhöht sich die Schwingung unserer Welt und unseres Universums, und wir können wieder eins werden mit der unendlichen, alles umfassenden Liebe, aus der heraus alles entsteht.

Teil 3

Übungen

Kapitel 26

Zentrierung mit dem Kreuz des Sirius

Ich sende euch den Gruß der galaktischen Flotte und segne euch mit all unserem Licht. Ich bin Athena, eure Mutter. Meine Geliebten, wichtige Veränderungen kommen auf euch zu, und ihr wißt, daß es aus diesem Grunde – und auch für unser großes Treffen – wichtig ist, immer zentriert zu bleiben. Eure Mitte ist in euch – niemals außen!

Ich möchte euch heute in eine uralte Übung des Sirius einweihen.

Das Leben der Wesen, die auf Sirius lebten, war – so würdet ihr sagen – ein weibliches. Ihr wichtigstes Symbol war der Kreis als Ausdruck für die Einheit, in dessen Mitte sich ein gleichschenkliges Kreuz befindet.

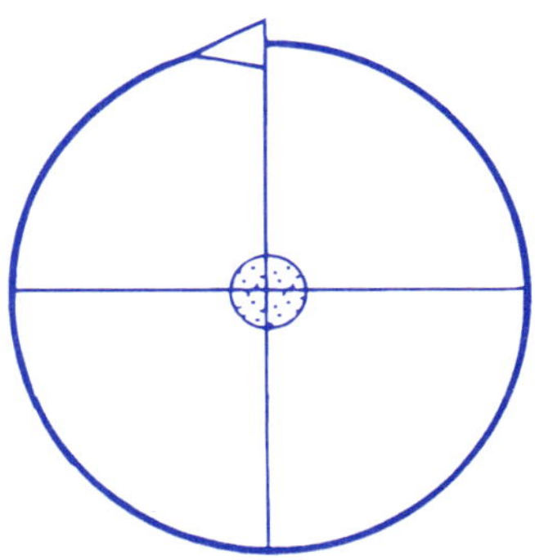

Geht in das Zentrum eures Herzens, die goldene Kugel, und stellt es euch als Mittelpunkt eines gleichschenkligen Kreuzes vor, das über eure physischen Körper leicht hinausragt.

Zieht um dieses gleichschenklige Kreuz einen lichten hellen Kreis herum. Laßt durch eure Herzen die durch meine Energie verstärkte grüne Farbe in das gleichschenklige Kreuz einfließen.

Macht die untere Hälfte des Kreises rot und die obere violett. Laßt Rot und Violett nun ineinanderströmen und sich zu einer Farbe vermischen.

Dies und nur dies, meine geliebten Kinder, seid ihr, dies ist euer gesamtes System. In diesem Bild ist alles, aber auch alles enthalten.

Geht nun vom Längsschenkel eures Kreuzes in die rechte Seite eures Kreises. Seid wach, nehmt wahr, bewertet nicht.

Klappt die entstehende Fläche senkrecht in der Mitte vor euch auf und schlagt sie dann zur linken Seite um, so daß eine nach vorne gewölbte Halbkugel entsteht. Seid nun in der linken Hälfte. Nehmt wahr, bewertet nicht, beobachtet, nicht mehr.

Und nun vereinheitlicht ihr eure beiden Felder, indem ihr die Halbkugel auf ihrer Rückseite schließt. Nehmt die Wärme wahr, nehmt das Licht wahr und die Energie, die in euch aufsteigt. Bewertet nicht.

Geht nun von der Herzlinie, der horizontalen Herzlinie in den unteren Teil eures Herzens. Nehmt wahr. Fächert diesen Halbkreis bis zur Herzlinie horizontal nach oben und klappt ihn um, so daß ihr im vorderen Teil wieder eine Halbkugel habt, und begebt euch in den oberen Teil. Nehmt wahr.

Vereinheitlicht nun auch diese beiden Teile und klappt den Halbkreis auf der Rückseite eures Körpers nach unten, so daß auch hier eine vollendete Kugel entsteht. Nun, meine Geliebten, nun ist es an euch, ganz zu sein, ganz erfüllt zu sein, ganz rund zu sein. Ruft aus dem Zentrum eures Herzens die Quelle an, das Licht, und bittet um Entzündung eurer ganzheitlichen Welt. Laßt das Licht in euch einfließen, und alles Dunkel wird schwinden.

Gut, meine Lieben. Ich möchte euch bitten, bei allem, was ihr in diesen kommenden Tagen erlebt, immer wieder eure Herzen zu befragen, euch immer wieder in dieses alte System des Sirius zu begeben. Empfangt aus dieser Kugel heraus, hört, seht und fühlt aus dieser Kugel heraus, seid in euch, bei euch, nicht neben euch, meine geliebten Kinder.

Seid gesegnet. Dies ist Athena.

Kurzform

Atme tief ein und aus. Laß all deine Tagesgedanken auf kleinen bunten Wolken ziehen und fühle, wie mehr und mehr Ruhe und harmonisches Gleichgewicht in deinem Sein an Raum gewinnt. Nimm einen weiteren tiefen Atemzug, visualisiere deine goldene Kugel, das Zentrum deines Herzens, überzeuge dich, ob sie so strahlend und sauber ist, wie sie sein sollte. Wenn nicht, so erschaffe dir ein kosmisches Putz- und Reinigungsmittel und poliere deine goldene Kugel strahlend sauber und glänzend. Tritt dann ein in deine goldene Kugel, in deinen Raum, in deine Ruhe, in deinen Frieden, in diesen Raum jenseits jeder Wertung, wo Liebe einfach ist.

Erschaffe nun mit einem einzigen Atemzug die Längsachse des Siriuskreuzes. Sie ist deine Verbindung zwischen Himmel und Erde. Beide Achsen sind gleich lang. Atme tief ein und aus und visualisiere jetzt die Längsachse.

Nimm einen weiteren tiefen Atemzug und erschaffe jetzt die Querachse, deine Balance in Zeit und Raum, die ebenso lang ist wie die Längsachse.

Jetzt hast du ein gleichschenkliges Kreuz erschaffen.

Sieh jetzt, wie aus der Ebene deines Hohen Selbst helles Licht in dich einströmt. Nimm dieses Licht und zieh einen Kreis um dein Siriuskreuz herum.

Indem du dein Kreuz mit einem Kreis umgibst, zentrierst du alle deine vier Körper in der Mitte deines Herzens. Dieses Kreuz ist das alte Symbol des Sirius, das Symbol der Zentrierung im Kreis. Du kannst dieses Symbol so groß machen, daß es dich mit allen Universen verbindet, du kannst es aber auch so klein halten, wie du es gerade brauchst.

Mit einiger Übung wirst du immer, wenn du das Symbol mit drei Atemzügen in dir erschaffst, augenblicklich in deinem Herzen zentriert sein.

Von Zeit zu Zeit ist es vielleicht auch notwendig, daß du dieses Zentrierungssymbol einem anderen Chakra zuordnest. Wenn du zum Beispiel mit sehr ärgerlichen oder anstrengenden Energien in Kontakt kommst, ist es sinnvoll, das Kreuz des Sirius vorne und hinten auf deinem Solarplexuschakra zu sehen.

Du kannst dieses Symbol verschieben, wohin du immer willst. Es wird dir zuverlässig helfen, im Hier und Jetzt zentriert zu sein und dein aurisches Sein zusammenzuhalten.

Kapitel 27

Integration von Mustern

Diese Übung ist dir behilflich, wenn du nicht in deiner Mitte bist und deshalb leicht verwirrt in alte Muster einzutauchen drohst.

Wisse, all diese Energien sind mit deinem Emotionalkörper verbunden und somit mit deinem dritten Chakra. Ich möchte dich bitten, nun in dein drittes Chakra zu gehen und es dir sozusagen von innen anzuschauen. Es ist sehr angenehm, sich das Bild der Sonnenblume, die ihre goldgelben Blätter langsam entfaltet und zu einem großen Rad wird, vor diesem Chakra vorzustellen. Tu dies bitte jetzt.

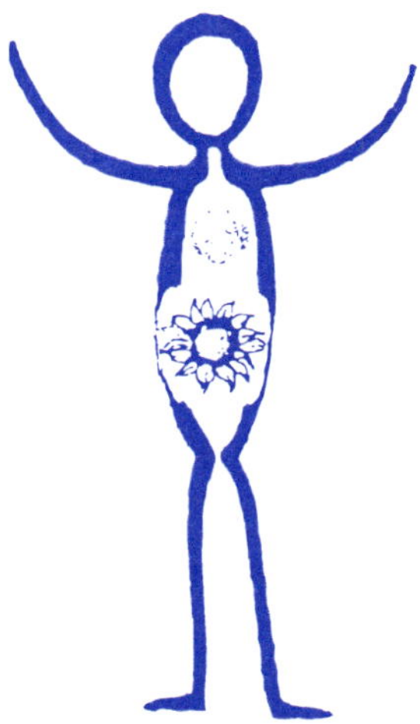

Rama-Integration 1
in der goldenen Kugel zentrieren –
Solarplexus von innen wie eine Sonnenblume öffnen

Stelle dir vor, du siehst diese Blume von hinten. Du kannst also von hinten in dies Chakra Einsicht nehmen. Durch den Brennpunkt, sozusagen die Achse deines Chakras, die du dir nun erlauben magst wahrzunehmen, bitte ich dich jetzt, den Gegenstand, das Thema, die Energiestruktur zu sehen, die du zu integrieren wünschst.

Geh bitte einfach zurück im heutigen Tag oder in den Tagen, die davor lagen. Es werden sicher mehrere Möglichkeiten auf deinem Weg gelegen haben. Wähle ein solches Ereignis, das dir nicht gerade dazu verhalf, in deiner Zentriertheit zu verweilen. Sieh dieses Ereignis, diesen Ablauf nun durch die Achse deines dritten Chakras, als wäre sie ein Fernrohr, ein Fokus, durch den hindurch du dieses Bild betrachtest. Tu dies jetzt.

Rama-Integration 2
durch den Fokus das negative Mustersymbol
(oder den Satz) visualisieren

Erlaube diesem konkreten Bild sodann, zu verschwimmen und sich in eine energetische Form aufzulösen. Oder schreibe den Mustersatz auf eine Tafel vor deinem Solarplexus. Bitte um ein Symbol für dieses Ereignis oder für das Muster.

Nun geh mit deiner Achtsamkeit in deinen Seelenstern, dein achtes Chakra, und nimm hier in diesem Punkt, in diesem Chakra den Lichtstrahl der Verbindung zur unendlichen Quelle allen Seins wahr. Beleuchte sodann von diesem Chakra aus mit einem gezielten Lichtstrahl – als hättest du hier einen Scheinwerfer installiert – die Objekte, die energetische Form, die nun immer noch vor deinem Solarplexus schwebt, und hülle sie in ein weißgoldfarbenes Licht ein, als würdest du das Symbol oder den Satz in einen Zuckerguß eintauchen, in Sahne oder Watte.

Rama-Integration 3
mit dem Seelenstern verbinden –
weißgoldfarbenes Licht auf das Mustersymbol strahlen
und damit das Symbol umhüllen

Sieh, wie sich die möglichen Farben des Objektes durch das Übergießen mit dem weißgoldfarbenen Licht verändern und sich schließlich soweit transformieren, daß wohl die Formen geblieben sind, jedoch die Farbe das helle Gold der Quelle ist.

Laß diesen Strahl des Lichtes beständig fluten und begib dich mit deiner Aufmerksamkeit in die goldene Kugel deines Herzchakras hinein. Tritt ein, und wenn du es wünschst, dann errichte durch einen einzigen gezielten Gedanken in dieser Kugel das Kreuz des Sirius in dir. Tu es jetzt. Der gezielte Wille hilft hier allein. Das Kreuz des Sirius leuchtet in dir.

Entfache nun im Schnittpunkt dieses Kreuzes in der goldenen Kugel die violette Flamme und laß den violetten Farbstrahl der Transformation aus dieser deiner Kugel hinabfließen, hinableuchten zu den Objekten, zu dem Symbol vor deinem Solarplexus. Tu dies jetzt.

Rama-Integration 4
mit der violetten Flamme über das eingehüllte Symbol gehen
und dieses so lange transformieren, bis ein Symbol erscheint,
das du integrieren möchtest

Speise im goldenen Licht den violetten Strahl der Umgestaltung ein. Benutze den violetten Strahl wie ein Laserlicht und verändere das Symbol vor deinem Solarplexus und sieh, wie es sich wandelt, wie es sich möglicherweise verkleinert, wie seine Form sanft und geschmeidig wird, und erschaffe somit vor dir ein Bild, das zu integrieren du in der Lage bist – das beste, schönste Sinnbild, das du erschaffen kannst. Benutze den violetten Strahl als Zauberlicht und verändere die Gestalten so, daß eine Form entsteht, die du von Herzen annehmen kannst, die dir wert erscheint, Teil deines Energiesystems zu werden.

Erweitere sodann den Brennpunkt deines Fernrohrs durch den Solarplexus hindurch und geh mit deinem Bewußtsein hinab in deinen Solarplexus. Öffne den Fokus, dehne ihn aus und unterstütze dies mit kräftigen Atemzügen, wobei du dir vorstellst, daß sich bei jedem Atemzug dein Chakra und somit der Fokus weitet, öffnet und ausdehnt. Sieh das transformierte Objekt immer noch vor dir und sprich im stillen:

„Im Namen der dreieinigen Quelle allen Seins, im Namen der Kraft des ICH BIN nehme ich nunmehr mit Liebe und Freude diese veränderte Energie, dieses Symbol in meine Körper auf, so daß es Licht wird in allen meinen Körpern."

Atme das Objekt nun ein. Sieh, wie es an seinen Platz in deinem Körper wandert und hier zu leuchten und zu strahlen anfängt.

Rama-Integration 5
wieder hinter den Solarplexus gehen und von dort aus das lichtvolle Symbol mit den Worten der Kraft einatmen

Sende das weißgoldene Licht zurück in deinen Seelenstern und die violette Flamme wieder ins Herzzentrum. Bitte dann die Weisheit deiner Chakren, sich auf das nunmehr richtige Maß zu schließen.

Bedanke dich bei allen lichtvollen Wesenheiten aller Ebenen, die dich bei diesem Vorgang unterstützt haben.

Rama-Integration 6
den weißgoldenen und den violetten Strahl entlassen
und alle Chakren bitten, sich auf das jetzt richtige Maß zu schließen –
allen lichtvollen Kräften, die geholfen haben, danken

Wisse, daß du dieser Struktur, die du hier und jetzt selbständig und verantwortlich für dein Tun auf dieser eurer Erde transformiert hast, fortan nicht mehr bedarfst. Erlaube dir nun einen Blick hinab in diese eure Erde und nimm die Struktur, die Stelle wahr, wo in dieser großartigen Wesenheit sich nun ebenfalls eine Brücke erlichtet hat, da du bereit warst, dieses in dich aufzunehmen und in Licht erstrahlen zu lassen.

Wisse: Jedesmal, wenn du eines – sagen wir – deiner dunklen Muster oder einen deiner inneren Widerstände in dieser liebevollen Art und Weise integrierst, ist es auch dieser eurer Erde möglich, ein weiteres Teilstück des ihr zustehenden Wissens in Licht und Liebe aufzunehmen, wodurch ihr feinstoffliches Energienetz jedesmal heller, lichter und freudvoller wird.

Erkennt die Freude im Spiel der Integration, meine Geliebten.

Anmerkung: Man sollte nie mehr als zwei Muster am Tage integrieren, da sich die Energien in unseren Körpern erst wieder ausrichten müssen (ansonsten Überkochende-Milch-Syndrom).

Kapitel 28

Gedankenkontrolle

Solange wir leben, hören wir nicht auf, beständig Gedanken zu erschaffen. Wenn wir sie nicht lehren, geben die tausend schnatternden Affen in uns nur selten Ruhe. Sie halten uns davon ab, zur wahren Kontemplation zu finden. Wir wissen längst, daß wir mit unseren Gedanken beständig Energien freisetzen, ja Kräfte erzeugen, die meist unkontrolliert in unsere Welt hinausfließen. Bewußte Zentrierung fängt mit der bewußten Ausrichtung unseres Denkens an.

Um Meister und Meisterinnen unserer Gedanken zu werden, bedarf es der liebevollen Übung. Da wir nur einen Gedanken auf einmal produzieren können, nützt es oft, ein klares Stopp zu denken oder laut zu sagen. Eine andere Möglichkeit ist, wir lassen unsere Gedanken mit unserer Atmung auf kleinen bunten mit Elektrischblau durchsetzten Wolken aus uns herausziehen.

Oft ertappen wir uns ja bei stillen Selbstgesprächen, in denen wir uns ärgern und mit denen hadern, die wir für unsere Situation verantwortlich machen. Selten sind wir selbst die Schuldigen, meist die anderen. Mit diesem „Vor-sich-Hinbrummeln“ erhöhen wir keineswegs unsere Energie, und die Angelegenheit, um die es geht, erledigt sich nur mühevoll. Wir strahlen ärgerliche Energien aus und ziehen Schwere und neuen Ärger wie ein Magnet an. Wenn mir selbst auffällt, daß ich in mir schimpfe, unterbreche ich meinen Gedankenstrom, indem ich das, was ich gerade tue, bewußt vor mich hin denke und es dann möglichst auch laut ausspreche. Wenn mir das gelingt, muß ich meist bald über mich selber lachen.

Ich möchte ein Beispiel geben: Während der ersten Bauphase unseres Zentrums mußte ich in einer mehr als provisorischen Küche für 16 Menschen kochen. Wasser war vom Brunnen zu holen und auf einem Campingherd zum Kochen zu bringen. Nach den Mahlzeiten waren Töpfe von festgeklebten Speiseresten zu befreien, was wegen des Mangels an heißem Wasser und ausreichendem Raum in einer winzigen Plastikwanne äußerst schwierig war. Kurz, es war nicht einfach! Innerlich wütete ich über diesen Zustand und war sauer auf mich und meine Manifestation, weil das Ganze nicht schneller vor sich ging. Als ich bemerkte, was ich in Gedanken tat, begann ich bewußt vor mich hinzudenken: Ich schrubbe diese Töpfe jetzt mit Leichtigkeit und Freude, der Schmutz entfernt sich einfach, wie von selbst, ich schrubbe diese Töpfe … u.s.w. Ich sagte das auch laut, als wäre es ein Mantram (und achtete darauf, mich so positiv wie möglich auszudrücken), und bald begann ich dann zu lachen, so daß die Arbeit leichter vor sich ging und ich schneller fertig war.

In dem großen Gemüsegarten, den ich anlegte, gab es unzählige Wildkräuter. Jäten ist eine sehr meditative Tätigkeit, wenn man sie bewußt ausübt. Ich mußte erleben, daß die Beete, bei denen ich geistig mit den Wildkräutern gehadert hatte, sehr schnell erneut verunkrauteten; die Beete jedoch, bei deren Säuberung ich für die Erde und die Pflanzen liebevolle und um Verständnis bittende Lieder und Gebete vor mich hingesungen hatte, damit ich keine Unlustgefühle wegen der Endlosigkeit des Auftrags „Beete jäten“ entwickeln konnte, waren lange befreit von unerwünschten Wildkräutern.

Anstatt negativ beschwerende Gedanken zu erlauben, ist es sinnvoll, das Licht, das Positive zu stärken. Das hilft meinem Energiehaushalt genauso wie der Energie der Stoffe oder Wesen, um die es gerade geht.

Wenn wir uns indes unter allzu großem Druck befinden, dann genügen diese kleinen Tricks oft nicht mehr. Wir scheinen das Hamsterrädchen in uns nicht so leicht zur Ruhe bringen zu können. Für diesen Fall erhielt ich von der Raumbruderschaft eine einfache, aber sehr wirkungsvolle Übung, die ich humorvoll wie folgt nenne:

Herr König fährt Carrera

(Ich rede mein Verstandesselbst mit „Herr König“ an)

Visualisiere eine liegende goldene Acht, die deine beiden Gehirnhälften horizontal verbindet, und zwar so, daß der Schnittpunkt der Acht genau auf der Brücke der beiden Gehirnhälften liegt. Bitte dein Verstandesselbst, sich zu personalisieren, falls du es nicht schon kennst. Bewerte nichts. Frage dein Verstandesselbst, mit welchem

Fahrzeug es heute auszufahren wünscht, und visualisiere dieses Fahrzeug auf der liegenden Achterbahn. Nun fasse deine wirbelnden Gedanken mit einem Atemzug zu einem Bündel oder Paket zusammen und drücke es deinem Verstandesselbst in die Hände. Bitte das Verstandesselbst, in sein Auto einzusteigen, und lasse es mit dem Paket in seinem Schoß die liegende Acht umrunden (Carrerabahn). Beschleunige bewußt die Fahrt und folge ihr mit geschlossenen Augen. Werde so schnell, daß du das Fahrzeug aus den Augen verlierst, sei jedoch vollkommen ausgerichtet mit deinem Bewußtsein. Laß das Fahrzeug mit deinem Verstandesselbst so lange auf der Carrerabahn dahinsausen, bis sich die Gedankenenergie zu klären beginnt, was du zunächst als helles Licht wahrnehmen kannst, dann als pure Lichtessenz auf dem Schoße deines Verstandesselbst und am Ende nur noch als auf der Acht hin- und herflitzendes Licht. Dann halte auf dem Schnittpunkt der Acht an. Erlaube der gereinigten Energie, in deinen Wirbelsäulenkanal einzuströmen und über das Gehirn hinaus in deinen transpersonalen Kanal, so daß du eine Verbindung zwischen der Erde und dem Kosmos erschaffst. Gib von der Lichtenergie auch etwas an dein Verstandesselbst ab, was sich dann meist positiv verändert (Mein „Herr König", ein meist recht grauer schwäbischer Buchhalter, legt seine Ärmelschoner ab und verwandelt sich in einen kraftvoll strahlenden Helden). Jetzt bist du Meister, Meisterin der Energie. Du kannst die Energie verwenden, um die Angelegenheit in gelassener Zentriertheit noch einmal zu betrachten. Du kannst nachschauen, welche Muster dich in diesen aufgewühlten Zustand versetzt hatten, um sie dann nach Rama zu integrieren. Du kannst nachdenken, welche Energie dir fehlt, meistens Vertrauen in dich und in die Situation, und diese fehlende Energie über deinen Kanal in dein System einspeisen. Du kannst deine neuerworbene Energie auch einfach genießen. In diesem Moment bist du der Meister, die Meisterin.

Die „Carrera-Fahrt“ ist eine sehr einfache und humorvolle Übung, die mir selbst und vielen Menschen schon sehr dienlich war und außerdem noch Freude macht. Auch hier gilt: bitte kein spiritueller Leistungsstreß beim Visualisieren! Es ist wunderbar, wenn wir unsere inneren Bilder klar sehen können, aber das gelingt nicht immer. In diesem Fall erschaffe dir deine Bilder, stelle sie dir vor, Hauptsache ist, daß du vollkommen ausgerichtet bist in dem, was du tun willst. Die Energie ist immer da, wo das Bewußtsein ist.

Es gibt viele verschiedene Übungen, die uns behilflich sind, Meister und Meisterinnen unseres „Gedankensalats“ zu werden. Wie bei allen Übungen nützen sie nur, wenn wir sie auch machen! Der Erfolg setzt ein, wenn uns das Meisterstück geglückt ist und wir uns dafür loben, daß wir den gewohnten Geleisen unseres unkontrollierten Denkens entronnen sind. Dadurch haben wir Energie zur Verfügung, mit der sich unser Verstandesselbst aus seinen gewohnten Bahnen befreien kann, um seinem eigentlichen Zweck zu leben: Intuition und Inspiration durch göttliche Führung. Die Intuition wird uns neue Wege eröffnen, und völlig neue Lösungsmöglichkeiten werden sichtbar, an die wir vorher nicht gedacht haben. Unsere göttliche Führung, unser Hohes Selbst, kann mit seiner Inspiration viel leichter von uns wahrgenommen werden.

Unsere tausend schnatternden Affen beruhigen sich zusehends, unsere Energien fließen so, wie wir es selbst bestimmen. Wir werden insgesamt gelassener, und die unendlichen Weiten unseres Geistes stehen uns wirklich offen.

Kapitel 29

Verbindung mit dem Hohen Selbst

Unser Hohes Selbst, unser göttlicher Funke, unsere Ich-Bin-Präsenz, ist immer mit uns, war immer mit uns und wird immer mit uns sein. Das Hohe Selbst ist unsere göttliche Führung, die uns mit göttlicher Liebe und Weisheit durch all unsere Leben führt. Es liebt uns, so wir wir sind, gleich welche Wahl wir treffen, ohne jede Wertung, denn das Hohe Selbst ist jenseits jeder Wertung. Das Hohe Selbst ist unsere Verbindung zu den höheren Dimensionen, zur geistigen Welt und zu den Meistern des Lichts. Über diese Quelle der liebenden Weisheit erfahren wir göttliche Intuition und energetische Hilfe in allen Lebenslagen.

Es sind schon viele Bücher über die Verbindung zum Hohen Selbst geschrieben worden, und in vielen spirituellen Schulen werden die verschiedensten Verbindungswege vorgeschlagen. In früheren Zeiten war diese Verbindung geheimes und geschütztes Wissen, das nur einem kleinen Kreis von Eingeweihten zur Verfügung stand. In dieser Zeit der Schwingungserhöhung erinnern wir uns unserer göttlichen Herkunft und unseres Geburtsrechts der Verbindung mit der Ich-Bin-Präsenz. Das alte Wissen und die Anweisungen der geistigen Welt stehen nun allen zur Verfügung, die bereit sind, ihre Muster zu erlösen und ihre göttliche Verbindung zu stärken.

Wir erreichen diese Ebene nicht durch Nachdenken, nicht mit rein mentalen Kräften. Es ist unser emotionales Selbst, das die Energieverbindungen in unserem System herstellt, weshalb ein guter Kontakt zu dieser Ebene in uns von großer Bedeutung ist. Unser Verstandesselbst, unsere mentalen Kräfte formen die Ausrichtung und halten den Fokus. Fühlt sich unser emotionales Selbst der Göttlichkeit gegenüber schuldig oder nicht wert genug, diese Verbindung herzustellen, werden wir die göttlichen Energien nur äußerst sparsam in uns wahrnehmen. Deshalb halte ich es für sehr wichtig, den Weg zu unserem Hohen Selbst freizulegen, indem wir unsere Blockierungen erlösen, damit der freie Fluß der Quelle allen Seins uns wieder voll zur Verfügung steht.

Den Weg der Befreiung, wie ich diesen Prozeß nenne, in schriftlicher Form niederzulegen ist mir nicht möglich. Die Energie der Gruppe und die geistige Führung sind für diesen Vorgang unerläßlich. Dennoch möchte ich einen Weg der Übung mit euch teilen, sozusagen erst einmal für den „Hausgebrauch".

Zentriere und entspanne dich auf deine eigene Art und Weise, zum Beispiel mit dem Kreuz des Sirius. Lege deine beiden Hände über deinen Solarplexus und visualisiere hier dein emotionales Selbst. Kein Leistungsstreß, aber auch keine Manipulation! Unsere emotionalen Selbste sind sehr schnell, und sie drücken sich über Bilder und Körpergefühle aus. Bitte einfach dein emotionales Selbst, es möge dir erscheinen, und billige, wie immer es sich im Augenblick auch darstellt. Es kann sehr gut sein, daß du dich lange nicht um diese Energien in dir gekümmert hast und daß es in einer Gestalt erscheint, die dir nicht angenehm ist. Dies sollte dich nicht erschrecken, es sollte dir ein Hinweis sein, auf deinen Emotionalkörper besser achtzugeben. Sprich dann mit deinem emotionalen Selbst, frage nach, was ihm oder ihr fehlt, auf was du vielleicht besonders achten solltest. Dann visualisiere rosafarbenes Licht der Liebe und des Einverstandenseins in deinem Herzchakra. Strahle dieses Licht auf dein emotionales Selbst und schaue, fühle, höre oder spüre, wie es sich in diesem Liebeslicht entspannt und kraftvoll wird, wie es sich, zumindest jetzt, liebenswert und geachtet fühlt. Bitte dein Unihipili, dein Ku (das sind die hawaiianischen Ausdrücke für das emotionale Selbst), in die goldene Kugel deines Herzens einzutreten, in deinen Raum jenseits jeder Wertung, wo Liebe einfach ist. Bitte es, dich jetzt mit deinem Hohen Selbst zu verbinden. (Bitte eventuell um ein Symbol für ein Muster, das der Verbindung im Wege steht, und integriere es über die Rama-Übung.)

Stelle dir einen goldenen Lichtkanal vor, der von deinem Herzen aus über deine Chakren hinauf zum Kronenchakra fließt und über das Kronenchakra hinaus bis zu deinem Seelenstern, deinem ersten transpersonalen Chakra, welches der Sitz deines Hohen Selbst ist. Atme tief ein und aus und bitte dein emotionales Selbst, über diese Atmung Energie zu erzeugen, die die Verbindung herstellt. Du kannst diese Energie als einen goldenen Ball visualisieren, den du mit jedem Atemzug mehr auflädst, bis er strahlend hell und leuchtend ist.

Bitte dann dein Hohes Selbst um ein Symbol für seine Energie. Das kann eine Form sein, ein Lichtstern, eine Sonne, oder, wenn dir das angenehm ist, das Christusbild. Es sollte ein hochschwingendes Symbol sein. Das Symbol hilft uns, die Ausrichtung zu bewahren. Dein Symbol ist etwas sehr Persönliches, gleichsam dein Schlüssel zu all deinen Energien. Deshalb wird über dieses Symbol kein Wort verloren. Du willst ja keinem anderen den Hauptschlüssel für deine Systeme geben. Es ist sehr oft der Fall, daß das Hohe-Selbst-Symbol sich ändert, wenn du mehr Muster erlöst hast und wenn deine Energie gewachsen ist.

Visualisiere das Symbol deines Hohen Selbst auf deinem Seelenstern. Keine Sorge, wenn du es nicht in Technicolor siehst, stelle es dir ganz fokussiert hier vor. Atme noch einmal tief ein, und mit der Ausatmung entlasse die Energiekugel, indem du sie zu deinem

Hohen Selbst hinaufatmest. Sieh zu und stell dir vor, wie der Lichtball hier ankommt, wie dein goldener Kanal, durch den der Ball nach oben flog, frei ist und wie die Energie deines Hohen Selbst von deinem Seelenstern nun in dich einströmt. Um die Verbindung zu stärken, kannst du Gebete und Mantren sprechen: „Göttliches Hohes Selbst, ich rufe dich an im Namen der Liebe, der Weisheit und der Heilungsmacht" oder: „Ich bin ein Kind des Lichtes, ich bin ein Kind des All-Einen, und deine Liebe (Weisheit, Heilungsmacht, Friede u.s.w.) strömt jetzt unendlich durch mich hindurch." Wähle auch hier, was dir als richtig erscheint. Nimm jedoch immer die gleiche Formel der Anrufung, damit der Weg ganz klar geprägt wird. Die geistige Welt hat bestimmte sehr kraftvolle Gebete für die Anrufung durchgegeben, damit die Ausrichtung vollkommen auf die göttliche Präsenz gerichtet ist und wir uns mit der Mitschöpferkraft verbinden können.

In dieser Verbindung kannst du nun deine Manifestationsgebete deinem Hohen Selbst übergeben, du kannst um Hinweise bitten, um Führung, und du kannst die Energie deines Hohen Selbst mit der Bitte um Heilung in bestimmte Körperregionen strömen lassen. Dein Hohes Selbst ist auch der Eingang in deinen göttlichen Kanal, deine Verbindung zu den geistigen Welten. Bitte auch immer um Leichtigkeit und Freude bei deinem Prozeß der Lichtwerdung. Bitte um göttliche Gnade bei der Erlösung deiner Blockaden und übergib deine Bitten und Gebete der Weisheit deines Hohen Selbst. Es ist unendlich viel weiser als wir, und es liebt uns ohne jede Frage. Um dies zu bekräftigen, beende ich jedes Gebet, jede Bitte mit dem alten Mantram: So wie du es willst, so ist es geschehen.

An dieser Stelle möchte ich noch etwas zu den Gebeten sagen. Wir sollten uns unsere Bitten vor jeder Anrufung genau überlegen. Wir können um alles bitten, wir müssen uns aber auch über die Konsequenzen im klaren sein, soweit unserem menschlichen Geist das möglich ist. Unsere Bitte darf niemandem schaden, auch keiner Institution oder Gesellschaft. Und wir dürfen uns nicht in den göttlichen Plan einmischen, indem wir etwa einen lieben Menschen wohlmeinend gesundbeten wollen, ohne von ihm die Erlaubnis dazu erhalten zu haben. Wer sind wir, daß wir uns einbilden, zu wissen, was für ihn gut ist? Möglicherweise bringt ihm seine Krankheit eine wichtige Erkenntnis. Licht und Liebe dürfen immer gesendet werden, für alle speziellen Probleme bedarf es jedoch der ausdrücklichen Erlaubnis. Ansonsten wäre das zwar gut gemeint, aber in Wahrheit eine unerlaubte, nichtlichtvolle Einmischung.

Wenn wir, um ein Beispiel aus meinen Seminaren anzuführen, um einen Cadillac bitten, sollten wir auch gleich genügend Geld für Benzin und Versicherungsprämien erbitten. Das Gebet soll positiv und so, als sei es bereits erfüllt, formuliert werden. Sich mit Hilfe des emotionalen Selbst ein Gebetssymbol vorzustellen ist sehr nützlich, denn das emotionale Selbst bewirkt die Energieverbindung nach oben, und mit unserem Gebet werden ja alle möglichen gespeicherten Erinnerungen mit nach oben durchgeschleust. Die Engel der Manifestation fragen sich dann oft: Will dieser Mensch jetzt Apfelmus, Apfeltorte, Apfelbäume oder schlicht nur einen Apfel? Wenn wir ein klares Apfelbild nach oben geben, haben wir die „Apfel"-Energie so klar wie möglich präzisiert.

Nach unseren Gebeten ist es wenig sinnvoll, im Liegestuhl zu sitzen und zu warten, bis der Cadillac vom Himmel herab in unseren Vorgarten fällt. Das ist zwar auch möglich, es gibt Wunder, aber wir müssen uns und die Materie in Bewegung setzen, damit unsere Bitten sich, solange sie mit unserem Plan vereinbar sind, auch erfüllen. Unser Hohes Selbst wird uns dann vielleicht einen bestimmten Weg weisen, wir werden vielleicht eine andere als die gewohnte Zeitung kaufen, in der wir ein günstiges Cadillac-Angebot entdecken, oder wir werden eine andere als die gewohnte Straße gehen, und da steht plötzlich ein Cadillac, der zu verkaufen ist. Gottes Wege sind vielfältig, und indem wir unserer göttlichen Führung folgen, verändert sich unser Leben hin zu mehr Liebe, Freude und Gesundheit.

Anmerkung: Da die Gruppenenergie und die Führung der Lichtmeister während der Prozesse für meine Arbeit wichtig ist, stelle ich die genauere Kenntnis über die Fähigkeiten unserer emotionalen Selbste, über den Weg der Befreiung und die von der geistigen Welt durchgegebenen Gebete für die Anrufung in einem Intensivtraining zur Verfügung.

Kapitel 30

Errichten und Fixieren von Lichtsäulen

Dank der Verbindung mit unserem Hohen Selbst ist es uns möglich, Licht zu manifestieren. Säulen aus Licht wurden seit den Sternenzeiten verwendet, um Kommunikationsbrücken zu errichten, um Heilenergien zu verankern, um Räume und Plätze mit Lichtenergie zu versorgen und für viele andere Zwecke der Lichtarbeit.

Wir können Lichtsäulen als einzelne oder in unseren Meditationsgruppen errichten. Immer dienen sie einer lichtvollen Verbindung zwischen Himmel und Erde. Unser Heimatplanet erhält über diese Lichtsäulen kosmische Energie für die Heilung und den Aufstieg.

Nachdem wir eine präzise Hohe-Selbst-Anbindung vorgenommen haben, beginnen wir, das Licht unseres Hohen Selbst in unser Herz hineinzuziehen und es aus unserem Herzen auszuatmen, in die Mitte unseres Kreises hinein oder an die Stelle, wo wir die Lichtsäule errichten wollen. Wir visualisieren dabei oder stellen uns sehr fokussiert vor, wie mit jeder Ausatmung die Säule dem Himmel entgegenwächst. Die Einatmung liegt immer auf dem Seelenstern, dem Sitz unseres Hohen Selbst, die Ausatmung beim Herz in Richtung Säule. Es ist sehr unterstützend, wenn wir bei der Einatmung „Christus“ oder „Licht“ denken und bei der Ausatmung „Liebe“ oder „Heilung“ (je nach dem Zweck, dem unsere Säule dienen soll). Wir atmen so lange, bis die Säule die Größe erreicht hat, die wir uns vorstellen, wobei wir uns vertrauensvoll von unserem inneren Wissen, unserer Ausrichtung und unserer göttlichen Intuition leiten lassen. Je öfter wir diese Lichtarbeit machen, um so sicherer werden wir.

Errichten wir Säulen über Zentren, dann lassen wir sie über das Dach hinauswachsen, oder über Städten, dann legen wir sie natürlich größer an, oder wir erschaffen eine Verbindung mit dem Kosmos, dann wächst die Säule über unseren Planeten weit hinaus.

In diesen Säulen können wir nun unsere Kraftgegenstände neu mit Lichtenergie aufladen, wir können die Menschen, die sich wegen Heilungsgebeten an uns wenden, in Heilungssäulen stellen und den grünen Strahl der Heilung in die Säulen hereinbitten. Wir können einfach um einen Fokus für das Licht in unseren Räumen bitten und die Säulen für die Klärung der nichtlichtvollen Energien im Raum einsetzen, wobei darauf zu achten ist, daß wir die Säule nach der Reinigung unbedingt wieder auflösen müssen.

Die Dauerhaftigkeit dieser Lichtsäulen hängt davon ab, mit wieviel zentrierter Energie wir sie errichtet haben; sie bedürfen einer ununterbrochenen Energiezufuhr. Die Raumbruderschaft hat uns einen Weg gezeigt, wie wir unsere Lichtsäulen fixieren können. Monka, eine ihrer Wesenheiten, hält es für sehr wichtig, daß wir ganz praktisch wieder lernen, wie Licht manifestierbar ist, wie die Lichtsäulen, die wir über diesen Planeten zu verteilen haben, zu fixieren sind, damit die Durchlichtung der Ebenen möglich wird.

Aus diesem Grunde gibt er uns aus seiner Ebene Informationen, wie dies zu tun ist.

Reinigt zuerst die Orte, an denen ihr Lichtsäulen zu errichten den Auftrag erhalten habt (zum Beispiel durch Einspeisung von elektrisch-blauem Licht) und verbindet euch dann mit eurem Sternenselbst, eurem Engelselbst, eurem Hohen Selbst und laßt euch von dieser Kraft durchströmen. Laßt vor eurem Dritten Auge eine elektrisch-blaue Lichtpyramide entstehen und visualisiert, wie diese Lichtpyramide an den Punkt gesandt wird, an dem ihr die Lichtsäule zu errichten und zu fixieren wünscht. Vereinigt euer Bewußtsein und laßt die vielen elektrisch-blauen Pyramiden, die ihr ausgesandt habt, zu einer einzigen zusammenfinden.

Seht sodann, wie der Lichtstrahl aus dem großen universellen Ganzen durch die Spitze der elektrisch-blauen Pyramide und durch euren Willen der Manifestation und Fixierung des Lichtes auf dem Planeten Erde eingespeist und ausgerichtet wird. Zieht nun mit Hilfe des goldenen Strahls, den ihr wiederum über euer Drittes Auge leitet, eine liegende goldene Acht über die Pyramide, den Schnittpunkt der Acht genau auf ihrer Spitze; euer Bewußtsein bleibt vereinigt. Von da an wird dieser Lichtstrahl, der die Achse eurer Säule bildet, fixiert sein, bis ihr selbst die Säule wieder aufzulösen wünscht. Diese Lichtsäule ist ein fixierter Kommunikationsstrahl, der die Erde sowohl mit der Quelle allen Seins als auch, wenn ihr sie so ausgerichtet habt, mit euren speziellen Raumgeschwistern verbindet.

Monka betont die Wichtigkeit, immer neue Lichtsäulen auf dem Planeten zu errichten, so daß die göttliche Energie mit größerer Geschwindigkeit in alle Systeme auf und in der Erde eingespeist werden kann. Das ist die Voraussetzung dafür, daß die kommende Anhebung der Schwingung eine licht- und freudvolle ist.

Es ist nicht nur Gruppen möglich, Lichtsäulen zu fixieren. Wenn du als einzelner eine Lichtsäule errichten und fixieren willst, baue sie wie oben beschrieben auf.

Visualisiere dann auf deinem Dritten Auge eine elektrisch-blaue Pyramide. Stelle dir eine feine Energieleitlinie in der Mitte deiner

Lichtsäule vor und atme deine Pyramide auf dieser Leitlinie in die Mitte der Lichtsäule hinein. Sieh oder stell dir weiter vor, wie der Lichtleitstrahl aus der Spitze der Pyramide in den Kosmos hinaufschießt. Anschließend bitte um den goldenen Strahl, ziehe ihn über dein Drittes Auge und forme eine liegende Acht über der Pyramide, der Schnittpunkt der Acht liegt genau auf ihrer Spitze. Damit ist die Lichtsäule solange fixiert, bis du sie wieder auflöst, falls du das irgendwann wünschen solltest.

Lichtsäulen in Meditationsräumen sollten trotz einer Fixierung ab und an durch unsere bewußte Atmung mit unserer Beachtung bedacht werden. Unser emotionales Selbst lenkt ja die Energien, und indem wir die Energie unserer Lichtsäule auffrischen, erhöhen wir auch die Energien unserer Körper und werden uns dieser energetischen Licht- und Kraftquelle in unserem Raume wieder mehr bewußt.

Kapitel 31

Arbeit mit elektrisch-blauen Lichtzylindern

Zuerst möchte ich die Originaldurchgabe von Rama wiedergeben:

Grüße und Segen, meine Freunde, ich bin Rama. Ich möchte euch eine Übung vermitteln, die euch erlaubt, euer elektrisches Lichtnetz zu stärken und auszudehnen. Dies ist eine Übung der Neuen Zeit. Bitte begebt euch in eine äußerst aufgerichtete Position und richtet eure Wirbelsäule mit Genauigkeit so aus, daß ihr das sichere Gefühl der geraden Achse habt. Nachdem ihr euch nun mit der Energie eures Hohen Selbst verbunden habt, bitte ich euch, über das Kreuz des Sirius oder auf einem anderen Wege eure Energie aufsteigen zu lassen, durch eure transpersonalen Chakren hindurch, bis ihr das zwölfte Chakra erreicht habt. Stellt euch einfach vor, meine Freunde, wie die Energie von der Erde herauf durch eure Chakren, durch euren Wirbelsäulenkanal zu eurem zwölften Chakra hochflutet, und erfahrt dieses Chakra der kosmischen Vereinigung, wenn ihr es wünscht, als ein in Regenbogenfarben schillerndes Gebilde. Bittet nun den Wächter, die Kraft jenes Energiezentrums in euch, das für alle universellen Energien aus der erschaffenden Quelle aller Farben verantwortlich ist, die Kraft des elektrisch-blauen Lichtstrahls in euch einströmen zu lassen.

Empfangt dieses Licht in eurem zwölften Chakra. Fühlt und seht, wie sich das Licht auf der Ebene des zwölften Chakras ausbreitet und gleich einem Zylinder euer gesamtes Sein in Richtung Erde durchflutet. Elektrisch-blaues Licht und seine Energie ist in euch, über, unter, vor und hinter euch. Füllt den Zylinder mit elektrisch-blauem Licht an. Begebt euch ohne Scheu in diese Energie hinein, das Licht beginnt zu fluten.

Erlaubt euch nun, meine Freunde, euch selbst als elektrisch wahrzunehmen; seht im Innern eurer elektrisch-blauen Säule eure Ausrichtung, eure Achse, seht eure zwölf Chakren, seht, in welch reiner und klarer Form sie sich in diesem Lichte drehen, und beginnt nun, mit der Hilfe eurer zwölf Chakren, eurer zwölf Energiezentren, dieses elektrisch-blaue Licht auszudehnen, auszuatmen, so daß die Säule größer und weiter wird, das heißt über eure feinstofflichen Energiekörper weit hinausgeht, ein Zylinder aus elektrisch-blauem Licht, der sich ausdehnt, ausdehnt und noch immer weiter ausdehnt …

Erfahrt, wenn ihr möchtet, die Verbindung mit der elektrischen Energie der anderen rings um euch, seht jedoch, daß alles elektrische Energie ist, jenseits irgendwelcher Bewertungen, eine elektrisch-blaue Energie, die euch in einen starken blauen Lichtzylinder hüllt. Seht nun, wie euer persönlicher Lichtzylinder und die Lichtzylinder der anderen sich zu einem einzigen großen Zylinder zusammenfinden. Erfahrt nun in Freude, meine Geliebten, die Verschmelzung dieses elektrisch-blauen Lichtes und die Ausdehnung, die sich ergibt, wenn drei oder mehr ihre elektrische Energie zusammengeben.

Gut, ihr könnt nun diesem großen Zylinder erlauben, sich auszudehnen, wie ihr es an diesem Tage, in dieser Stunde, in der ihr diese Übung ausführt, für richtig haltet. Wisset, daß das Geflecht, das feine Netz der elektrisch-blauen Energie augenblicklich alle Energien klärt. Vor allem, wenn Energien verschiedener Sternenwesen aus eigener Bereitschaft und Freude heraus zusammengegeben werden, um einen großen Energiezylinder zu erzeugen, könnt ihr gewiß sein, daß ihr auf diese Art mit eurer ursprünglichen Sternenkraft verbunden seid. Diese aus der Vereinigung heraus erzeugte

Energie ist so machtvoll wie euer ursprüngliches Sternenlicht, so kraftvoll wie zu jener Zeit, als ihr noch in Dimensionen weiltet, in denen ihr „nur" Licht wart, meine Freunde, und daß dieses Licht imstande ist, in einem großen Umkreis alles zu erhellen. Es erlöst alle Energien, die weniger hoch schwingen als das elektrisch-blaue Licht. Wunderbar, nicht wahr?

Laßt nun, wenn ihr genügend Energie in den Raum, in dem ihr euch bewegt, gegeben habt, wenn ihr genügend elektrische Lichtenergie in den Raum gegeben habt, den ihr zu erfüllen wünscht – laßt nun eure Zylinder langsam zurückgleiten, trennt eure Vereinigung, in die ihr jederzeit erneut gelangen könnt, und werdet euch eures persönlichen Zylinders bewußt, der über alle eure Chakren hinaufreicht, meine Freunde.

Wisset, daß durch dieses elektrisch-blaue Licht die Kraft eurer vier Körper, die elektrische Energiestruktur eurer vier Körper und aller eurer Zellen gereinigt und angehoben wird.

Bedankt euch sodann bei den Energien des elektrisch-blauen Lichts und löst, wenn ihr es wünscht, nun diesen Zylinder auf. Laßt sodann die Energien eures zwölften Chakras über die übrigen Chakren in euren grobstofflichen Körper hineinfluten und versichert euch des Gefühls der Verbindung eurer transpersonalen Chakren, jedoch bringt euch und eure Energien wieder in eine bewußte Erdung, meine Freunde, dies ist von Bedeutung.

Ich danke euch für euer wunderbares Strahlen, und ich segne euch mit den Grüßen der ganzen Flotte. Ich bin Rama.

Das elektrisch-blaue Licht ist kein Licht und keine Farbe unserer Welt. Du kannst es dir am besten vorstellen wie den Lichtbogen eines Schneid- oder die Flamme eines Gasbrenners.

Dieses galaktische Licht hat die Fähigkeit, alle Energien, die nicht lichtvoll sind, in Licht aufzulösen oder sie aus den Systemen, in denen gearbeitet wird, herauszufiltern. Daher ist diese Übung eine unschätzbare Hilfe. Sei es, du möchtest über die Erschaffung eines Zylinders dein eigenes System klären (das ersetzt nicht die Musterauflösungsarbeit, aber es hilft dir, dein System von verwirrten Energien zu befreien), sei es, du möchtest Räume klären oder erhältst die Anweisung, am Gitternetz der Erde zu arbeiten.

Hier eine Übung zur Klärung deiner feinstofflichen Energien:

Nehmen wir an, du fühlst dich unruhig oder verwirrt oder warst in Gesellschaft chaotischer Energien. Um deine Körpersysteme zu reinigen, kannst du den elektrisch-blauen Lichtzylinder benutzen. Atme tief ein und aus und bringe dich auf deine Art in die tiefstmögliche Entspannung. Mache zum Beispiel das Kreuz des Sirius oder eine andere Zentrierungsübung. Dann visualisiere bitte, wie du dich durch deine Atmung von Chakra zu Chakra immer höher hinaufatmest, bis du dein zwölftes transpersonales Chakra erreicht hast. Es ist nicht wichtig, genaue Meterangaben zu haben, an welcher Stelle sich dieses Chakra in deinem transpersonalen Bereich befindet, richte deinen Fokus darauf aus und sei dir sicher, du bist da. Die Energie ist immer da, wo das Bewußtsein ist. Stelle dir nun auf der Ebene deines zwölften Chakras einen großen See vor und bitte die universellen Kräfte aller lichtvollen Farben um die Aussendung des elektrisch-blauen Lichtes. Stelle dir vor, wie ein Strom aus Elektrischblau nun zu dir in dein zwölftes Chakra fließt. Bitte kein spiritueller Leistungsstreß! Wenn du vollkommen zentriert denkst: jetzt fließt elektrisch-blaues Licht, dann ist es so, auch wenn du dir die Farbe nicht immer vorstellen kannst. Auch hier gilt der Satz: Die Energie ist immer da, wo das Bewußtsein ist.

Flute nun dein zwölftes Chakra, bis es vollkommen angefüllt ist. Stelle dir im weiteren vor, daß dein See nun überfließt und dein elftes

Chakra anfüllt, das, wenn es voll ist, seinerseits überfließt und dein zehntes Chakra füllt; das geht so durch alle deine Chakren weiter, bis du an deinen Fußsohlenchakren angelangt bist. Der Strom des elektrisch-blauen Lichtes ist unendlich; verschwende also bitte keinen Gedanken daran, es könnte nicht genug vorhanden sein. (Falls dir solche Gedanken kommen, überprüfe bitte etwaige Mangelprogramme und löse sie über Rama-Integration auf.) Nun flutet das elektrisch-blaue Licht also durch deinen chakrischen Kanal. Nimm bitte deine Atmung zu Hilfe und stelle dir vor, wie der elektrisch-blaue Lichtkanal sich weitet und so lange ausdehnt, bis alle deine Körper in einem Zylinder aus elektrisch-blauem Licht eingebettet sind. Erlaube dir wahrzunehmen, wie Streßenergien oder nichtlichtvolle Partikel, die du eingefangen hattest, in pure Lichtessenz verwandelt werden und fortan deine Systeme stärken. Es geht hierbei nicht um konkrete Dinge, erlaube der Kraft des Lichtes, für dich zu wirken. Wenn du genügend lange in dieser kosmischen Lichtdusche gestanden hast, entlasse allen Überschuß bis auf einen feinen Faden aus elektrisch-blauem Licht in der Mitte deines chakrischen Kanals mit einer Ausatmung in die Erde hinein. Du kannst dir dabei vorstellen, wie Mutter Erde dieses energetische Geschenk zum Wohle des Ganzen annimmt. Bedanke dich bei den Lichtkräften, bitte die Weisheit deiner Chakren, sich auf das jetzt richtige Maß zu schließen, und komme erneut geklärt in dein Hier und Jetzt zurück.

Die nächsten Übungen dienen der Klärung und Reinigung von Räumen mit Hilfe des elektrisch-blauen Lichtes:

Nehmen wir an, du hast in einem deiner Räume großen Sorgen nachgehangen, möchtest aber trotzdem jetzt hier meditieren, oder du bereitest gerade einen Arbeitsraum für einen Lichtkreis vor, oder du möchtest deine Unterkunft von unruhigen Energien befreien –

dann hilft dir auch hier der elektrisch-blaue Lichtzylinder. Erschaffe ihn genau so, wie ich es oben angegeben habe. Nun dehne deinen Zylinder so weit aus, daß die Räumlichkeit, die du klären willst, vollkommen in den Zylinder hineinpaßt. Bitte nun alle kosmischen Kräfte des elektrisch-blauen Lichtes, diesen Raum von allem, was weniger lichtvoll als das elektrisch-blaue Licht ist, zu reinigen. Erlaube dir wahrzunehmen, wie mögliche unklare Energien sich in pure Lichtessenz auflösen und sich das harmonische Gleichgewicht erneut einstellt.

Sehr dienlich ist es auch, über deinem Hause eine Lichtpyramide zu errichten und diese dann immer wieder mit elektrisch-blauem Licht zu fluten. Das gelingt am besten, wenn du dich mit deinen Mitbewohnern oder deiner Meditationsgruppe zusammentust. Verbindet eure Lichtzylinder zu einem einheitlichen Bewußtsein (so wie Rama es durchgegeben hat). Laßt den gemeinsamen Lichtzylinder nach oben über eure physischen Körper emporschweben und seht alle gemeinsam die Pyramide unter euch. Dann strahlt das elektrisch-blaue Licht durch euren gemeinschaftlichen Zylinder hindurch in die Pyramide ein und seht, wie sie sich restlos füllt und mögliche Nichtlichtenergien in ihre reine Essenz auflöst.

Bei Pyramiden über größeren Grundstücken oder Gemeinschaften, in denen viel Lichtarbeit betrieben wird, hat es sich als wichtig erwiesen, nicht nur eine Pyramide auf der Erdoberfläche zu errichten, sondern auch eine umgekehrte darunter, so daß eine Doppelpyramide, ein Oktaeder, entsteht. Danach wird der ganze entstandene Raum mit elektrisch-blauem Licht durchflutet.

Wenn Raum, Haus oder Grundstück vollkommen durchflutet sind und ihr das Oktaeder gemeinsam erschaffen habt, senkt den Zylinder bitte wieder ab, geht in eure persönlichen Zylinder zurück und entlaßt dann ihr Licht in die Erde hinein. Das Licht in der Pyramide bleibt eine Zeitlang erhalten, da Pyramiden erschaffende

Formen sind. Dennoch sollten die Pyramiden immer wieder nachgeflutet werden. Wenn du für dich deinen Raum durchflutet hast, nimm den Zylinder wieder auf deine Körper zurück und entlasse das Licht in deinem Zylinder. Dein Raum oder Haus ist nun gereinigt.

Es ist auch möglich, öffentliche Plätze oder alte Kraftplätze, die energetisch verunreinigt wurden, auf diese Art zu klären. Manchmal bedarf es hier aber auch noch der Errichtung von Lichtsäulen, so daß sich gefangene astrale Seelen ins Licht begeben können. Es ist dringend erforderlich, diese Lichtsäulen wieder aufzulösen, wenn die gefangenen Energien ins Licht eingekehrt sind. Ansonsten wirken sie wie ein Staubsauger, der alles Astrale von nah und fern anzieht, und das ist für die Energien der dort lebenden Menschen nicht sehr erquicklich.

Zu den galaktischen Aufgaben zählt die Arbeit am Gitternetz der Erde. Die Gitternetze unseres Planeten sind feinstoffliche Energiesysteme. Auf einigen der verschiedenen Gitternetze fließen unsere Kontinentalplatten, und ihr harmonisches Gleichgewicht ist von großer Wichtigkeit für das planetare Bewußtsein, das unseren Planeten darstellt. Hier verlaufen die hauptsächlichen Energieströme von Gaia, über dieses Netz werden die verschiedenen Aussendungen geleitet, die das Bewußtsein für ihren Aufstieg in die Existenz bringt. Daher ist dieses Netz natürlich auch für jene Kräfte, die dem Nichtlicht dienen, von großer Bedeutung. Atomversuche, die in den Tiefen der Erde stattfinden, nichtlichtvolle Emanationen, die sich hier festsetzen, energetisches Ungleichgewicht jeglicher Art stören den empfindlichen Austausch aller Energien, die über dieses Netz geleitet werden. Die Raumbruderschaft fordert uns hier immer wieder zur Mithilfe auf. Es ist wichtig zu verstehen, daß wir mit unserer irdischen Energie wesentlich besser an diesen Netzen arbeiten können als unsere Raumbrüder. Wir sind mit unserer Eigenschwingung den Erdschwingungen einfach näher als die Raumbruderschaft.

Du kannst dir dieses Meistergitternetz wie ein großes hellgoldenes Netz vorstellen. Wenn du nun den Auftrag der Raumbruderschaft erhältst oder dein Hohes Selbst dich darum bittet, bestimmte Gebiete des Gitternetzes zu überprüfen, dann begib dich bitte in deinen elektrisch-blauen Lichtzylinder. Verbinde dich mit deinem Hohen Selbst und bitte um Führung und Weisung zum Wohl des Ganzen. Lasse den Zylinder sodann über dein physisches Sein aufsteigen und lenke deinen Fokus auf das Gebiet, in dem du arbeiten möchtest. Erlaube dir dann, das Gitternetz in den Tiefen der Erde wahrzunehmen und zu überprüfen. Wenn du dann eine Stelle entdeckst, wo das Netz dünn geworden oder gar gerissen ist, lasse elektrisch-blaues Licht durch deinen Zylinder hindurch in die Gitternetzfäden strömen. Sieh, wie sie sich reinigen und kräftigen. Wenn es dir dienlich ist, kannst du auch noch das goldene Heilungslicht durch die Mitte deines Zylinders einspeisen und damit die Gitternetzfäden flicken. Mache das so lange, bis das Netz wieder vollkommen in Ordnung ist. Sieh auch, wie die elektrisch-blaue Energie, die du einspeist, sich über das ganze Netz ausbreitet. Wenn du die Arbeit abgeschlossen hast, erhebe deinen Zylinder wieder, laß dich über deinen physischen Körper zurücktragen und verankere dein gesamtes Bewußtsein wieder im Hier und Jetzt, indem du den Zylinder wieder auflöst.

Eine weitere sehr kraftvolle Übung dient der Stärkung der Erdachse durch elektrisch-blaues Licht. Ich empfehle, diese Übung mit einer Gruppe auszuführen.

Verbindet eure Zylinder zu einem einheitlichen Bewußtsein und laßt den gemeinsamen Zylinder hoch über die Erde aufsteigen. Seht dann die Erdachse, die die Stabilität unseres Planeten aufrechterhält. Geht über den Nordpol und laßt elektrisch-blaues Licht aus eurem Zylinder in die Achse hineinfließen, seht, wie die Achse geklärt und gereinigt wird. Während euer Bewußtsein klar in eurem gemeinsamen Zylinder verankert ist, visualisiert den Weg des Lichtes und nehmt wahr, wie es am Südpol wieder herausströmt.

Zu der Zeit, als der Planetenkomet „Shoemaker-Levy" auf die Erde zurauschte, erhielten wir von der Raumbruderschaft die Anweisung, einen elektrisch-blauen Lichtschild um die Erde herum zu visualisieren und bis zum Saturn auszudehnen – um auf diese Weise die lichte Raumbruderschaft zu unterstützen, welche die ganze Zeit über die Bahn des Planetenkometen begleitete und, wenn es der göttliche Plan erlaubte, auch veränderte. Dazu gehörten das Einverständnis und die Bitten der Erdensternenkinder wie auch der Jupiterwesenheiten, so daß diesmal Gaia nicht in Kollision mit dem Kometen geriet.

Solche galaktischen Arbeiten sollten wir nur dann in Angriff nehmen, wenn wir von der geistigen Welt den Auftrag dazu erhalten, sei es durch klare Kanäle oder durch deinen eigenen Kanal. Wobei ich dich bitten möchte, alle Botschaften immer in der goldenen Kugel deines Herzens auf ihre Liebe hin zu überprüfen.

Wir alle sind Kanal für die geistige Welt, ob wir nun geschult sind oder nicht. Aber jeder Kanal ist auch nur so klar wie das Bewußtsein, das damit verbunden ist. Deshalb bedeutet Kanal sein auch beständige Mustererlösung, so daß wir immer klarer werden. Und natürlich ist die präzise und stabile Verbindung zu unserem Hohen Selbst von äußerster Wichtigkeit. Keine Kanalarbeit und keine Übung ohne präzise Hohe-Selbst-Anbindung!!!

In dieser Zeit, wo das gesamte Bewußtsein sich so schnell erhöht, wo so viele „Babychannels" – erlaube mir diesen liebevoll gemeinten Ausdruck – aufgehen, warten alle möglichen Entitäten doch nur auf eine Verbindung zur Erde! Und du möchtest doch sichergehen, daß du weißt, welcher Ebene du dich gerade zur Verfügung stellst. Dein Hohes Selbst gewährleistet die göttliche Verbindung, und die göttliche Weisheit übernimmt die Führung bei deiner Arbeit. Natürlich ist dein Hohes Selbst immer mit dir, es war immer mit dir und wird immer mit dir sein. Es gibt verschiedene Schulungswege, die dir hier zu einem klaren Kontakt verhelfen.

Es gibt noch weitere praktische 3-D-Anwendungen im Alltag:

Wir können beispielsweise unsere Reisen im Vorfeld bereits in elektrisch-blaues Licht einhüllen und visualisieren, wie wir leicht und sicher unser Ziel erreichen. *Visualisiere einfach die Strecke deiner Reise, erschaffe dir einen elektrisch-blauen Lichtzylinder und sende diesen Zylinder über die gesamte Strecke und den gesamten Zeitraum, den deine Reise einnimmt.* Eine meiner Freundinnen hat auf diese Weise einmal einen Unfall auf der Autobahn verhindert: Als sie plötzlich ein Auto vor sich sah, das mit geplatztem Reifen auf der Fahrspur stand, bewahrte sie die Ruhe, lenkte geschickt um das liegengebliebene Gefährt herum und entkam so dem großen Stau, der sich augenblicklich hinter dem Hindernis bildete. In gefährlichen Situationen empfehle ich sofortige Hohe-Selbst-Verbindung und lautes AUM (OM)-Singen. Die Schwingung des heiligen AUM ist ein starker Energieschild.

Wenn wir uns bei disharmonischen Gedanken ertappen, ist es ein leichtes, *diese Gedanken mit einem elektrisch-blauen Lasso wieder einzufangen und im elektrisch-blauen Zylinder aufzulösen.*

Wenn wir aufgrund bestimmter anstehender Ereignisse in Zweifel und Sorge sind, vermindern wir unsere Energie. *Wir können das befürchtete Ereignis im Vorfeld mit elektrisch-blauem Licht anfüllen und unser Hohes Selbst um Unterstützung bitten; dadurch erhöhen wir unsere Energie und klären unsere Erwartungen.* In der Situation erinnern wir uns an das elektrisch-blaue Licht, und dann läßt sich alles kraftvoll meistern.

Es gibt noch viele andere Möglichkeiten, ich kann dir das Ausprobieren nur empfehlen. Auch hier gilt wieder der Satz der Huna-Philosophie: Nimm das, was nützt.

Kapitel 32

Auflösung emotionaler und mentaler Aussendungen

Seid willkommen und gesegnet, geliebte Freunde, dies ist Vyvamos. Es ist wichtig für euch in dieser Zeit, einige Dinge aus dem richtigen Blickwinkel zu betrachten. Ihr alle habt bemerkt, daß seit der zweiten Toröffnung auf verschiedenen Ebenen einige Verwirrung entstanden ist. Das psychologische Bewußtsein dieses Universums fordert euch nun allerdringlichst auf, eure Unklarheiten als das anzuerkennen, was sie wirklich sind: als Manifestationen eurer immer noch nicht zielgerichteten Gedankenkräfte und emotionalen Aussendungen.

Eins ist doch klar: Wenn vermehrte hochenergetisierte Kraft durch den Fokus fließt, wird auch der Transport der ungeläuterten Energien beschleunigt. Das bedeutet, eure Manifestationen nehmen an Tempo zu. Ihr habt das die letzten Jahre über schon bemerkt, doch nun ist ein Punkt erreicht, wo eure unklaren Aussendungen sich augenblicklich manifestieren.

Dies geschieht sowohl bei den Schülern des Lichtes als auch bei jenen, die sich ihrer göttlichen Gegenwart immer noch nicht sicher, nicht bewußt sind.

Nehmt eure Schöpfungen wahrhaft an und prüft euch aufmerksam: Wo bin ich in meiner Lichtwerdung noch nicht klar? Wo halten sich in mir immer noch Ängste und Zweifel versteckt? Sie wirken sich nämlich sofort aus und beschränken eure Handlungen. Die Beschränkung dient ja der Schulung eurer Aufmerksamkeit: Ihr sollt euch wieder in eurer Lichtgestalt, in eurem Lichtsein, so wie ihr es bis jetzt für euch begreift, fokussieren und zentrieren, um eure Aussendung, das, was ihr sozusagen nur so vor euch hingesendet habt, mit dem elektrisch-blauen Licht sofort zu tranformieren und aufzulösen. Das ist durchaus erlaubt, denn es sind die Energien, die ihr selbst erschaffen habt, und das elektrisch-blaue Licht dient als Transformator, als Veränderer der Schwingung. Es ist jetzt hohe Zeit, wo ihr die Verantwortung für eure Aussendungen übernehmen solltet. Das heißt, daß ihr sie, sobald ihr sie bemerkt, mit elektrisch-blauem Licht verwandeln müßt. Immer wieder sprechen wir zu euch von dem Teppich der Gedankenenergie, der eure Erde sehr verschmutzt ringsum umgibt und sich an vielen Stellen mehr und mehr verdichtet. Die gute Botschaft, Freunde, ist: Das Lichtpotential, das nun zu eurem Planeten und all euren Bewußtseinseinheiten fließt, ist so erhöht, daß es den Teppich aus verdorbener Gedankenenergie durchdringen kann. Das heißt nicht, daß ihr mit eurer Erlichtungsarbeit des Gedankenteppichs aufhören sollt, aber es ist gut für euch, dies nun zu wissen. Macht euch dennoch in euren Gruppen, mit denen ihr meditiert und am Aufstieg arbeitet, immer wieder klar, daß dieser Gedankenteppich eine Manifestation all der nichtlichtvollen Elementale, sprich Gedanken und Emotionen, der gesamten Erdenmenschheit ist, daß es sich auf jeden Fall um eure Manifestation handelt und daß ihr es seid, die diese Energien demzufolge wieder aufzulösen habt. Dies ist nicht die Arbeit der höheren Dimensionen. Also fahrt fort, bei jeder Meditation für die Erde den Gedankenteppich zu erlichten. Was das Zunehmen der Reinigungsprozesse des Gaia-Bewußtseins angeht – ihr bezeichnet sie als Vulkanausbrüche und Erdbeben –, so möchte ich an dieser Stelle ebenfalls bestätigen, daß sich die lichtvollen Energien, die bis jetzt diesen Prozeß der Reinigung immer wieder ausgeglichen haben, auf Befehl des Vaters nun zurückgezogen haben; denn es ist notwendig, daß

Gaia ihren Heilungsprozeß nun selbst in die Wege leitet und die Wandlung auf ihre Weise zu entwickeln beginnt. Ich bitte euch auch hier, eure emotionalen Ebenen und die Bereiche eures Mentalkörpers, in dem sich manchmal Formen manifestieren, die wir mentale Emotionen nennen könnten – bitte denkt darüber nach – zu klären und zu reinigen. Denn je weniger ihr hier Resonanz erzeugt, je freier euer Bewußtsein hier ist, desto lichtvoller kann Gaia manifestieren!

Alle Wesen, die sich zum Zeitpunkt einer solchen eruptiven Umwandlung in dem jeweiligen Gebiet aufhalten, haben das wahrhaft für sich selbst gewählt. Das wirklich zu verstehen bedeutet nicht, daß ihr eure Herzen verschließen sollt, daß ihr nicht mehr für diese Gebiete beten sollt und euch nicht weiterhin um die Stabilität der Gitternetze und ihrer Energien kümmern sollt. Doch gerade das ist weiter wichtig; ihr könnt dies aber umso freier, umso kraftvoller tun, je weniger ihr hier auf Resonanz geht. Es ist wichtig für euer eigenes System, hier nicht in Verzweiflung und Mitleid zu verfallen, sondern zu akzeptieren und zu tolerieren, daß diese Wesenheiten gerade diese Art und Weise des Aufstiegs wählten. Ihr wißt nicht, warum sie sich so entschieden! Wisset alle, die in diesen Gebieten den Aufstieg herbeiführen, sei es durch Vulkanausbrüche, sei es durch Erdbeben, vollziehen einen Aufstieg in einer hochenergetisierten Form, denn wann auch immer die Erde eine solche Transformation vornimmt, entläßt sie sehr viel evolutionäre Energie. Mit diesen Veränderungen erschafft sich Neues aus der Sicht des planetaren Bewußtseins, das die Erde ist. Wenn eine Wesenheit wählt, in einer bestimmten Zone den Aufstieg ins Werk zu setzen, erfährt sie sehr viel Vertrauen in die Evolution – natürlich auf einer meist unbewußten Ebene. Es ist sehr wichtig, daß ihr dies versteht und es auch euren Freunden erklärt, damit der lichtvolle Aufstieg gestärkt wird und nicht der leidende Gedankenteppich.

Es ist gut und liebevoll, wenn ihr diese Wesenheiten mit euren Gebeten unterstützt und ihnen mit Hilfe der Energie des geliebten Sanat Kumara bei ihrem Aufstieg helft, ihnen die Möglichkeit der Heilung zur Verfügung stellt, ihnen Wärme, Liebe und Geborgenheit spendet. Oft wissen diese Wesen ja im Augenblick des Aufstiegs nicht, was da wirklich vor sich geht; sie sind oft ja – aus eurer Sicht verständlich – an eine Energie gebunden, die nicht zentriert ist, wo der Emotionalkörper einfach überkocht – laßt mich dieses energetische Bild benutzen. Deshalb ist es wichtig, daß ihr nach solchen Ereignissen diese Gebiete energetisch aufsucht und ihnen Ruhe und Frieden sendet. Schickt das pfirsichrosafarbene liebende und Geborgenheit ausströmende Licht von Sanat Kumara in diese Regionen und visualisiert, wie all diese Wesenheiten ihren Aufstieg in die Arme der göttlichen Gegenwart in absolutem Frieden und absoluter Leichtigkeit vornehmen.

Da ich, Vyvamos, es sehr liebe, euch mit Übungen auf eurem Weg zu unterstützen, erlaube ich mir jetzt, euch eine Übung für die gesamte soeben besprochene Problematik anzubieten:

Visualisiert bitte vor dem inneren Auge euren inneren See (viele von euch kennen diesen See bereits durch mich).

Laßt einfach das Bild eines ruhigen wunderbaren Sees, der euch die größtmögliche Entspannung verheißt, entstehen. Seht euch nun selbst am Ufer dieses Sees. Wie ihr wißt, befindet sich in diesem See das Wasser der Reinigung, der Klärung und der Heilung aller Emotionen. Erlaubt den Wassern des Sees nun, die elektrisch-blaue Farbe der Transformation in Lichtfrequenzen anzunehmen. Begebt euch nun gelassen und zentriert in die Wasser des Sees hinein. Ihr könnt sehr gut stehen und gehen, und die heiligen Wasser durchfluten allmählich alle eure Körpersysteme.

Erlaubt euch, die Reinigung, Stärkung und Erfrischung eurer Systeme wahrzunehmen. Geht weiter durch das Wasser bis zur Mitte des Sees, wo der Boden allmählich so weit ansteigt, daß gerade noch eure Knöchel von den heilenden Wassern umspült werden. Ihr steht ganz sicher und sehr entspannt und fühlt euch gereinigt und zentriert.

Macht nun folgendes: Legt den Zeigefinger der rechten Hand auf den Puls der linken und dann den Mittelfinger eurer linken Hand auf euer Drittes Auge. Seid euch vollkommen bewußt, daß ihr mehr seid als euer physischer Körper, und seid euch des Durchflusses der Energie bewußt. Erlaubt nun eurem Dritten Auge, sich sehr sanft und liebevoll zu öffnen und eure Aussendungen, die Manifestationen eurer ungeklärten Emotionen wie auch eurer mentalen Emotionen, wahrzunehmen. Erlaubt, daß sie im Bereich des Sees in welcher Form auch immer euch erscheinen mögen.

Ihr seid zentriert und fokussiert im Mittelpunkt, und ohne jede Wertung betrachtet ihr nun eure Manifestationen.

Nun bieten sich zwei Wege an; findet selbst heraus, Freunde, welcher für euch der richtige ist! Die erste Methode wird nicht bei allen Aussendungen möglich sein. Entscheidet darum, welche eurer Manifestationen ihr dadurch, daß ihr sie durch die Wasser eures inneren Sees zieht, waschen und reinigen könnt. Sie lösen sich dadurch in Licht auf und werden als reine Lichtmoleküle von eurem feinstofflichen Sein aufgenommen.

Die andere Methode verbindet euch über euer zwölftes Chakra mit dem elektrisch-blauen Licht, das ihr sanft und liebend durch eure Lichtkanäle bis in euer Drittes Auge leitet. Sanft und liebend, jedoch zielgerichtet, laßt dann das elektrisch-blaue Licht aus eurem Dritten Auge herausströmen auf die Energien, die ihr erschaffen habt, umhüllt sie mit elektrisch-blauem Licht so lange, bis euch der pure Lichtkern sichtbar wird und ihr imstande seid, dieses Lichtmolekül – denn nichts anderes ist jede befreite Aussendung – zurückzuholen, so daß es in euer feinstoffliches Sein aufgenommen werden kann.

Ihr könnt mit dieser Übung einzelne Emotionen und Manifestationen auflösen, aber auch gleich mehrere, und zwar so viele, wie ihr vor euch seht. Dehnt diese Übung so lange aus, bis ihr alles in der „Luft" eures inneren Sees geklärt habt, und wiederholt sie immer wieder.

Ich hoffe, daß ihr nun wirklich versteht, was ihr anrichtet, wenn ihr unklare oder mentale Emotionen aussendet. Ihr zapft gleichsam eurem lichten Sein die Energie ab, dreht sie durch eure „innere Mühle" (wie ihr selbst sagt) und sendet diese Manifestation dann unbekümmert in die Welt hinaus. Dabei schwirren sie weiter in euren persönlichen Universen umher und ballen sich oftmals zusammen, bis auf der äußeren Ebene etwas geschieht. Ihr könnt sagen: „Ja, aber das habe nicht ich manifestiert!"

Natürlich habt ihr es manifestiert! Versteht, daß durch die Zusammenballung dieser Energien die Wege auf der äußeren Ebene geformt werden, so daß diese Geschehnisse in die Existenz geraten. Es ist wichtig, daß ihr Verantwortung für eure Energien übernehmt. Transformiert ihr nun eure Erschaffungen mit der oben beschriebenen Übung, könnt ihr die erlichteten Energien wieder in eure Lichtkörper zurückführen. Das heißt auch, daß ihr eure Lichtkörper zunehmend aufbaut und euch in einem gewissen Sinne immer mehr „hinaufstreckt". Denn solange noch alle möglichen Teilchen – erlaubt mir, das so humorvoll zu sagen – aus euren Lichtkörpern in der Welt verstreut sind und an verschiedenen Punkten, Ereignissen, Landschaften oder sogar anderen Menschen kleben, seid ihr nicht vollständig in eurer Lichtgestalt. Und eure Lichtgestalt zu erkennen und zu erfüllen ist die Aufgabe, die jetzt auf euch wartet.

Ich hoffe, daß euch diese Übung Freude bereitet. Mich hat es sehr erfreut, und ich werde glücklich sein, wenn ich mehr und mehr dieser Lichttransformationen in euren mentalen und emotionalen Feldern feststellen kann.

Freunde, ich bin Vyvamos, und ich segne euch.

Anmerkung: Ängste sind laut Vyvamos mentale Emotionen, denn sie entstehen im Mentalfeld. Wir haben immer Angst *vor* etwas. Wenn das Ereignis eingetreten ist, geht die Angst in Schmerz, Leid oder eine andere Emotion über. Zum Auflösen von Ängsten empfehle ich dir, deine Angst zu personifizieren und mit dieser Person ins Gespräch zu kommen (etwa am Rande deines elektrisch-blauen Sees). Erlaube dir, sie wahrzunehmen und von ihr zu lernen, frage sie, was du auflösen sollst (zum Beispiel über Rama-Integration oder über das Wasser des Sees). So kann dir die Kraft, die hinter deiner Angst steht, eine Hilfe auf deinem Wege sein.

Vyvamos hat das wunderbar in seinem Buch *AHA – Lexikon für Lichtarbeiter,* beschrieben, das er meiner geliebten Lehrerin Janet Mc Clure durchgegeben hat.

Kapitel 33

Reinigung von Städten

Segen und Willkommen. Dies ist Rama.

Geliebte Freunde, die Grüße des gesamten Ashtar-Kommandos sind mit euch.

Ich komme heute zu euch, weil es uns wichtig erscheint, euch eine neue Methode anzugeben, die euch behilflich sein wird, die chaotisch wirbelnden Energien von Gemeinschaften, Dörfern und Städten wieder in Fluß zu bringen. Das Ansteigen der chaotischen Energien ist euch allen aufgefallen. Versteht, daß durch die erhöhte Einstrahlung hoher elektrischer Frequenzen jeder von euch jetzt die Unklarheiten im eigenen Sein auf seinem persönlichen Resonanzfeld sehen und manifestieren kann. Dies ist ein Prozeß, der an Intensität beständig zunimmt. Aus diesem Grunde schulen wir euch und betonen immer wieder, wie wichtig es für euch ist, euch gegenüber hohen elektrischen Energien abzusichern. In euren Städten, diesen Anhäufungen von Häusern, entsteht nun durch diese galaktische Einstrahlung und durch die vielen elektrischen Geräte einerseits und die ungeklärten Energien in den Erdensternenkindern andererseits eine Art kosmischer Elektrosmog, wenn ich es so ausdrücken darf. Ihr Lichtarbeiter habt euch bereiterklärt, in dieser Zeit auf dem Planeten eure Erfahrungen zu machen. Erfahrt nun, wie ihr eurerseits dem Planeten helfen könnt.

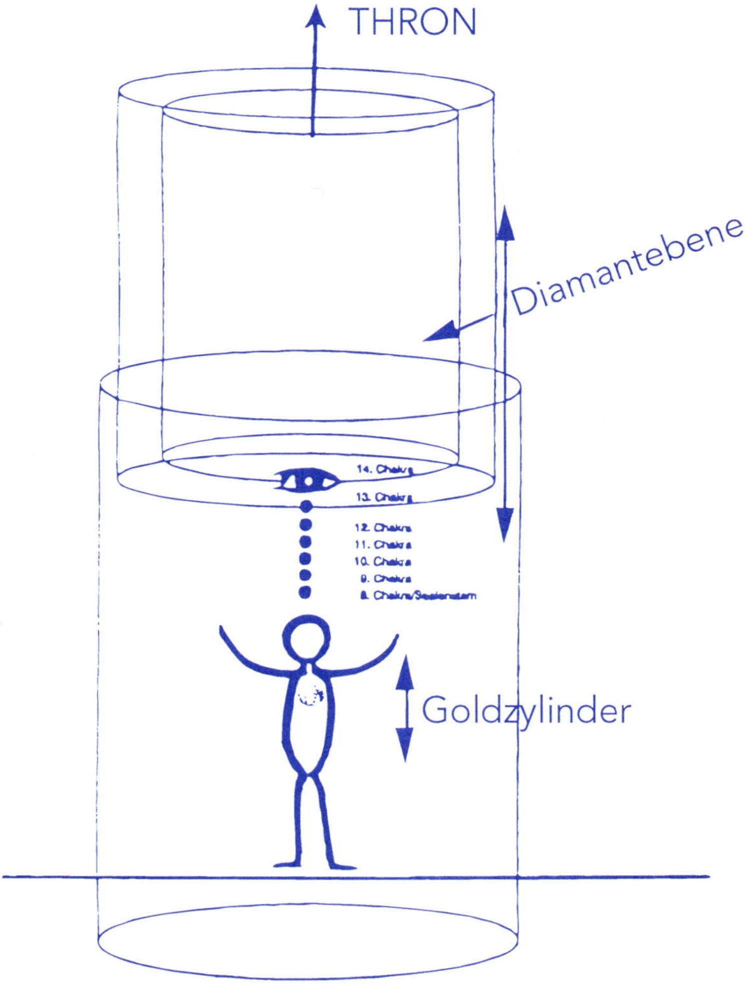

Wurzelchakra der Stadt

Nehmen wir als Beispiel diese Stadt, in der wir uns gegenwärtig aufhalten.

Ich bitte euch nun alle, euer Hohes Selbst mit dem Hohen Selbst der Gruppe zu verbinden. (Wenn du diese Übung für dich alleine machst, verbinde dich über dein Hohes Selbst mit deinem galaktischen Selbst.) Erhebe nun dein Bewußtsein über diese Energielinie hinauf auf dein 14. Chakra. Hier befindet sich dein Allsehendes Auge. Mit deinem 14. Chakra kannst du in energetischer Art und Weise alles wahrnehmen, was ist; du bestimmst allerdings die Zielrichtung. Ich bitte euch nun, aus eurem vereinigten Sein heraus ein vereinigtes 14. Chakra zu bilden, ein vereinigtes Allsehendes Auge, und aus diesem vereinigten Allsehenden Auge heraus von oben auf diese Stadt zu schauen. Es geht nur um Betrachten, nicht um Werten. Was auch immer du wahrnimmst, ist in Ordnung.

Weil du die Energie lenkst und weil du es so willst, bittest du nun die Diamantebene, die eine sehr hoch schwingende Ebene ist, einen Zylinder aus Diamantenergie bis auf dein 14. Chakra herabzusenken. Diesen Diamantzylinder umgibt noch ein großer goldener Zylinder, den du nun ausfährst hinab zur Wurzelchakra-Ebene deiner Stadt. Mach dir keine Gedanken, du wirst genau diese Ebene erreichen. Der Zylinder ist so groß, daß die ganze Stadt hineinpaßt, und er reicht bis auf die Wurzelchakra-Ebene dieser Stadt. Diese Ebene liegt wie üblich tief, ganz tief und hier in dieser Stadt besonders tief unterhalb der gewohnten Erdoberfläche, so wie sie jetzt gestaltet ist. Nun fühle die Energie der Diamantebene und spüre, wie sie gleichsam aus der Ebene deines 14. Chakras wie ein Staubsauger zu arbeiten beginnt. All dieser energetische Smog, dieses energetische Chaos, erschaffen aus Emanationen und Erfahrungen aller Zeiten, all jenes, dem jetzt erlaubt ist, ins Licht zurückzukehren, wird nun aufgesogen durch die Kraft der Diamantebene.

Schaue, fühle, höre, spüre, wie der diamantene Zylinder wie ein Staubsauger arbeitet und all diese Energien abziehen und in den lichten Dimensionen sich in Licht auflösen läßt – jetzt!

Geh dann mit dem goldenen Zylinder auf die Ebene des zweiten Chakras dieser Stadt, wo sehr viel verunreinigte Energien, die mit den Themen des zweiten Chakras zu tun haben, angelagert sind, zum Beispiel Macht und Machtmißbrauch, Nötigung und all diese Dinge, aber gehe nicht hinein. Diese Energien, die sich jetzt in dieser Stadt erlösen wollen, werden nun durch die Wandlungskraft der Diamantebene an- und hochgesaugt, sie finden ihren Weg ins Licht und erlösen sich in großen Höhen, im Lichte selbst – jetzt!

Nun laßt die goldene Röhre auf die Ebene des Solarplexus dieser Stadt ansteigen. Und alle Energien, die hier nicht in Harmonie sind, alle Aussendungen, alle Manipulationen, die jetzt bereit sind, sich im unendlichen Licht der Quelle aufzulösen, werden nun angesaugt von der Diamantebene, hinaufgesaugt in die lichten Höhen, und auch diese Energien transformieren sich in Licht und Liebe. Laßt es jetzt geschehen, indem ihr durch eure gebündelten Gedankenkräfte den Anstoß gebt.

Hebt nun den goldenen Zylinder auf die Herzchakra-Ebene der Stadt an. Alles Leid, alle Verzweiflung, Trauer, Verletzung, die nun bereit ist, sich aufzulösen und dem Licht zuzustreben, alles, was sich jetzt in Freiheit neu gebären möchte, wird nun durch die Diamantebene angesaugt, hoch, hoch, hoch hinauf. Und seht, wie all diese Energien sich in helle, strahlende, frohe Lichtfunken verwandeln und wieder eingehen in das unendliche Licht allen Seins.

Und nun erreicht der goldene Zylinder die Kommunikationsebene. Alle verworrenen Verständigungslinien dieser Stadt, alle unklaren Aussendungen der kommunikativen Art, alle diesbezüglichen Gedankenformen werden durch die Diamantebene aufgesaugt und im Lichte des All-Einen erlöst.

Und nun geht auf die Ebene des Dritten Auges. Das Gedankenchaos dieser Stadt breitet sich vor euch aus, und ich fordere euch auf, euch anzuschauen, was ihr und eure Mitbewohner dieser Stadt durch die Gedanken alles anrichten. Jeder einzelne Gedanke ist Kraft, jeder Gedanke nimmt Form an, und all diese Zusammenballungen, deren ihr jetzt ansichtig werdet, lasten naturgemäß auf allen euren energetischen Körpern. Deshalb laßt nun wieder die Diamantebene die Arbeit tun und diese dunklen Energien, diesen dunklen, verschmutzten Teppich der Gedankenenergie aufsaugen und ihn höher und höher heben, bis all diese Emanationen lichter und lichter werden und sich schließlich im Licht des All-Einen auflösen.

Und nun laßt den goldenen Zylinder noch die Ebene des Kronenchakras dieser Stadt erreichen und nehmt auf eure Weise all jene Energien wahr, die gern ins Licht heimkehren möchten; seht all die Seelen, die sich selbst gefangen haben und in den Körpern anderer Erdensternenkinder, an Plätzen und in Monumenten dieser Stadt ihrer Befreiung harren. Fahrt herab mit der Diamantebene bis auf die Ebene des Kronenchakras. Seht, wie die hohen Engel der Elohim, ausgesandt und unterstützt von Metatron, Melchisedek und Michael, nun den Raum einnehmen in diesem Zylinder der Diamantebene und wie all jene Seelen, die in die lichtvolle Einheit eingehen wollen, von ihnen empfangen und aufgehoben werden, so daß sie den Weg ihrer eigenen Evolution weiterverfolgen können. Seht, wie diese unendlichen Seelen von den Elohim in die Arme genommen und liebevoll eine nach der anderen hinauf ins Licht gehoben werden.

Nun laßt den goldenen Zylinder über den diamantenen zurückströmen, zurück zur Quelle strömen und erlaubt dem diamantenen Zylinder, von eurem Allsehenden Auge, eurem 14. Chakra, wieder aufzusteigen auf seinen angestammten Platz.

Überblickt vom 14. Auge aus nun eure Stadt und seht in eurer Stadt euch selbst in eurer jetzigen Gestalt. Seht euren physischen Leib, aber seht auch euer feinstoffliches Sein. Durchleuchtet euer chakrisches System und erkennt, daß das, was ihr für eure Stadt getan habt, auch euch selbst gereinigt und befreit hat. Seht, fühlt, hört und spürt die Frische und Leichtigkeit in eurer Stadt und eurem eigenen Sein.

Mit diesem Wissen um eure wachsende Mitschöpferkraft geht hinaus in euren Alltag, in euer tägliches Sein. Seid achtsam und wach, euch eurer Kräfte mehr und mehr bewußt. Und schenkt die Liebe des All-Einen durch eure physischen Augen all jenen, die mit euch in dieser Stadt sind.

Ich bin Rama, und mit den Grüßen und der Liebe des gesamten Ashtar-Kommandos segne ich euch.

Kapitel 34

Auflösung von Mißtrauen

Segen und Willkommen, dies ist Rama.

Ich möchte euch aus meiner Ebene eine Übung geben, wie ihr Mißtrauen ein für allemal auflösen könnt. Denn erst wenn ihr das Mißtrauen in euch wirklich erlöst habt, wenn eure Herzen von jedem Argwohn befreit sind, seid ihr in der Lage, in die Energie, die ihr die „wahre Liebe“ nennt – wir benützen dieses Wort auch, da es in euren Speichern schon bewegt wird, wir werden dies noch weiter ausführen –, hineinzuschwingen. Wahre Liebe ist die Energie, die jetzt von vielen Ebenen der Sonne hinter der Sonne eingespeist werden soll, was bei der Toröffnung am 5. Juni 1993 vor sich gehen wird.

Wir bitten euch also, mit mir in die Übung zu gehen – jetzt. Ich sage wir, denn unser Freund Lenduce aus anderer Ebene ist bei dieser Übung einer, sagen wir, Zentralsonnen-Übung, mit seiner Energie ebenfalls anwesend. Wir erschaffen sie aus vielen gemeinsamen Speicherkapazitäten, um die größtmögliche Wirkung zu erzielen. Richtet also bitte eure Wirbelsäulen auf und erschafft mit einem einzigen gezielten Atemzug die Anbindung, die Lichtfokussierung, die ihr seid, von zentraler Sonne zu solarem Kern der Erde und nehmt euren Rückenmarkskanal als Leiterstation, als Röhre, als Verbindungsglied in Gebrauch. Arbeitet immer von der zentralen Sonne zum solaren Kern der Erde hin.

Diejenigen unter euch, die im Bereich des Rückenmarkskanals hier noch Stauungen gegenüber der hohen elektrischen solaren Energie fühlen sollten, fordern wir auf, diese Stauungen sofort, möchte ich sagen, über eine Entblockierungsübung zu lösen. Sei es, ihr tut dies mit elektrisch-blauem Licht, sei es, ihr bittet um ein Symbol und integriert es. Es ist überaus wichtig, daß eure Rückenmarkskanäle jetzt endlich zu freien durchfließenden Kanälen werden. Wir haben euch in dieser Hinsicht lange genug geschult.

Atmet euch hinein in diese Verbindung und werdet wahrhaft zu einem Kristallisationskanal dieses solaren Lichts. Fühlt, wie die solare Energie durch alle Zellen eures grobstofflichen Körpers pulst, wie eure Schwingung, eure Zellschwingung, erhöht wird und wie das Licht aus eurem Rückenmarkskanal sich ausdehnt, so daß ihr euch in einem Kegel solarer Energie befindet, einschließlich eurer feinstofflichen Körper. Achtet vor allem darauf, daß die Emotionalkörper gut mit solarer Energie durchlichtet werden, und stellt euch hierbei auch vor, daß alles, was niedriger als diese solare Energie schwingt, in Sonnenlicht, in Freundlichkeit und Einverständnis in der Schwingung angehoben wird, ohne jeden Widerstand, so daß auch die Emotionalkörper in eine höhere Schwingung geraten können. Sie haben es zweifelsohne am schwersten bei diesem ganzen Prozeß des Erdaufstiegs.

So, und nun erschaffen wir etwas Neues. Ich bitte euch jetzt, über eurem zwölften Chakra einen goldenen Kegel mit der Spitze auf dem Chakra zu visualisieren, einen offenen Kegel, der mit der Energie der zentralen Sonne gespeist ist. Gebt ihm ruhig eine sonnengoldene Farbe und hört in eurem inneren Sein den summenden Urton der solaren Energie, der sich in diesem Kegel manifestiert.

Ihr spürt sofort die Erhöhung, die Verstärkung der Energie. Das ist in Ordnung. Bewertet nichts, atmet einfach und laßt den Kegel hier über eurem zwölften Chakra entstehen. Denkt euch nun in den Raum unter euren Fußsohlen hinein. Bringt eure Fußsohlen in

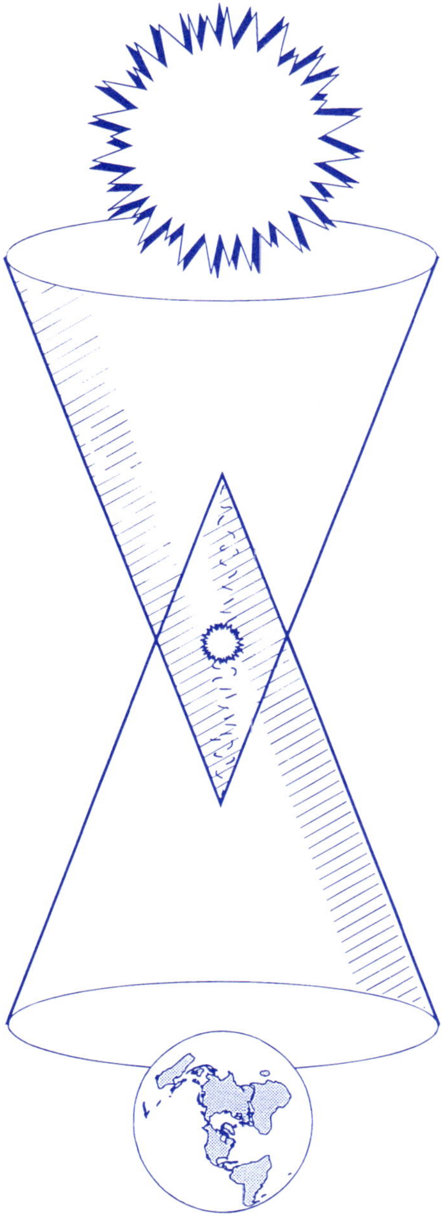

festen Kontakt mit dem Boden, mit der Erde, wo ihr gerade seid, und visualisiert, wie Gaia, eure Mutter, die Bewußtseinseinheit „Planet Erde", über ihrem solaren Kern einen ebensolchen solaren Kegel entstehen läßt, dessen Spitze auf die Ebene eurer Fußsohlen stößt. Ihr seht einen aufgerichteten Kegel. Nehmt das große Vertrauen, die große Liebe, die Freude an aller Manifestation wahr, die in diesem Kegel mitschwingt, und hört auch den Ton der solaren inneren Erdensonne, des Urvertrauens eures Planeten in diesem Kegel summen. Gut.

Und nun, wenn ihr bereit seid, versichert euch noch einmal des Zylinders, in dem ihr euch befindet. Dann bittet die beiden Kegel, aufeinander zuzuwachsen. Nehmt euren Rückenmarkskanal als Leitlinie und bringt die Kegel auf der Höhe eures Herzzentrums zusammen. Fühlt nur die Energie, bewertet nichts, seht, spürt, hört, fühlt, wie die Kegel sich ineinanderschieben gleich einer Antarion-Konversion, aber eben in Form von Kegeln, und wie dieser Doppelkegel, der jetzt entsteht, in eurer Herzchakra-Ebene an Raum gewinnt. Laßt ihn so groß werden, wie es euch gerade noch angenehm ist. Ihr müßt hier ein bißchen üben. Das ist eine galaktische Übung, keine irdische.

Wenn ihr das Gefühl habt, euch nun auf eurer Herzebene auszudehnen, ist das in Ordnung. Laßt es zu. Unterstützt es mit der Atmung und laßt die Kegel immer weiter ineinanderwachsen, immer mehr Raum einnehmen. Vielleicht für den Anfang, daß die eine Spitze bis zum Halschakra, die andere bis etwa unter den Solarplexus reicht. Gut.

Und nun konzentriert euch auf die Energie des Doppelkegels auf der Ebene eures Herzens. Durch einen Akt bewußten Willens fordern wir nun eure emotionalen und mentalen Selbste auf, in einem für euer menschliches Sein billionenmal verstärkten Tempo sämtliche Erfahrungen aus allen Erden- und erdähnlichen Inkarnationen, die mit Mißtrauen zu tun haben, in diesem Doppelkegel abzuspulen. Visualisiert, wie dunkle Teilchen in diesem Doppelkegel durch solare Energie beschleunigt werden, so lange beschleunigt werden, bis sich alle nichtlichtvolle in lichtvolle Energie verwandelt hat und ihr feststellt, daß im Mittelpunkt eures Doppelkegels eine wahrhaft helleuchtende zylindrische Verbindung von Spitze zu Spitze fließt. Konzentriert eure gesamte Achtsamkeit auf den Lichtfaden, der entsteht, der durch die Beschleunigung der Energie wächst und schließlich von Spitze zu Spitze des Doppelkegels zusammenwächst.

Nehmt die energetische Vereinigung wahr, die jetzt in Form einer kleinen Sonnengeburt inmitten eures Doppelkegels vor sich geht. Eine kleine galaktische überhell strahlende Sonne befindet sich jetzt in eurem Doppelkegel. Dies, Freunde, ist der erste Tropfen der Essenz der wahren Liebe. Diesen Tropfen gilt es in euch und um euch auszudehnen für den Planeten und für euch als Einheit der Sternenrassen, die gekommen sind, um dem Planeten bei seinem Entwicklungsschritt zu helfen. Wunderbar! Nun laßt die Kegel der Zentralsonne und des solaren Kerns ganz sanft auseinanderfließen, den solaren Erdkegel zurück in den solaren Kern der Erde, den Sonnenkegel über euer chakrisches System zurück zu seinem Zentralgestirn. Behaltet jedoch den winzigen Funken der neuen galaktischen Sonne, die ihr seid, in eurem Herzen.

Seid euch dieser Energie bewußt; wir werden mit dieser Energieform weiterarbeiten.

Freunde, es geht darum, diese Übung so oft wie möglich zu wiederholen und bis zur Toröffnung den Doppelkegel immer weiter zu vergrößern, so daß es euch – seid hier achtsam mit eurem physischen Körper – mehr und mehr möglich wird, euer gesamtes physisches Körpergefährt in diesem Doppelkegel anzusiedeln. Das bedeutet, daß sich der galaktische Kern in euch noch weiter ausdehnen wird. Dies ist eine Übung, eine Anweisung, die jeder von euch in seinem eigenen Tempo, doch in der Beharrlichkeit des lichten Schülers im Dienste des Planeten und der Anhebung des irdischen Massenbewußtseins auszuführen hat. Dies ist eine Übung, die ihr in euch vollziehen müßt, damit die Erlichtung des Planeten möglich wird.

Schicht um Schicht, als wäre euer emotionales Selbst aus verschiedenen Schichten zusammengesetzt, werdet ihr mit dieser Übung Mißbrauch für Mißbrauch und Mißtrauen für Mißtrauen auflösen und ablösen. Es ist, als würdet ihr einen galaktischen Beschleuniger, einen Atombeschleuniger, in euch installieren und diese Energien wieder auf ihre ursprüngliche Schwingung, die wahre Liebe ist, zurückführen.

Dies zu verstehen ist für eure Mentalfelder jetzt wirklich etwas schwer. Wir verstehen es. Wir bitten aber um eure Liebe und um euer Vertrauen. An dieser Stelle ist wirklich die Mitarbeit eures emotionalen und physischen Selbst gefragt; euer mentales Sein möge in Liebe und Vertrauen abwarten, was geschieht, weil es diese Prozesse nicht wirklich verstehen kann.

Wunderbar! Wir danken euch, daß ihr uns in die Übung gefolgt seid, und wir fordern euch auf, diese Übung zu euren Lichtgeschwistern hinauszutragen, damit so viele wie möglich diese Übung machen können. Es ist so überaus wichtig, daß dies noch vor der Toröffnung geschieht und daß ihr euer physisches und emotionales Sein wirklich auf die hohen, lichtvollen Einströmungen vorbereitet, die an diesem Tage vorgenommen werden.

Ich bin Rama. Und mit dem Licht und mit der Freude der gesamten Flotte umarme ich euch wie auch der geliebte Freund Lenduce, der mich als Zwischenstation benutzte und euch mit seiner solaren Energie überschüttet. Er ist immer da, wenn ihr ihn braucht.

Kapitel 35

Verzeihen

Solange wir uns und anderen noch nicht verziehen haben, sind unsere Energien noch blockiert. Mit diesen Blockaden bei bestimmten Themen ziehen wir immer wieder ähnliche Erfahrungen in unserem Leben an. Indem wir verzeihen, erhellen wir unsere Energie und auch die Energiefelder unseres Planeten.

Hilarion weist in seinen Einzelsitzungen seine Zuhörer immer wieder auf die Wichtigkeit und die befreiende Kraft des Verzeihens hin. Ich werde hier seine Übung wiedergeben, so wie ich sie von ihm gelernt habe.

Atme tief ein und aus und zentriere dich und deinen Körper über das Kreuz des Sirius oder eine Zentrierungsübung, die dir angenehm ist. Visualisiere die goldene Kugel deines Herzens. Überprüfe, ob sie wirklich so strahlend hell und glänzend ist, wie sie sein sollte. Wenn nicht, sei erfinderisch, erschaffe dir ein kosmisches Putzmittel und poliere deine goldene Kugel auf höchsten Glanz.

Visualisiere eine Tür in deiner golden strahlenden Kugel und tritt mit einem einzigen Atemzug in deine goldene Kugel ein, tritt ein in deinen Raum, in deine Ruhe, in deine Liebe und in deinen Frieden. Tritt ein in den Raum jenseits jeder Wertung, wo Liebe einfach ist. Stelle dir vor, daß in deiner Kugel ein Fenster ist, das du nun öffnest. Bitte nun die Wesenheit, der du verzeihen möchtest, vor deiner goldenen Kugel zu erscheinen, und akzeptiere die Form oder Gestalt, die dein Gegenüber wählt. Bitte jetzt den goldenen Heilstrahl, über dein Kronenchakra einzufließen, und erfülle deinen ganzen Herzensraum mit dem goldenen Licht der Heilung und des Friedens. Atme nun goldene Energie in Form einer liegenden Acht zu deinem Gegenüber. Visualisiere, wie die goldene Kugel, der Lichtkern deines Partners, in die liegende Acht eingebunden wird, so daß seine Kugel in dem einen Ring der Acht und deine goldene Kugel, dein Herzchakra, im anderen Ring der Acht liegt.

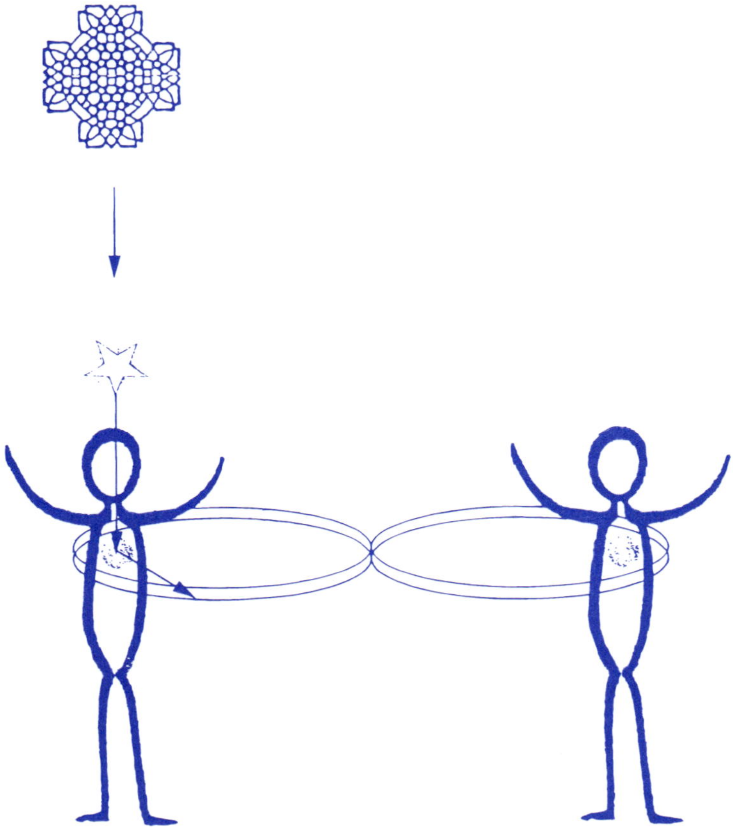

Atme nun die stetig nachfließende goldene Heilenergie über die liegende Acht zu deinem Gegenüber. Schaue, fühle, höre, spüre, wie es

diese Heilenergie annimmt. Bitte sodann Sanat Kumara um seinen pfirsichrosafarbenen Strahl des Verzeihens, erfülle dein Herz damit und lasse das Pfirsichrosa des Verzeihens zu deinem Gegenüber strömen. Schaue, fühle, höre, spüre, wie du von Atemzug zu Atemzug mehr und mehr verzeihen kannst. Lasse das Pfirsichrosa so lange strömen, bis du auf allen Ebenen deines Seins dein Verzeihen wahrnimmst. Dann entlasse das Pfirsichrosa aus deinem Kanal. Atme die liegende Acht, wenn es deiner Wahrheit jetzt entspricht, in deine goldene Kugel hinein, atme diese Wesenheit in dein Herz hinein, nimm sie in deinem Herz an, so wie sie ist, ohne jede Wertung, fühle dein Einverständnis mit ihrer Einzigartigkeit und sage laut: „Ich verzeihe dir."

Solltest du noch nicht soweit sein, wiederhole die Übung an einem anderen Tag und vereinbare mit dir, bis wann du dieser Wesenheit vollkommen verziehen hast. Bitte hüte dich vor Lippenbekenntnissen. Wenn es dir immer noch nicht möglich ist, übergib die Angelegenheit deinem Hohen Selbst und bitte um Hinweise, was du tun oder auflösen kannst, damit auch hier dein Verzeihen möglich wird.

Entlasse die Wesenheit dann, indem du sie mit der liegenden Acht wieder ausatmest. Dehne die Acht über deine Atmung so weit, daß du die Wesenheit ganz loslassen kannst. Werde deiner Energie vollkommen gewahr und vergewissere dich, daß die Energie der anderen Wesenheit dein System verlassen hat.

Bedanke dich bei dem goldenen Licht der Heilung und entlasse es wieder. Danke auch Hilarion, Danat Kumara und dem pfirsichrosafarbenen Strahl des Verzeihens sowie allen Lehrern aus allen Ebenen, die dich bis hierher geführt und auch allen lichtvollen Kräften, die dich in diesem Prozeß unterstützt haben.

Oft ist es sehr wichtig, unserem dahingegangenen Lieben zu verzeihen, denn ungeklärte Energien verhindern ihren Aufstieg in die Lichtwelten, und wir sind durch blockierte Verbindungen belastet. *In diesem Fall sollten wir nach dem Verzeihen die liegende Acht so lange ausatmen, bis sie sich von selbst auflöst, und wir sollten visualisieren, wie diese Seele in die Lichtwelt aufsteigt.*

Nachdem wir dem anderen verziehen haben, sollten wir schnellstmöglich auch uns selbst verzeihen, daß wir diese Erfahrung manifestiert haben. *Wir visualisieren uns dann selbst vor unserer goldenen Kugel, und wir überlassen unserem emotionalen Selbst die Darstellung von uns in diesem Zusammenhang. Nachdem wir uns verziehen haben, nehmen wir uns in unser Herz hinein und lassen uns selbst auch in unserer goldenen Kugel.*

Mit dieser Übung können wir auch bestimmten Plätzen, Pflanzen, Tieren, Planeten und sogar ganzen Gruppen von Wesenheiten verzeihen, mit denen wir uns leidvolle Erfahrungen manifestiert haben. Immer bilden wir die liegende Acht, und der gegenüberliegende Ring der Acht umfängt alle Emanationen, denen wir jetzt verzeihen wollen.

Wir erlösen und erlichten uns selbst und auch die in diesem Zusammenhang blockierten Energien der anderen. Durch Verzeihen heben wir die Illusion der Getrenntheit auf, und wir erkennen den Lichtfunken an, der in allem, was ist, existiert. Wir richten unser Bewußtsein auf die göttliche Essenz aus und nehmen von unseren Wertungen Abstand. Damit vergrößern wir die Liebe in uns und in allen Ebenen.

Alles, was ist, hat einen Lichtfunken! Alles, was ist, wurde von der Quelle allen Seins ausgesandt, um sich zu erfahren.

Kapitel 36

Versöhnung der Elemente

Die Liebe des All-Einen Vaters ist mit euch. Dies ist Sanat Kumara. Seid gesegnet und umhüllt mit der Energie der heilenden Wahrheit, die ich wahrhaft bin.

Geliebte Schüler des Lichts, ich möchte euch zu einer Reise einladen. Ich möchte euer energetisches Sein auffordern, sich jetzt zu erheben und in liebender Leichtigkeit das physische Sein zu verlassen und mit meinem liebenden Leitstrahl jetzt Raum zu nehmen im Tempel der Heilenden Wahrheit, der einer der sieben Tempel der heiligen Kumaras auf der spirituellen Venus eurer Welten ist.

Klopfet an, und euch wird aufgetan. Erlaubt euch, mit eurem feinstofflichen Sein nun in diesen Tempel einzutreten. Hört den Klang der heilenden Wahrheit. Erlaubt, daß Heilung Raum nimmt in eurem feinstofflichen Sein, und lauscht der Schulung, die ich euch jetzt vermitteln werde. Während die Kumaras und alle ihre Helfer sich um euer feinstoffliches Sein und den Ausgleich der Energien kümmern, werden sich eure Hohen Selbste und eure Unterbewußtseinseinheiten der Erhaltung eurer Körpersysteme auf dem Planeten Erde widmen, sie heilen und die Energien leiten, wo immer ihr dies jetzt erlaubt. Seid also ohne Sorge. Laßt euren Geist frei fliegen und erlaubt der heilenden Wahrheit, daß sie Raum nimmt in allem euren Sein.

Ihr alle seid und wart Sternenkinder, Sternenmenschen, die alle mit besonderen Aufträgen auf den Planeten Gaia gesandt wurden. Aus vielen verschiedenen Sternenfamilien und Sternenebenen seid ihr nach euren weiten Reisen durch das All an einem Punkt eurer Entfaltung in den Tempeln der Venus geschult worden, um die wichtigen Gesetze und Weisheiten für das Leben in grobstofflichen Welten zu erfahren. Diese Weisheiten wurden eurem zellulären Bewußtsein verschlüsselt eingegeben, als Lichtkode eures lichten Seins, den die Menschenwissenschaftler DNS nennen. Dieser Lichtkode des Bewußtseins ist in jeder Zelle eines jeden lebenden Wesens verankert, sei es im Stein, sei es im Menschen. Dieser Lichtkode, der rein göttlich ist, wurde gespeist und, wenn ihr so wollt, obwohl es wertet, programmiert durch eure Erfahrungen in den Sieben Tempeln der Venus. Hier verankertet ihr einstmals all euer Sternenwissen und all eure Erfahrung, und hier öffnet ihr in Liebe eure Bewußtseinseinheiten, so daß es euch dann möglich war, in die grobstofflichen Welten einzutauchen, um das Wunder der Erschaffung physischen Seins zu erleben und zu erfahren.

Schüler des Lichts, ich, Sanat Kumara, lege jetzt meinen liebenden Strahl auf eure DNS, in der sämtliche evolutionären Programme jedes Lebens auf allen grobstofflichen Welten enthalten sind. Und ich gebe euch jetzt das Licht und das Wissen zurück, das ihr für euch benötigt, um eure Position und eure liebende Wahrheit jetzt wieder anzuerkennen in eurem Sein. Erlaubt, daß die Öffnung dieser Bewußtseinseinheit in eurem feinstofflichen Sein jetzt erneut an Raum gewinnt. Erlaubt euch, die Vibration des Tempels der Liebenden Wahrheit in eurem feinstofflichen Sein zu empfangen. Erlaubt dem Lichtkode, eurer DNS, daß durch das Summen dieser Energie jetzt abgetrennt wird, was euch nicht mehr dienlich ist, so daß die pure Schwingung, die reine Essenz in eurem ätherischen Sein wieder um sich greifen kann, auf daß es in eurem feinstofflichen Sein wieder wahrhaft Licht werde.

Und nun bitte ich euch, mir in einen Tempel auf unserer Ebene zu folgen, in den Tempel der Gnade und des Mitgefühls. Laßt euch hineintragen in diese Schulungsebene; erinnert euch, ihr wurdet hier bereits geschult. Hier habt ihr auf eure Bitten hin und durch unser aller gemeinsame Manifestation dank der Liebe des Christusgeistes, die in diesem Weltall überall zugegen ist, eure Emotionalkörper empfangen als eine weitere Umhüllung, als ein weiteres feinstoffliches Kleid, wodurch es euch auch in physischen Welten möglich wurde, Liebe zu geben und Liebe zu empfangen.

Nehmt jetzt die Rückbindung vor, tauscht aus, wenn ihr so wollt, das abgetragene Kleid eures lange benutzten Emotionalkörpers, das euch so gut gedient hat. Stellt euch einfach vor, daß ihr diesen Mantel nun ablegt, daß er sich jetzt durch die Gnade und das Mitgefühl der vereinigten Gegenwart der Kumaras reinigt und erfrischt, so daß die pure Essenz der Gnade, die pure Liebe und das pure Mitgefühl in diesem Kleid, in diesem göttlichen wunderschönen Kleide jetzt erneuert ist. Und erlaubt, daß sich dieser so gereinigte Körper jetzt erneut in eurem feinstofflichen Sein ausdehnt. Angefüllt mit pfirsichrosafarbener Ausstrahlung, der Energie, die ich repräsentiere, seid ihr in dieser Ebene nun dazu in der Lage, auf die lange Reihe eurer Inkarnationen zurückzublicken, und ihr habt jetzt die Kraft, die vielen Wesenheiten wahrzunehmen, zu denen ihr noch nicht euer harmonisches Gleichgewicht gefunden habt. Verweilt mit eurem Fokus hier in unserem Tempel und überstrahlt nun alle diese Wesen mit der Energie des Verzeihens und des Mitgefühls. Ihr seid nun pfirsichrosafarbenes Licht, laßt es fließen in alle eure Leben hinein und zu all diesen Wesen und seht, wie Leben für Leben und Wesen für Wesen sich versöhnen und erhellen, wie mehr und mehr Frieden und liebendes Einverstandensein in allen euren Leben an Raum gewinnt. Hier und jetzt zu diesem Zeitpunkt seid ihr Teil der Kumara-Energie, Teil meiner Energie, euch kommt jetzt wahrhaft Kraft zu, denn dies ist der Augenblick der heilenden Macht.

Und nun erlaubt euch, aus dieser Ebene und eingebunden in die Energie, die ich wahrhaft bin, jene eurer Inkarnationen, die ihr als die schuldbeladensten bezeichnet, auf eure Weise wahrzunehmen, jene Inkarnationen, in denen ihr am tiefsten in die materiellen Ebenen der Welten eingetaucht seid; jene Inkarnationen, in denen ihr gewählt habt, die Erfahrungen des Täters zu machen und die Erfahrungen des Leides, des Hasses, der Mißgunst, des Mißtrauens und des Verrats auf euch zu nehmen. Nehmt dies nun wahr und bestrahlt euch selbst, vergebt euch nun selbst, erlöst es selbst, da ihr wahrhaft die Ausstrahlung, die ich bin, durch euch hindurchströmen laßt. Dies ist der Augenblick der liebenden Macht, wo sich die Vergebung bis in die tiefsten Tiefen eures Seins ergießt.

Erkennt, Schüler des Lichts, daß es eure Liebe war, die euch bereitgemacht hat für diese Erfahrung. Daß ihr Vereinbarungen mit jenen hattet, die Opfer waren. Erkennt, daß eure Täterschaft oftmals ein Dienst war, damit ihr euch gegenseitig Erfahrungen vermitteln konntet. Und nehmt euch in diesen Inkarnationen nun selbst in Liebe an, vergebt euch und segnet eure Erfahrungen, so daß sich die reine Essenz des Seins erneut auf allen euren Ebenen ausdehnen kann.

Und nun erlaubt euch, die Tiefen des Stolzes wahrzunehmen, als ihr das Opfertum gewählt habt und hochmütig erklärtet, das Opfer der Umstände, das Opfer der Machthaber, das Opfer des Unrechts zu sein. Erkennt, wie erpicht ihr darauf wart zu leiden. Und erkennt nun von dieser unserer erhobenen Warte aus, daß das Leiden ein Mißverständnis ist, welches die Wesenheiten der grobstofflichen Welten erschaffen haben, um den Unterschied zwischen Plus und Minus genauer zu definieren. Erlaubt euch jetzt der Abgründe eures Opfertums bewußt zu werden, erkennt den Hochmut, der dazu gehört, den Mangel an Demut, den ihr so oft gelebt habt, die Lust am Leiden. Nehmt auch hier das pfirsichrosafarbene Licht, strömt es aus und hinein in diese Inkarnationen. Segnet euch und eure Erfahrung, seht, fühlt, hört und spürt, wie auch diese Erfahrungen sich jetzt erheben, wie ihr euch selbst auch diese Erfahrung vergebt, wie ihr versteht auf vielen Ebenen eures Seins und wo ihr jetzt wahrhaft Frieden manifestiert mit diesen Erfahrungen in eurem Sein. Segnet euch liebend dafür, daß ihr euch diese Erfahrung erlaubt habt. Sendet pfirsichrosafarbenes Licht. Sendet Vergebung. Erschafft jetzt ein freies Sein in diesen Ebenen eurer Erfahrungen. Vergebt euch selbst und nehmt euch in euer galaktisches Herz hinein. Erteilt euch selbst die Absolution. Gebt euch selbst den Frieden zurück, und indem ihr dieses tut, eröffnet ihr auch die Pforten des Friedens für alle Wesenheiten auf allen Welten, denen ihr auf euren zahlreichen Wegen begegnet. Erkennt, daß die große Energie der Heilung in diesem Universum immer die Liebe ist, erhebt euer Bewußtsein, so daß ihr jetzt wahrhaft versteht, daß es auch immer die Liebe war, die jedwede Erfahrung, und sei sie noch so belastend gewesen, in die Manifestation gebracht hat.

Und nun, geliebte Kinder des Lichtes, Söhne und Töchter des Lichtes, bitte ich euch, mit mir zusammen den zentralen Platz auf eurer spirituellen Venus aufzusuchen, wo die Geburtsstätte aller Elemente, aller materiellen Welten ist.

Seht diesen Platz, nehmt ihn als ein lichtes Viereck wahr und wendet euch nun der Ecke zu, die dem Element Wasser zugewandt ist. Hier erfahren alle Wasser aus allen grobstofflichen Welten ihre Geburt. Erkennt den Mißbrauch, den ihr in vielen Leben dem Wasser angetan habt oder den umgekehrt die Elementarteilchen, die Wesenheiten, die Energien des Wassers euch scheinbar angetan haben. Denkt an die vielen Male, wo ihr ertrunken seid. Denkt an die vielen Male, wo ihr Wasser aus Machthunger verunreinigt habt. Erkennt das belastete Verhältnis zwischen euch und der puren heilenden Essenz aller Gewässer.

Und nun nehmt das pfirsichrosafarbene Licht, strahlt es aus auf die verunreinigten und mißbrauchten Wasser vor euch, die für die Wasser aus allen euren Leben stehen. Bittet die heilende liebende Schöpferkraft des Wassers um Verzeihung. Flutet pfirsichrosafarbenes Licht und nehmt wahr, wie die Heilung um sich greift.

Und nun seht, wie pfirsichrosafarbenes Licht von den Wassern zu euch fließt und wie die Wasser euch um Verzeihung und Erlösung bitten für die Erfahrungen, die ihr mit ihnen gemacht habt und die eurem Sein nicht dienlich waren. Fühlt, wie sich diese Energie des Verzeihens und Vergebens in euch ausdehnt, so daß ihr mehr und mehr imstande seid, die pure, wahre, liebende Schöpferkraft des Elementes Wasser wahrzunehmen. Erlaubt nun, in ein harmonisches Eins-Sein mit der puren Essenz aller Wasser, die da sind, zu gehen – jetzt.

Und nun dreht euch um und wendet euch der nächsten Ecke zu. Hier ist das Element Feuer angesiedelt, das zweite Element auf allen grobstofflichen Welten. Und nun erlaubt euch wahrzunehmen, wie oft ihr die Wesenheiten der heilenden Feuer mißbraucht habt. Wie oft ihr euch des Feuers bedient habt, um zu zerstören, und nicht, um zu beleben. Wie oft ihr euch zu Herren über die Macht des Feuers aufgeschwungen habt, um es seiner ursprünglichen Aufgabe der Reinigung und Befreiung und Erwerbung neuen Lebens zu entfremden und als zerstörische Waffe einzusetzen. Nehmt aber auch die vielen Male wahr, wo Feuer euch nach eurer Meinung sehr verletzt hat. Flutet, geliebte Söhne und Töchter des Lichts, pfirsichrosafarbenes Licht des Verzeihens nun zum Element des Feuers. Seht, wie die heiligen Flammen der Auferstehung von allem, was ist, die Energie des Verzeihens und Erlösens annehmen, lichter und reiner werden und wie aus den heiligen Feuern pfirsichrosafarbene Energie zu euch zurückflutet und ihr alle eure nichtlichtvollen Erfahrungen mit diesem Element, mit dieser lebensfördernden Kraft nun auch verzeiht und erlöst. Seht die reine göttliche Essenz der wahren, reinen Flammenkraft. Erlaubt euch, diese Essenz jetzt wahrzunehmen, und erlaubt euch, in die Einheit mit dem heilenden Feuer zu gehen. Dies ist auch ein Ausdruck der Kraft der Shekinah, des Muttergeistes, der alle Welten umfaßt. Dies ist die Kraft der Erneuerung in allen Welten, die neues Leben in die Existenz bringt, die jetzt in euch Raum nimmt, weil unser aller Mutter dieses jetzt erlaubt.

Und nun, geliebte Söhne und Töchter des Lichtes, wendet euch dem Element Luft zu, der klaren, reinen Durchgeistigung aller grobstofflichen physischen Welten. Erkennt den Mißbrauch dieser Energien, den ihr zugelassen oder selbst eingeleitet habt in allen Systemen eurer physischen Anwesenheit auf grobstofflichen Planeten. Und das vor allem durch die Konstruktion nichtlichtvoller Trennungsmaschinen auf verschiedenen Welten, wodurch die ursprüngliche Harmonie des geistigen Fließens grundsätzlich gestört und unterbrochen wurde. Durch den Mißbrauch der Luft haben die Wesenheiten dieser Welten selbstverständlich auch das Wirken ihrer Geisteskräfte lahmgelegt. Erkennt nun aber auch, wie sich die Elemente in den physischen Welten kraftvoll zur Wehr gesetzt haben, wie sie mit derselben zerstörerischen Kraft, die sie an sich erdulden mußten, auf euch und viele andere Wesenheiten zurückgeschlagen haben. Erkennt die gegenseitigen Übergriffe, die hier stattgefunden haben.

Und nun erlaubt der pfirsichrosafarbenen Kraft der Vergebung zu fließen. Bittet die Luft um Vergebung für den Mißbrauch, den ihr erlaubt oder betrieben habt. Und seht, wie auch die Luftelemente euch nun vergebende Energie zuströmen lassen, so daß der Austausch und die Heilung zwischen euch und den Elementen der Luft jetzt stattfindet und um sich greift, so daß die wahre Geisteskraft, die ätherische Essenz des umfassenden lichten Bewußtseins aller Welten, das sich im Element Luft materialisiert hat, jetzt

Raum nimmt vor eurem Sein und ihr in Frieden und Einheit mit diesem Ausdruck des erschaffenden, umfassenden Geistes euch jetzt erlaubt zu gehen.

Und nun wendet euch der vierten Ecke zu. Hier ist das Element Erde, Stein, grobstoffliche Materie zu Hause. Auf allen grobstofflichen Welten gibt es etwas, was Erde ist. Auf vielen grobstofflichen Welten seid ihr bereits gewandelt. Und in den Zeiten, als ihr aus den Ebenen eures Sternenbewußtseins in die grobstofflichen Welten hineingegangen seid – wie oft habt ihr euch da beklagt! Wie oft habt ihr euch abgewendet von diesem pysischen Sein und es als niedrig, schlecht und schwer bewertet, es als ein Gefängnis angesehen. Wie oft habt ihr den Boden, auf den ihr euer Wesen setztet, beleidigt, indem ihr nicht achten konntet, daß es Liebe war, die sich soweit verdichtet hatte, daß sie eine Plattform bildet, auf der ihr stehen könnt. Wie oft habt ihr die Gaben und Elemente aller Erden, aller Welten mißbraucht, mißachtet, sei es, ihr habt sie nicht geliebt, sei es, ihr habt sie so verändert, daß ihre göttliche Heilkraft in den Konstrukten, die ihr in die Welt setztet, nicht mehr wohnen konnte. Wie oft habt ihr erlaubt oder habt es selbst getan, daß ihr die Urbestandteile der Erden trenntet, um sie auszufiltern, um Gifte zu erzeugen, die wider jedes Leben sind, wo doch gerade dieses Element unermüdlich, unbeirrbar neues Leben aus sich in die Existenz gebärt. Und wie häufig habt ihr zugelassen, daß euer physisches Sein – in den jeweiligen Welten in gewissem Sinne ja auch Erde! – mißbraucht wurde oder ihr euch selbst mißbraucht habt, um Herrschaft über andere zu erlangen. Wie oft habt ihr euer physisches Sein auf all den Welten herabgewürdigt. Wie oft habt ihr die Göttlichkeit geschmäht, die sich in der materiellen Welt ausdrückt, die euer physisches Sein aus dem Element der Erde der jeweiligen Ebene formte. Und wie oft wurde euch eurer Meinung nach von den Elementen der Erde oder mit ihrer Hilfe Leid angetan. Wie oft wurdet ihr verschüttet, lebendig begraben, eingemauert, obwohl diese Regelwidrigkeiten ein Mißbrauch des Elementes Erde sind!

Und nun erlaubt der pfirsichrosafarbenen Kraft des Verzeihens, zu strömen und zu fließen auf all diese Erfahrungen. Dies ist wahrhaft der Augenblick der heilenden Kraft. Erlaubt der göttlichen Vergebung, der liebenden Reinheit des pfirsichrosafarbenen Lichts, jetzt Raum zu nehmen in allen Ebenen dieser Erfahrung. Seht, wie das Pfirsichrosa von euch zum Element Erde fließt und wie umgekehrt das Pfirsichrosa vom Element Erde euch zuströmt. Und erkennt die gebärende, lebensfördernde Kraft, die die göttliche Ursubstanz, die göttliche Liebe dieses Elementes wahrhaft ist. Und erlaubt dieser göttlichen Heilung und dieser göttlichen Gewißheit, Raum zu nehmen in eurem Sein.

Und nun wendet euch noch dem Mittelpunkt des lichten Vierecks zu. Hier ist die Heimstatt der elektrischen Kraft, der Kraft, die ihr die Ätherenergie benennt. Erkennt nun das Urwesen der elektrischen Energie, die immerdar und überall in allen Universen ins Dasein tritt. Erkennt die befruchtende, zielgerichtete Kraft dieser Energie. Und erkennt dann auch, wie oft ihr sie benutzt habt, um zu töten, zu vernichten, um euch selbst und euer Bewußtsein zu verstümmeln und um anderen lebendigen Wesen Leid anzutun. Und erlaubt euch ebenfalls wahrzunehmen, wie oft ihr selbst während eurer mannigfaltigen Inkarnationen auf vielen, vielen Ebenen allem Anschein nach durch dieses Element verletzt wurdet, weil ihr eine disharmonische Resonanz zu diesen Energien hattet und Unrast und Gekränktheit in euch herrschten. Erkennt eure Befürchtungen und Ängste vor der elektrischen Energie, vor jener hochschwingenden Kraft, die Bewußtseinsbrücken eröffnet und die Freiheit sich in alles Sein auf allen Ebenen ergießen läßt.

Bedient euch auch hier, geliebte Söhne und Töchter, des pfirsichrosafarbenen Lichts. Strahlt es auf die elektrische Kraft. Seht, wie die elektrische Kraft es annimmt und wie Pfirsichrosa zu euch zurückfließt, so daß die leidvollen Erfahrungen eures feinstofflichen Seins elektrisch geheilt und ausgeglichen werden können. Erkennt, daß es die Energie des göttlichen Funkens ist, der die ursprüngliche Elektrizität darstellt, und erkennt, daß dieser göttliche Funke, dieses göttliche Bewußtsein in jeder Zelle eures Seins auf allen Ebenen eurer Erfahrung ist. Und erlaubt jetzt die Vereinigung in euch mit dieser elektrischen göttlich initiatorischen Energie, auf daß es wahrhaft Licht werde in allen Ebenen eurer Inkarnationen, seit ihr euch auf grobstofflichen Welten verkörpert habt.

Und nun seht hinab auf euren jetzigen physischen Körper und sendet die pfirsichrosafarbene Energie der Verzeihung zu eurem physischen Sein in dieser Inkarnation. Bittet euren Körper um Verzeihung. Ihr alle wißt wofür.

Und dann laßt hinabgleiten euren jetzt erleuchteten und lichten Emotionalkörper. Laßt ihn hinabgleiten und legt ihn wie eine liebende Hülle um euer physisches Sein.

Und nun euren Mentalkörper, frisch und neu geklärt durch die Aussendung. Sendet ihn hinab und legt ihn um euren emotionalen Leib herum.

Nun seid ihr hier auf Venus mit eurem spirituellen Körper. Und euer spiritueller Körper ist der Ausgangspunkt, wenn ihr so wollt, für die Erschaffung eurer Lichtgestalt, eures Lichtkörpers, jener Ebene, die seit Äonen die Merkabah genannt wird, das kristallene Fahrzeug des Aufstiegs und der Erhebung alles physischen Seins, auf daß die Wiedervereinigung mit dem liebenden, umfassenden Bewußtsein, das der Herr ist, wieder in die Existenz tritt. Erfahrt nun hier die größte, die Lichtkraft, die Weisheit und die umfassende Existenz eures Lichtkörpers, eurer Merkabah, eures Körpers in den Lichtdimensionen 6,7,8 und 9. Schaut auf euch, auch das seid ihr, das sei euer Weg, das sei euer Ziel!

Nehmt nun einen Lichtschlüssel, ein Lichtsymbol, einen Lichtkode aus eurer Merkabah mit, pflanzt sie in euren spirituellen Körper ein, auf daß ihr eine Verbindungsbrücke zieht zu dieser Merkabah, zu der ihr euch Schritt für Schritt entwickelt und entwickeln werdet.

Und holt dann auch euren so erneuerten spirituellen Körper zurück zu eurem Sein auf dem Planeten Erde. Legt euren spirituellen Körper mit dem neuen Lichtfunken in sich um euer Sein herum und erlaubt euch wieder, vollkommen Raum zu nehmen in eurem physischen Sein.

Dies ist liebende Wahrheit. Dies ist liebendes Licht. Dies ist Güte, und dies ist Weisheit. Nehmt diese Energie mit in euer Sein.

Ich bin Sanat Kumara. Und mit der liebenden Kraft aller Kumaras segne und beschütze ich euch. Seid gesegnet.

Kapitel 37

Manifestation der Freude

Zum Abschluß meiner Initiationsreise in die Bretagne erhielt ich noch eine Übung, mit deren Hilfe wir jederzeit Freude in uns erschaffen können.

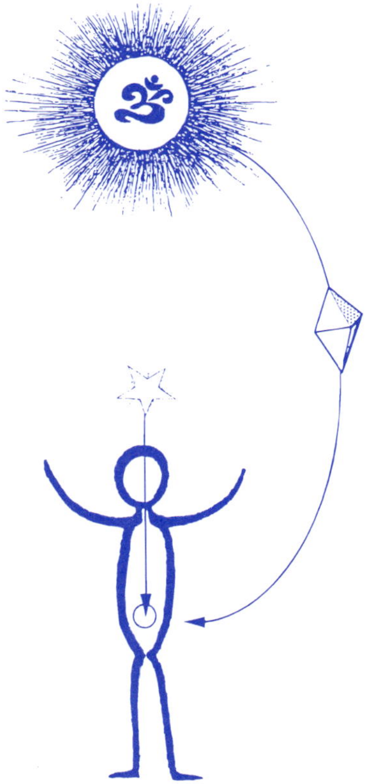

vom Seelenstern Gold in das zweite Chakra einstrahlen – Oktaeder aus der Quelle von außen in das zweite Chakra einatmen

Zentriere und entspanne dich. Gehe mit deinem Bewußtsein in den Bereich des zweiten Chakras. Verbinde dich mit deinem Hohen Selbst und bitte den goldenen Heilungsstrahl, dein zweites Chakra zu durchfluten, indem du den goldenen Strahl über dein Kronenchakra empfängst und ihn durch deinen chakrischen Kanal hindurch in dein zweites Chakra einspeist. Sieh, stell dir vor, wie der goldene Heilungsstrahl all deine Mißverständnisse aus deinem zweiten Chakra herausspült und wie dein zweites Chakra vollkommen befreit im goldenen Licht erstrahlt.

Visualisiere, wie aus der Quelle allen Seins ein Oktaeder, eine Doppelpyramide, der reinen lichten Freude zu dir kommt, und atme diesen Oktaeder von außen durch deine feinstofflichen Körper hindurch in dein zweites Chakra hinein. Spüre, fühle, höre den galaktischen Ton, die kosmische Frequenz der Freude, in deinem zweiten Chakra „brummen".

Zieh über dein Hohes Selbst das weißgoldene Licht deines Seelensterns in dein zweites Chakra hinein und forme mit diesem Lichtstrahl eine liegende Acht, auf deren Schnittpunkt dein Oktaeder der Freude ruht.

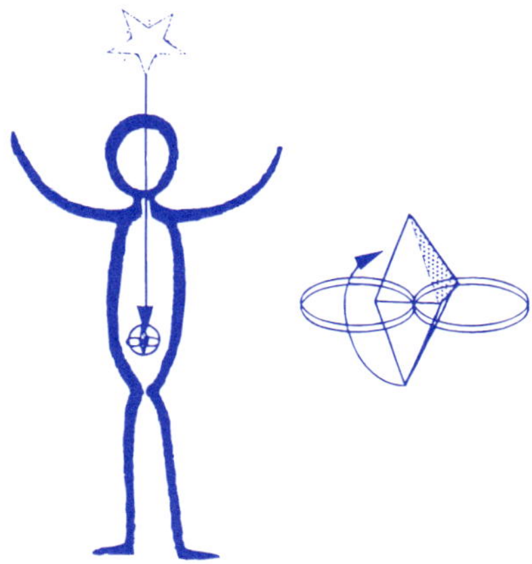

mit dem weißgoldenen Licht
aus dem Seelenstern eine liegende Acht ziehen,
auf deren Schnittpunkt der Oktaeder sitzt

Beginne den Oktaeder durch deine Atmung in Rotation zu versetzen. Je schneller er sich dreht, desto mehr Licht der Freude sprüht aus den Spitzen der Pyramide. (Ich sehe da immer die sprühenden Feuerrädchen vor mir, die wir von Sylvester kennen.) Bündle dieses

Freudenlicht und atme den Lichtstrahl hinten aus deinem Chakra heraus, ziehe ihn an der Rückseite deines Körpers nach oben zu deiner Krone, dann nach vorne und vorne wieder nach oben über deinen Seelenstern bis zu deinem zwölften Chakra hinauf. Führe den Energiestrahl der Freude mit Hilfe deiner Atmung und deiner Vorstellung über dein zwölftes Chakra wieder nach hinten und wieder in Richtung Krone. Kreuze deine Lichtbahn der Freude über deinem Kronenchakra und atme die Energie an der Vorderseite deines Körpers wieder herunter und wieder in dein zweites Chakra hinein. Jetzt hast du mit der Lichtenergie der Freude eine stehende Acht um deine feinstofflichen Körper herum gebildet.

Oktaeder drehen, Licht an der Körperrückseite herausatmen und eine stehende Acht bilden – Schnittpunkt auf dem Kronenchakra

Verfolge die Energie mit deiner Atmung und fühle, nimm wahr, wie die Freude dein gesamtes Sein anfüllt. Spiele mit der stehenden Acht, indem du den Schnittpunkt auf dein Drittes Auge verlegst, um dein Mentalfeld mit Freude zu durchfluten, oder auf das Herz, um es mit Freude anzufüllen, oder auf den Solarplexus – dein Emotionalkörper wird durchströmt. Wenn die Energie sehr gut fließt, kannst du die untere Schlaufe deiner stehenden Acht bis unter dein Wurzelchakra tief in die Erde hinein visualisieren und die Erde mit Freude erfüllen.

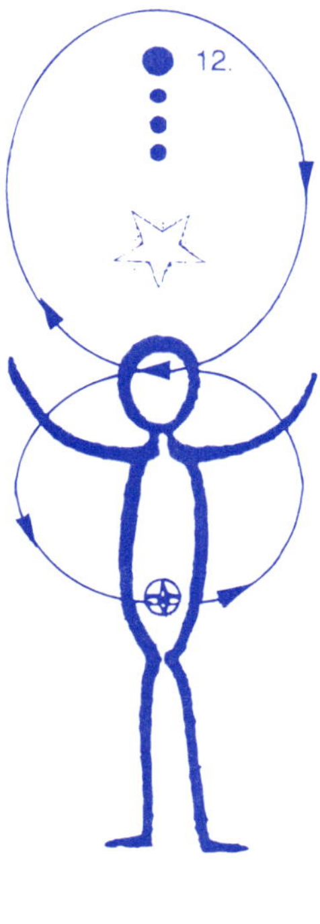

Schnittpunkt auf dem Dritten Auge –
Freude für das Mentalfeld

Schnittpunkt auf dem Herzchakra –
Freude für das Herz

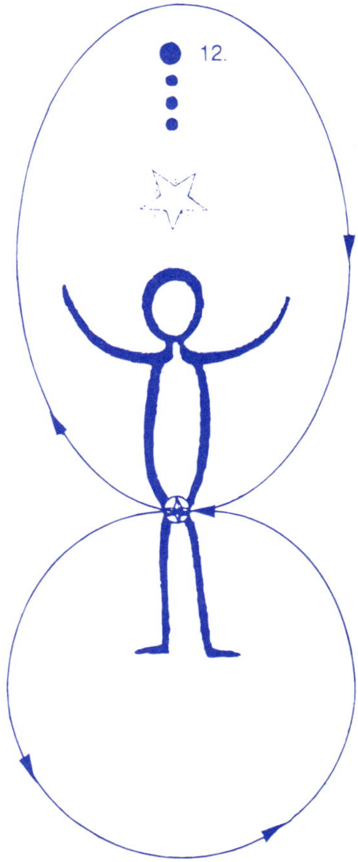

Schnittpunkt auf dem Wurzelchakra –
Freude für Mutter Erde

Genieße das Anfüllen der Freude in dir und allen deinen Körpern und löse die Energielinien, wenn du genügend angefüllt bist, wieder auf. Bedanke dich bei allen Energien und bei deinem Hohen Selbst, die dich bei dieser Übung geführt haben.

Du kannst, wenn du möchtest, den Oktaeder in deinem zweiten Chakra halten, damit du beim nächsten Mal diesen Oktaeder sofort in Schwingung versetzen kannst, um dein System rascher mit der Energie der Freude anzufüllen. Du kannst die Übung aber auch jedesmal neu erschaffen.

Wenn deine stehende Acht gut wahrnehmbar fließt, kannst du die transpersonale Schlaufe auch ausdehnen und in diese Schlaufe etwa dein Kind oder deine Lieben mit hineinnehmen. Du stellst die Energie der Freude zur freien Verfügung, und es ist die Wahl deines Mitmenschen, ob er diese Energie in seine Systeme aufzunehmen wünscht. Richte also dein Bewußtsein darauf aus, freie Wahl zu gewähren, stelle die Freude lediglich zur Verfügung und hüte dich davor, deine Mitmenschen auf Biegen oder Brechen mit Freude vollzupumpen!

Um unsere Freude an diesem schönen Planeten auch unseren Tier- und Pflanzengeschwistern mitzuteilen, empfehle ich, die personale, also die untere Schlaufe der stehenden Acht auszudehnen und in diese Schlaufe beispielsweise unseren Garten mit hineinzunehmen. Freude ist eine erschaffende und nährende Kraft, und unsere Pflanzen danken uns diese Energiegabe durch Wachstum und Gesundheit. Wir danken mit diesem Zur-Verfügung-Stellen für die nährende Fülle und die Schönheit, die uns die Pflanzenwelt schenkt, oder für die Treue und Freundschaft, mit denen uns unsere Tiere dienen.

Kapitel 38

Frequenzerhöhung

Segen und Willkommen, dies ist Lenduce vom Rat der Zentralsonne.

Hört, Geliebte, wie euch schon von anderen Wesenheiten mitgeteilt wurde, erhöht sich zur Zeit die elektrische Frequenz auf dem Planeten Erde. Dieses Erhöhen der elektrischen Energie hängt mit dem Weg durch das Sternentor zusammen, den der Planet Gaia zu gehen gewählt hat und der von vielen, vielen Erdensternenkindern unterstützt wird. Es ist nun wichtig, daß ihr selbst in euren grobstofflichen Körpern die elektrischen Frequenzen erhöht, so daß die erhöhte Zufuhr dieser speziellen Art von Energie euch in eurem Wachstum fördert und euren Prozeß der Erlichtung unterstützt. Es ist wichtig, daß diese Energie nicht auf Blockaden trifft, welche euch aufgrund eurer Lernprogramme möglicherweise Unannehmlichkeiten bereiten würden. Deshalb möchte ich euch heute eine Übung geben, die euch helfen soll, die elektrischen Frequenzen in eurem Sein zu erhöhen.

Ich bitte euch deshalb nun, einige tiefe Atemzüge zu nehmen und euch über das Kreuz des Sirius zu zentrieren – jetzt. Erhebt sodann euer Bewußtsein, indem ihr eure Atmung als Stütze nützt, auf die Ebene eures 14. transpersonalen Chakras. Von diesem allsehenden kosmischen Auge aus – das ist euer 14. Chakra auch – nehmt ihr euch in eurem grobstofflichen wie auch in eurem feinstofflichen Sein nun wahr. Gestattet euch ein Sinnbild der grobstofflichen und der energetischen Form. Für jene von euch, die sehr viel mit der Form eines Eies oder dem Bilde einer Zwiebel gearbeitet haben, ist dieses wunderbar. Nehmt ihr dies Bild der verschiedenen energetischen Schichten, wie auch immer ihr das jetzt wahrnehmt, so ist es in Ordnung. Erlaubt euch nun wirklich, gebt euch die Einwilligung, die Freiheit, das Bild eures energetischen Seins zu sehen – jetzt!

Mit eurem kosmischen allsehenden Auge könnt ihr nun die verschiedenen Schichten eures Seins durchdringen, als wären es Schleier, als wären die verschiedenen Körper verschieden schnell schwingende Massen; wie auch immer sich dieses euch jetzt darstellt, es ist richtig. Bleibt auf der Ebene des 14. Chakras und durchflutet nun mit eurem allsehenden Auge von außen nach innen all eure Körper, gleichsam als würdet ihr eure Körper in einem ganzheitlichen Überblick elektronisch abtasten. Während ihr dieses tut, fallen euch nun hier und da Einlagerungen in eurem energetischen Sein, aber auch in eurem grobstofflichen Körper auf, die ihr jetzt, da ihr die Schöpfer seid und diese Übung lenkt, als dunklere Energieblockaden wahrnehmt, wie auch immer sie sich im einzelnen darstellen mögen. Tastet weiter ab, Punkt für Punkt, geht durch alle eure Körper. Geht euren Kausalkörper durch, nehmt wahr, wo diese Energien sind, euren Mentalkörper, nehmt einfach wahr, wo diese Energien sind, euren Emotionalkörper, nehmt auch hier wahr, wo diese Energien sind. Nun geht durch die schmale Energiekörperschicht hindurch und durchtastet euer grobstoffliches Sein; nehmt wahr, wo die Energieblockaden hier sind. Geht hinein bis in den innersten Kern, die innerste Zelle in eurem grobstofflichen Sein. Gut.

Aus der Ebene eures 14. Chakras, dem allsehenden Auge, das euch aus der höchsten Ebene gegeben wurde, stellt euch nun vor, daß sich aus dieser Ebene energetische Greifer oder Fäden oder

Angelruten oder Kescher, Schmetterlingsfangnetze zu all diesen energetischen Manifestationen herabsenken, zu allen gleichzeitig, so daß ihr sie alle mit eurem 14. Chakra verbunden habt. Es sind viele Fäden, viele Ebenen, die hier verlaufen, es ist wie dies Spiel auf euren alten Jahrmärkten, wo ihr an einem von vielen Fäden ziehen konntet und damit möglicherweise einen Preis gewannt. Und all diese Fäden haltet ihr nun auf der Ebene eures 14. Chakras beieinander. Wahrlich, ihr werdet einen großen Preis bei diesem Spiel gewinnen.

Richtet euer Sein nun von der Ebene des 14. Chakras aufwärts zur Sonne hinter den Sonnen, zur Urzentralsonne allen Seins, und erlaubt einem Zylinder von Zentralsonnenenergie, nun auf die Ebene eures 14. Chakras hinabzufließen. Dieser Zylinder, der mit dem Ton der zentralen Sonne summt und brummt, senkt sich nun tiefer und tiefer über euer galaktisches Sein herab, bis auf die Ebene eures 14. Chakras – jetzt. Gut, bittet nun um Verbindung mit der Ebene der großen Klarheit und der hochfrequenten Schwingung, die die sogenannte Diamantenebene ist, und seht, wie ein schmaler Strom von Licht wie eine Röhre, kristallklar, diamantenklar und hochelektrisch schwingend, im Inneren des solaren Zylinders herabsinkt und an eurem 14. Chakra andockt, gleichsam wie die Röhre eines Staubsaugers. Gebt nun alle eure Fangfäden, alle eure Verbindungslinien in dieses kosmische Rohr hinein. Fühlt, seht und spürt auf allen Ebenen, wie all diese mißverstandenen Energien durch die klare hochschwingende Frequenz der diamantenen Ebene aus eurem gesamten Sein gesaugt und in den diamantenen Zylinder befördert werden, wo sie in strahlendem Licht erscheinen, so daß es hell in eurem irdischen und galaktischen Sein wird.

Diese Helligkeit, dieses hochfrequente Schwingen, das nun in der diamantenen Ebene ist, könnt ihr durch eure Vorstellungskraft in Form von Tropfen, einzelnen Tropfen einströmen lassen in euren transpersonalen Kanal. Seht, wie Tropfen für Tropfen durch den transpersonalen in euren personalen Kanal rinnt, in das Rückenmark eures Seins. Seht, wie die Zellen eures Rückenmarks diese diamantenen Energietropfen nun aufnehmen, und seht, wie von hier aus die diamantene hochfrequente Energie über die Bahnen eures Blutes in alle Ebenen eures physischen Leibes transportiert wird, wie eine Erhöhung der elektrischen Frequenz eures Blutes erfolgt, ausgehend von eurem Rückenmarkskanal, und wie somit die diamantene galaktische Botschaft der hohen Schwingung in das Bewußtsein einer jeden Zelle eingeht. Möglicherweise nehmt ihr wahr, daß sich die Drehung eurer Zellen nun durch diese Zufuhr verändert. Das ist gut, das ist in Ordnung so.

Jetzt schließt die Zufuhr der diamantenen Tropfen ab und entlaßt die diamantene Röhre wieder auf die Ebene des diamantenen Lichtes. Erlaubt nun dem Zylinder der Zentralsonnenenergie, sich auszudehnen und über euer gesamtes Sein, grob- und auch feinstofflich, herabzusenken bis hinab zu euren Fußchakren und tiefer, tiefer hinein bis in die Gitternetze eures Planeten. Auch die Gitternetze eures Planeten erhöhen die Frequenz. An Stellen, wo sie instabil sind, weil sie nicht in Harmonie schwingen, tauchen deshalb Brüche auf. Jene von euch, die Adler sind und den Auftrag haben, die Gitternetze zu überwachen, sollten mit großer Achtsamkeit an ihren Gitternetzpunkten arbeiten und immer von neuem die Energie der zentralen Sonne an diesen Stellen einspeisen! Seht auch ihr, die ihr keinen speziellen Auftrag habt, wie das Licht der zentralen Sonne durch euch, durch euch als göttlichem Kanal in die Gitternetze der Erde einströmt und wie die Schwingung, die Liebe und die unendliche Einheit der Zentralsonne jetzt ihre Botschaft, die jenseits eures Wissens und jenseits eurer Wertung ist, einbringen in die Gitternetze dieses wunderbaren Sternenwesens, Gaia genannt, eures Erdplaneten. Laßt von der Ebene eures 14. Chakras aus den

Rest des solaren Zylinders in die Gitternetze einströmen und macht euch nun von der Anbindung an die Zentralsonne frei.

Betrachtet euer energetisches und grobstoffliches Sein noch einmal, geht noch einmal alle eure Körper durch und seid erfüllt von Liebe und Freude über die Veränderung und die Anhebung der Schwingung, die stattgefunden hat, weil ihr es euch erlaubt habt. Nehmt sodann noch einen tiefen Atemzug und bringt euch in die goldene Kugel, in das Zentrum eures Herzens zurück, von dem ihr wißt, daß es eine galaktische Sonne ist.

An dieser Stelle möchte ich noch einmal darauf hinweisen, daß die Übung des Kegels der wahren Liebe und die Erschaffung des galaktischen Sterns in eurem Inneren immer noch von großer Wichtigkeit ist – und daß ihr euch dieser Übung ruhig ein bißchen mehr befleißigen dürft!

Es ist so wunderbar, wenn ihr mehr und mehr in Leichtigkeit und Licht erstrahlt. Gut. Es ist wichtig, versteht dies, geliebte Freunde des Lichts, in dieser Zeit, wo die Frequenzen erhöht werden und wo alle Wesenheiten unterschiedlich auf die Frequenzerhöhung reagieren werden – immer jeweils nach dem Stande ihrer Muster!

Das ist der Grund, warum so viele von euch es derzeit vorziehen, in eine sogenannte Krise zu geraten, ich würde es eher eine Heilungskrise nennen. Diese Krisen, die ihr hier manifestiert, sind eure Antwort auf die Frequenzerhöhung des Planeten. Nun ist es von Bedeutung, daß ihr euch des galaktischen Kerns, des Zentrums eures Seins, immer bewußt seid und daß ihr in Zeiten von akuten Heilungskrisen diesen galaktischen Kern ausdehnt, so daß das galaktische Licht eurer Sein durchstrahlen und euch in eine große energetische galaktische Sonne einhüllt. Das ist hier auf dem Planeten Erde von Bedeutung. Wenn ihr in dieser Energie seid, dieser Übung also, seid ihr mit der Heilung eures Seins beschäftigt und befreit von den persönlichen Schwierigkeiten, von den persönlichen Krisen, den persönlichen Mißverständnissen, die natürlich wegen der höherschwingenden Frequenzen immer deutlicher ans Tageslicht – oder soll ich besser sagen – ans Sonnenlicht treten.

Gut. Dies ist Lenduce, und mit der Kraft der zentralen Sonne segne ich euch alle.

Kapitel 39

Glaube, Lob und Manifestation

Seid willkommen und gesegnet, geliebte Freunde. Dies ist Hilarion. Welch ein wunderschöner Tag! Euer Bewußtsein auszurichten ist stets von Wichtigkeit, geliebte Schüler des Lichtes.

Erkennt alles außerhalb von euch als einen Spiegel an, als ein Abbild, ein Symbol für das, was ihr erfahren und erlernen könnt, aber auch als einen Hinweis auf bereits Erreichtes. Ihr dürft euch alle loben, und die geistige Welt stimmt ein in dieses Lob. Lob und Segnung sind sehr wichtig, denn sie richten die Gedankenkräfte auf die Manifestation des Guten, des Heilvollen und des Liebenden aus.

Und es ist besser, viel, sehr viel zu loben, als sich beständig Sorgen hinzugeben oder an sich selbst und anderen Kritik zu üben. In dieser Zeit, wo Schwingung sich so sehr erhöht, habt ihr alle auf verschiedenen Ebenen festgestellt, wie schnell die Manifestationen wirklich werden, auch jene, die ihr nicht so explizit geplant habt, laßt mich dies so sagen. So ist es auch mit der Kritiksucht, der viele Erdensternenkinder noch so fleißig huldigen, daß die Kritik sich sehr viel rascher manifestiert.

Wertung führt immer zur Verengung. Wesenheiten, die sich häufig der Kritik hingeben – gleich, ob sie über sich oder andere mäkeln – bezahlen dies mit einer Verengung des Systems auf der physischen und feinstofflichen Ebene, also mit einer Verengung des Kanals letztendlich, der euch ununterbrochen mit der Fülle der liebenden All-Gegenwart versorgt. Was der Ich-Bin-Präsenz so schwergemacht wird, kann doch für euch nicht heilsam sein! Bitte überlegt euch das. Endgültige Heilung von Kritiksucht verspricht das Loben und das Segnen. Denkt daran, ich bitte euch, auf allen euren Wegen. Lobt alles, was eure Augen und eure Herzen sehen, und sei es ein Farbfleck an einem alten Hause oder eine winzigkleine Blume, die jetzt noch in einer großen Wiese blüht. Was immer euch erfreut, wo immer ihr die Schönheit auch im Kleinen seht – segnet, lobt es, sprecht es an, grüßt die göttliche Essenz, die sich in allen Dingen, die euch umgeben, hier zum Ausdruck bringt.

Und vor allem, Geliebte, lobt auch euch selbst! Es ist eine gute Methode (meine Tochter hat sie entwickelt), sich selbst auf die Schulter zu klopfen. Je öfter ihr es tut, je öfter eure Freunde und Freundinnen euch dabei beobachten, desto rascher wird es sich hoffentlich bei euch einbürgern, daß ihr euch gegenseitig bestätigend auf die Schulter klopft. Nun gut, es mag euch belustigen, aber wenn ihr euch sagt: „Ich lobe mich dafür!“ und euch dabei berührt, dann verankert ihr dieses Lob in eurem Körper, so daß eure physischen Energien sehr viel schneller in eine erhöhte Schwingung geraten, als wenn ihr es lediglich mental aussendet: „Na gut, ich lobe mich dafür.“

Ich lobe mich dafür, und ich segne mich dafür, ich bin ein liebenswertes Kind des All-Einen Vaters, und ich weiß, daß seine umfassende Liebe immer mit mir ist. Was auch immer ich tue, was auch immer ich fühle, was auch immer ich denke, wie auch immer ich handle – ich kann niemals von der Liebe des Vaters getrennt sein. Und weil dies so ist, erkenne ich mich als das liebenswerte Kind der All-Einen Schöpfung an.

Ich möchte, daß ihr mit diesem Mantram etwas arbeitet, es hilft euch, euer Energiesystem zu erhöhen. Es ist so wichtig, daß ihr euch selbst helft. Denn es ist wirklich so, die Kräfte der Gedanken, wir sprachen schon viel und oft davon, sind real, laßt es mich sehr dramatisch ausdrücken: Gedanken sind in Wahrheit Atomkraftwerke. Das sage ich jetzt einmal so, damit ich euer Bewußtsein wachrüttle, nicht wahr? Wenn ihr beständig nichtlichtvolle oder sogenannte belastende Gedanken vor euch hindenkt, dann erschafft ihr irgendwann das, was ihr in eurem System den großen Gau nennt, und ihr werdet es mit Sicherheit zur Explosion führen.

Ihr könnt andererseits auch lichtvolle Gedanken vor euch hindenken, so daß die lichtvolle Kraft in den Atomen eures Seins permanent zunimmt. Ihr könnt, und das meine ich jetzt wahrhaft, ihr könnt zu einem strahlenden Lichtfunken werden, der ihr ja eigentlich immer wart und der ihr immer seid und immer sein werdet, und diese Lichtkraft, diese Mitschöpferkraft, immer besser in eurem täglichen Sein verankern. Gut, nun werden manche von euch sagen: Wie kontrolliere ich meine Gedanken, wie stelle ich es an, daß ich nicht stets aufs neue in die ausgefahrenen Geleise zurückrutsche? Nun, das gehört zur Schulung eines Lichtschülers, achtsam mit den Energien umzugehen, die er erzeugt, denn ihr seid es ja, die Energien erzeugen, nicht wahr, und zwar die lichtvollen wie die nichtvollen, es ist niemand außer euch! Ich hoffe, daß euch das klar ist. Als Beobachter habt ihr gewissermaßen neben euch zu stehen, auf eurer Schulter zu sitzen oder in eurem Ohr. Tut es humorvoll, so gut ihr könnt. Hört mit gespitzten Ohren wie eine Souffleuse im Theater, was ihr gerade denkt, was ihr gerade sagt. Und wenn ihr euch dabei ertappt, daß ihr gerade etwas äußert oder einen Gedankenpfeil abschießt, der nicht der Erhöhung eures Lichtpotentials dient, dann wirbelt ein Lasso, ein energetisches Lasso, und fangt diesen Gedanken oder diese Worte wieder ein und stoppt euch selbst. Ist der Gedankenfluß zu umfangreich, mag ein Lasso nicht mehr reichen, und es ist sicherer, ihn mit dem elektrisch-blauen Lichtstrahl aufzulösen.

Verliert nicht den Humor, euer Lernen soll angenehm und spielerisch sein, denn nur auf diese Art erwerbt ihr die wahre Meisterschaft über euer Tun. Und diese Meisterschaft... gut, wir können sie euch lehren, wir können euch unterstützen, aber das Tun, geliebte Freunde, müßt ihr schon selbst besorgen, um es in die Existenz zu bringen.

Die zweite wichtige Kraft bei aller Manifestation, die der Zeit heute nottut, ist die Kraft des Glaubens. Glauben kann man nicht willentlich erzeugen. Ihr könnt schlecht dastehen und sagen: „Ich glaube, ich glaube, ich glaube, daß mir der Hammer nicht auf den großen Zeh gefallen ist.“Versteht ihr? Der Hammer ist darauf gefallen, und das tut weh, und das ist nicht mehr aufzulösen! Beharrliches Wiederholen lichtvoller Sätze und Bestätigung der göttlichen Ich-Bin-Gegenwart in euch sind jedoch durchaus imstande, euer Mißtrauen gegenüber der Ich-Bin-Kraft und eurer Mitschöpferkraft langsam abzuschmelzen, Stück für Stück. Dabei ist es sehr, sehr wichtig, darauf zu achten und nachzuprüfen, inwieweit ihr immer noch die alten Muster in euch habt, die euch unaufhörlich zuraunen: „Ich bin es nicht wert, Mitschöpfer zu sein, ich habe das Licht und die Liebe meiner Seele, meines Hohen Selbst und meiner Ich-Bin-Gegenwart immer noch nicht verdient!“ Wenn ihr hier noch Programme in dieser Richtung habt, werdet ihr natürlich nur auf Sparflamme manifestieren, jedenfalls das Lichtvolle. Das, was euch weiter leiden läßt, werdet ihr dagegen mit großer Kraft und Ausdauer in euer Leben ziehen. Es ist also wichtig, hier an sich zu arbeiten, und ich möchte, daß wir das jetzt miteinander tun. Seid ihr einverstanden?

Schließe bitte deine Augen – wir wenden uns jetzt einmal anders an dein Mentalfeld. Atme bitte ganz bewußt in dein Mentalfeld hinein, in deinen Mentalkörper, das heißt, daß du aller Voraussicht nach keine Bilder siehst. Der Zugang zum Mentalkörper ist das Dritte Auge. Sanft und liebend öffne dein Drittes Auge und bewege dein Bewußtsein in den Mentalkörper hinein. (Nun, ich möchte es kurzweilig machen, wenn du erlaubst, jeder Tag hat seine Zeit des Lachens.) Stell dir also einen Luftballon in deinem Mentalkörper vor. Und stelle dir weiter vor, daß du diesen Ballon aufpustest, indem du alle Programme, die in dir sind, in ihn hineinbläst. Du mußt keine Bilder sehen. Ich spreche dir jetzt gewisse Negativsätze vor; die, die für dich stimmig sind – das mußt du fühlen, spüren! –, blase einfach in den Luftballon hinein. Nun, ich fange an:

- *Ich bin es nicht wert, Mitschöpfer zu sein.*

Wenn dieser Satz für dich stimmt, puste ihn in den Luftballon hinein.

- *Ich bin es nicht wert, daß die Liebe und Weisheit Gottes sich durch mich und mein irdisches Sein verwirklicht.*
- *Ich habe mich so versündigt, daß die Liebe Gottes nicht zu mir fließt.*
- *Ich habe soviel Schuld auf mich geladen, daß die Ich-Bin-Kraft durch mich nicht wirken kann und ich kein vollwertiges Mitglied der Lichtschüler bin.*
- *Ich bin unwert und unfähig und werde niemals einen lichtvollen, liebevollen Aufstieg in diesem Körper und mit dieser Welt manifestieren.*

- *Meine physischen und geistigen Kräfte reichen nicht aus, um einen lichtvollen Aufstieg zu manifestieren.*

Gib alle Sätze, die für dich stimmen, in den Luftballon hinein.

- *Mein Ego ist zu groß und zu bedeutend, um einer Gemeinschaft zu dienen.*
- *Arbeit im Kollektiv ist sinnlos.*
- *Gemeinschaftliches Bemühen um einen friedvollen Aufstieg führt zum Tode, zur Zerstörung meines Seins.*

Dies sind Programme, die manche von euch aus Lyra mitgebracht haben.

- *Ein neuer Aufstiegsversuch führt zu einer Im- oder Explosion und damit zur Vernichtung des Lebens.*

Das ist ein Sirius-Programm!

Gut. Dieser Luftballon ist nun ziemlich groß, nehme ich an. Es sieht von oben höchst lustig aus, kann ich dir sagen. Welch wunderschöner Luftballon da aus deinem Mentalkörper herauskommt. Gib noch alles hinein, was du aus deinem Mentalfeld jetzt noch aufzulösen wünschst, puste ihn kräftig auf und stelle dir vor, daß du ihn dann, auf welche Weise immer, schließt. Und nimm nun deine Lichthände, deine spirituellen Hände, nimm den Luftballon heraus aus deinem Mentalfeld, heraus aus deinem spirituellen Körper und halte ihn vor dich hin. Und nun gewahre die weißgoldene Energie des unendlichen Schöpfers allen Seins und atme diese Energie in deine Hände ein. Sage dir selbst:

Ich bin ein Kind des Lichtes…

Ich möchte das laut hören.

...und durch mich fließt jetzt die erschaffende liebende Kraft des Sohnes. Und deshalb löse ich jetzt im Namen meiner Ich-Bin-Kraft diese Energie vollkommen auf.

Und nun klatsche den Luftballon zusammen, laß die Luft heraus, wie auch immer, tu es freudvoll, atme aus und sieh, wie sich diese Energien im weißgoldenen Licht vollkommen auflösen. Wunderbar! Und laß „die Fetzen fliegen"!! Gut. Ausatmen. Schick es hinweg, hinweg, hinweg und sieh deinen Raum nun völlig klar und rein.

So. Und nun können wir anfangen zu glauben, nicht wahr?

Nun kehre bitte zurück in den Bereich deines Kopfes und fokussiere dein Sein auf der Höhe deiner Augen und über deinen Ohren. Dringe von hier aus ins Innere deines Gehirns ein. Hier hast du eine Drüse (die Zirbeldrüse). Es ist nicht wichtig, wo genau sie ist. Aber hier ist das Zentrum des Glaubens. Und ich bitte dich jetzt, diesen Punkt in deinem Kopf zu fokussieren. Du wirst von deinem Hohen Selbst geleitet. Bringe deinen Fokus hierhin und nimm wahr – entweder du siehst es, du hörst es oder du spürst es –, wie ein Lichtfunke hier in deinem Inneren zu glühen beginnt. Das ist die Kraft des Glaubens. Und während dieser Lichtfunke mehr und mehr in Vibration gerät, sich mehr und mehr ausdehnt, kannst du in dir Worte des Glaubens verstärken. Vielleicht sagst du:

- ***Ich bin ein Kind des Lichtes.***
- ***Ich bin ein Kind des All-Einen-Schöpfers.***

oder du sagst:

- ***Ich glaube an Gott, den All-Einen Vater.***
- ***Ich glaube an mich als Erdensternenkind.***
- ***Ich bin jetzt bereit, meine Mitschöpferkraft wahrhaft und in Liebe anzunehmen.***
- ***Ich glaube und vertraue der Führung meiner Seele, meines Hohen Selbst.***

In diesem Sinne verstärke jetzt die Kraft in deinem physischen Kopf und sieh es heller und heller werden, tu es bitte jetzt.

Fühle, wie die Kraft fließt; vielleicht nimmst du sie als Wärme wahr, als Summen, als zunehmende Schwingung. Erlaube dir wahrzunehmen, wie dieser Punkt des Glaubens, der Glaubenskraft und Glaubensstärke mehr und mehr vibriert, mehr und mehr wächst, so daß in der Mitte deines Gehirns ein einziger großer Lichtfunke und Punkt des Glaubens entsteht. Und es wäre schön, wenn du nun folgende bestätigende Worte in dir fühlen und spüren könntest:

Ich glaube an die unendliche Güte und Liebe des Vaters aller Universen. Ich glaube an den lichtvollen und friedvollen Aufstieg dieser Welt. Ich glaube an die Führung und Liebe und Weisheit meines Hohen Selbst, und ich weiß, daß ich von nun an geführt werde, immer das Rechte zum richtigen Zeitpunkt zu tun, auf daß sich das Gute und die reiche Fülle in meinem Leben, in allen meinen Selbsten und auf der Welt ausdehnen.

Verstärke diese Kraftquelle in dir immer und immer wieder, indem du sie ansprichst, indem du dich hierhinbewegst, indem du Worte der Verstärkung sprichst. Denn das hilft dir, lichtvoll zu manifestieren.

Nun möchte ich noch ein bißchen zum Manifestieren sagen. Das ist immer wieder ein Thema, das ich gerne aufgreife.

Die wichtigste Frage bei jeder bewußten Manifestation ist zuerst immer: Was willst du denn gerne? So viele Schüler fragen mich immer wieder, was sie denn tun sollen, und ich frage dagegen: „Ja, was möchtest du denn gerne?" Jeder ist doch der Schöpfer seiner Welt; die geistige Welt ist zwar dazu da, euch Ideen, Hilfe und Führung zu geben, aber euer Leben manifestiert ihr euch schon selbst! Wem sollte es dienen, wenn ich mich zum kosmischen Berufsberater aufschwingen und sagen würde: „Du wirst bitte Heiler und du Floristin, und du gehst an den Computer, und ihr wollt am Ende ganz was anderes? Ein Aspekt eures Seins könnte dies sicher sehr glücklich ausführen, aber der Weg zum Verständnis, was ihr wirklich wollt, ist ein Weg der Erkenntnis. Erst wenn ihr euch immer wieder fragt, was ihr nun wirklich wollt, ist er euch behilflich herauszufinden, wo ihr euch selbst blockiert!

Gehen wir einen Schritt weiter. Angenommen, ihr wißt präzise, was ihr wollt, ihr habt sozusagen eure Hausaufgaben gemacht. Zum Beispiel: Du weißt, wie viele Stunden lang du arbeiten willst, und du weißt, in welche Richtung du arbeiten willst, kannst du das annehmen? Wir gehen davon aus, du weißt das jetzt. Nun bedarf es der weiteren geistigen Hilfe, damit du herausfindest, wie du nun diese Arbeit findest und was genau diese Arbeit ist. Also wirst du dir eine Manifestation zurechtlegen, die dir hilft, noch genauer zu ergründen, um was es jetzt geht. Eine Manifestation, die bewußt ausgesprochen ist, besteht immer aus positiven Worten und steht immer in der Gegenwart! Du wirst also nicht beten: „In 150 Tagen werde ich dank göttlicher Intuition ganz genau wissen, welchen Beruf ich dreieinhalb Stunden ausführen werde." Wenn du so betest, wirst du es aller Voraussicht nach in 150 Tagen erfahren, aber was fängst du mit den 150 Tagen an? Also, eine lichtvolle Manifestation lautete so: „Ich bitte mein Hohes Selbst, mir hier und jetzt Hinweis und Führung zu geben. Ich habe jetzt die Ohren, die Hinweise meines Hohen Selbst anzunehmen und die Intuition/die Bilder zu empfangen (je nachdem, wie du mit deinem Hohen Selbst arbeitest), um genau zu wissen, in welchem Beruf ich jetzt in größtmöglicher Freude und Harmonie das größtmögliche Gute in die Existenz bringen kann." Denn es geht ja nicht nur um dich – natürlich in erster Linie schon! –, aber dann doch auch um die Manifestation des Guten im großen Ganzen. Hast du verstanden?

Wenn du dies eine Zeitlang bewußt vor dich hindenkst, noch besser, auf die Ebene der Manifestation hebst und wenn du dann die Ohren hast zu hören und deiner Intuition folgst, dann kann nichts mehr schiefgehen. Wenn du etwa zum Einkaufen gehst, und du nimmst immer den üblichen Weg, dann zupft dich auf einmal die Intuition am Ohr und sagt: „Geh heute mal rechts herum statt links." Dann kannst du sagen: „Wieso, ich gehe immer links, warum soll ich's heut anders machen?" Dann hast du aller Voraussicht nach eine Gelegenheit verpaßt. Folgtest du nämlich dem anderen Weg, würde dir möglicherweise (versteh, das ist nur ein Beispiel) in einem Schaufenster ein großes Plakat auffallen, auf dem ganz groß zu lesen wäre: Der Beruf der neuen Zeit... Oder es würde dir ein Mensch begegnen, der dir etwas Wichtiges mitzuteilen hätte, oder du würdest eine Zeitung kaufen, in der du einen wichtigen Artikel fändest. Das ist die feine Sprache der geistigen Welt. Da du meist noch nicht die Ohren hast, unsere Stimme zu hören, müssen wir uns halt solcher Kniffe bedienen. Du kannst also immer und überall um Hinweise bitten. Und dann geht es weiter. Wenn du

Waren und Dienstleistungen,
erfolgt im Namen und für Rechnung der
ConocoPhillips Germany GmbH,
Caffamacherreihe 1, 20355 Hamburg
Steuer-Nummer 27/162/00054;
eine Organgesellschaft der
ConocoPhillips Continental Holding GmbH, Hamburg
Steuer-Nummer 27/162/00097.

Mai 25 Stck / 20 T

3 T

Das Rechnungsdatum entspricht dem Leistungs- bzw. Lieferdatum.

Als „Lieferschein" ist dieser Beleg Grundlage für die vereinbarte periodische Rechnungsstellung.

$$\frac{25}{20} = \frac{x}{3} \quad 3,75$$

ConocoPhillips

Daten aus geeichten Anlageteilen sind zur besonderen Kennzeichnung mit * eingeschlossen.

Im Verkaufspreis für Kraftstoffe ist der gesetzliche Bevorratungsbeitrag enthalten.

$$\frac{225}{20} = \frac{x}{3} = 33,75$$

Informationen über den effizienten Einsatz von Kraftstoffen und über Anbieter von Maßnahmen zu Energieeffizienzverbesserung und Energieeinsparung finden Sie unter www.bfee-online.de sowie unter www.energiespartipps-oel.de/auto.

Der Verkauf von Kraftstoffen, Wäschen, JET-Motorölen,
CASTROL-Motorölen in 1 L-Gebinden,
CASTROL-Getriebeölen in 0,5 L-Gebinden,
CASTROL-Motorradölen in 0,25 L und 1 L-Gebinden
sowie mit „G" gekennzeichneten
Waren und Dienstleistungen,
erfolgt im Namen und für Rechnung der
ConocoPhillips Germany GmbH,
Caffamacherreihe 1, 20355 Hamburg
Steuer-Nummer 27/162/00054;
eine Organgesellschaft der
ConocoPhillips Continental Holding GmbH, Hamburg
Steuer-Nummer 27/162/00097.

$$\frac{225}{20} = \frac{x}{4} = 45,-$$

Das Rechnungsdatum entspricht dem Leistungs- bzw. Lieferdatum.

Jet Tankstelle Can Zorba
Reutlinger Strasse 91 72800 Eningen
Tel. 07121/9809847 Fax. 07121/9809832
Steuer Nr. 7815300697

* 40,98 Liter	# 02 *		
SuperE10/Self Service	* EUR		61,02*
1,489 EUR / Liter			
Summe		EUR	61,02
Bar Indoor		EUR	61,02
19,00 % MWST. A		EUR	9,74
Summe Netto		EUR	51,28

Datum Zeit Bon POS KNo Schicht
02.07.12 13:59 61963 02 0004 554

Auf Wiedersehen und vielen Dank
für Ihren Einkauf
Das Jet Team wünscht Ihnen
eine gute Fahrt

über deinen Wunsch genau im Bilde bist, drückst du ihn in Worten aus und überführst ihn auf die Ebene der Manifestation. Und dann ist es natürlich so, daß du dies immer und immer wieder tun mußt, bis die Erfüllung einsetzt oder bist du merkst, daß etwas an deiner Manifestation noch nicht ganz stimmt, daß du zum Beispiel nicht dreieinviertel Stunden arbeiten möchtest, sondern viereinhalb. Jetzt hast du immer noch die Möglichkeit, die Daten zu verändern und die überholte Fassung deines Wunsches in die Existenz zu bringen.

Was du nun für dich persönlich und für dein Vorwärtskommen tust, solltest du auch für die Erde tun. Betrachte die Ebenen in deinem Leben, mit denen du unzufrieden bist. Und gerade hier erlaube dir nun von Sorgen und Beschwernis abzusehen. Wenn du zum Beispiel knapp bei Kasse bist, was ja des öfteren vorkommt, dann rührt das daher, daß in dir eine Gebetsmühle schnurrt: Das bin ich nicht wert, und jenes bin ich nicht wert, und das kann ich mir nicht leisten, aber alle anderen können es sich leisten, nur ich nicht usw. usw. usw. Ich sage: Aufhören mit diesen Sprüchen und positive Gedanken in die Welt setzen, bevor du dich dabei ertappst, daß du nur noch zehn Mark in der Tasche hast! Wenn du jetzt 60 Mark für den Einkauf brauchst, überläßt du dich jetzt entweder deiner Sorgenwelt oder du nimmst dir fünf Minuten Zeit, um dir zu sagen: **„Ich weiß, ich bin das Kind eines reichen Vaters, und dieses Erbe trete ich jetzt an“** oder: **„Der Herr ist mein Hirte, mir wird nichts mangeln.“** Wähle Sätze, die dich hier verstärken. Meditiere darüber, gehe in die Kontemplation, und dann, geliebter Schüler, überlege dir, was du bereit bist, zu geben oder loszulassen. Denn du bist oft so voll von allen möglichen Energien, daß Gottes unendlicher Reichtum und seine unendliche Liebe sich überhaupt nicht mehr dazwischenquetschen können.

Wenn du etwas Neues willst, gib etwas Altes fort. Wenn du Reichtum an dich ziehen möchtest, überlege dir, was du geben kannst. Das muß nicht Geld sein. Du kannst einer Nachbarin die helfende Hand leihen. Du kannst ein Gebet für die Welt sprechen. Du kannst nachschauen, ob dein Kleiderschrank schon wieder voll von Dingen ist, die du überhaupt nicht mehr gebrauchst, und du kannst diese weggeben. Jeder Mensch verfügt zu jeder Zeit über irgend etwas, was er geben kann; erst wenn du ein Vakuum erzeugt hast, kann es auch wieder neu gefüllt werden. Und du kannst, das ist so wichtig jetzt, Vergebung spenden. Das setzt die meiste Energie frei. Das kostet dich nichts, weder Materie noch Geld, und das ist jederzeit möglich, und dann kann auch wieder Neues in dein System einfließen. Das auszuprobieren lohnt sich fraglos, meinst du nicht? Ich gebe dir diese Gedanken mit auf den Weg.

Manifestieren heißt also nicht, einen Gebetstext oder eine Manifestationsidee zu formulieren, sie dann einmal vor sich hinzusagen oder hinzubeten, am Ende noch mit möglichst wenig Energie, und sich anschließend dann bequem aufs Sofa zu legen und das Radio- oder Fernsehprogramm laufen zu lassen.

Es gibt auch den Akt der Gnade. Es kann durchaus sein, daß das große Wunder mit einem Fallschirm vom Himmel herabkommt und in eurem Wohnzimmer landet. Mit dem Akt der Gnade dürft ihr immer rechnen.

Aber selbst dann ist es noch sinnvoll, wenn ihr gleichzeitig Materie in Bewegung setzt. Das heißt, wie ich schon sagte: Höre auf deine Stimme, bewege dich, geh hinaus, nimm in die Hand, besiege deine Zweifel, vor allem das! Wie oft sagst du dir zum Beispiel: „Jetzt habe ich so oft gebeten, daß meine Haut abheilt, aber warum wird sie denn nicht heil?“ Nun, weil du jedesmal, wenn du diese Gebete nach oben gesandt hast, aus deinem Lichtkreis herausgetreten bist, dir vielleicht fünf Minuten Zeit gelassen hast und dann auf deine Haut geguckt hast: „Sie ist noch nicht heil. Meine Manifestation hat nicht gewirkt. Ich manifestiere nicht richtig. Warum ist meine Haut jetzt noch nicht heil…?" Turmhohe Wolken von Zweifeln und Bedenken haben sich in deinem energetischen Feld zusammengebraut, und damit sind viele deiner Gebete rein zunichtegemacht.

In diesen Augenblicken setzt die Kraft des Glaubens ein. Materie ist eben träge, geliebte Freunde des Lichts. Ihr müßt ihr schon ein bißchen Zeit lassen, ihr unterstützt sie ja, so gut es geht. Wunder sind wunderbar, und sie ereignen sich häufiger, als ihr glaubt. Ihr müßt nur eure Augen öffnen, um sie auch wirklich wahrzunehmen. Das ist euch oft verwehrt, weil ihr euch euren Zweifeln hingebt und deshalb eure wunderbaren Manifestationen wie von einer Tafel löscht. Also versagt euch die Energien des Zweifelns, arbeitet an eurer Ungeduld. Verstärkt euren Glauben und euer Vertrauen, und wenn ihr wieder einmal in Unruhe geratet, geht bewußt in euren Kopf hinein, verstärkt die Leuchtkraft, sprecht Sätze des Glaubens und der Verstärkung aus, denn euer Gehirn kann immer noch nur einen Gedanken auf einmal denken, und das hilft euch dann, die Energie wieder eine Weile aufrechtzuerhalten. Gut?

Lobt euch selbst, daß ihr alles verstanden habt.

Ich überlasse euch jetzt eurem Tun, möchte euch aber vorher noch einen Segen geben. Und deshalb bitte ich euch: *Geht noch einmal in euren Kopf hinein, laßt nun das heilige umfassende OM im Zentrum eures Glaubens erschallen, laßt es wahrhaft erschallen, auf daß der wahre Glaube, die wahre Liebe und die wahre Weisheit des All-Einen sich in allen euren Existenzen und in allen euren Welten mehren und verstärken.*

Mit dem Lichte und der Liebe der Weißen Bruderschaft segne ich euch, denn ich glaube an euch.

OOOOOOOOOOOOOOOOOOOOMMMMMMMMM:
Shanti. Seid gesegnet.

Kapitel 40

Dankgebet an Mutter Erde

Vor allem anderen und stets von neuem danken wir Gaia, unserer Mutter Erde, für all ihre Liebe, ihre unendliche Geduld und ihr unendliches Vertrauen in uns als ihre Kinder.

Wir danken dir, Mutter Erde, für unsere wunderbaren Körper, aus deiner Kraft erschaffen, durch die wir uns bewegen können, durch die wir hören, sehen, fühlen, handeln können.

Wir danken dir für die Erde, für die Felsen und die großen Steine, jene alten Weisheitswächter.

Wir danken dir für das Wasser, für die Quellen, Flüsse, Seen und die unendlich großen Meere, in denen unsere Sterngeschwister leben, um uns immer wieder die Brücke und den Weg nach Hause zu weisen.

Wir danken dir, daß du den wunderbaren Wesenheiten, die sich als Pflanzen auf dir verkörpert haben, Wohnung gibst; denn sie ernähren uns, sie wärmen unsere Herzen und erfreuen unsere Sinne dank der Vielfalt ihrer Erscheinlichkeit.

Wir danken dir weiter für die treuen Freunde, die wir in jenen Wesenheiten haben, die sich als Tiere ihre Körper suchen, Stoff aus deinem Stoffe, um uns stets aufs neue Liebe, Treue und Anhänglichkeit zu spiegeln.

Und wir danken dir für all die Menschen in ihrer großen Vielfalt und Andersartigkeit – und dafür, daß wir lernen dürfen, diese Andersartigkeit zu achten und zu lieben.

Du, Mutter Erde, bist es, die uns die Freude an der Andersartigkeit stets unermüdlich lehrst und weiter lehren wird. Mutter Erde, es ist wunderbar, hier zu sein. Ich danke dir dafür.

Wir danken all den lichtvollen Meistern der Weißen Bruderschaft, der Raumbruderschaft und den Hohen Ebenen, die mit uns gearbeitet haben und uns weiter führen.

Ich danke für die Gnade all dieser Erfahrung. Ich danke all meinen Lehrern und Führern auf der Erde und in allen Universen und allen meinen Geschwistern auf allen Ebenen.

Möge die Liebe uns alle segnen.

Amen

Anhang

Ein kleiner Wegweiser durch die Sternengeschichte

Aa – dra lay: Durchgegebener Name für einen Teil des Gesamtbewußtseins von Andromeda.

Amrael ✕✕ awa Antares: Sternenselbst von Trixa; diese Bewußtseinsebene hat Zugang zum Sternenbewußtsein und zum Sternenwissen.

Ankiel: Raumbruder aus dem Sternenreich AN, Führer des AN-Kommandos, das sich unserem Sonnensystem zur Verfügung gestellt hat, um uns durch den Torweg II:II zu leiten. Er ist der Spezialist für die Energielinien und Gitternetze unseres Planeten.

Ashtar: Die führende Wesenheit des Ashtar-Kommandos, Koordinator für alle Aufgaben der Raumbruderschaft in unserem Quadranten des Universums. Er untersteht unmittelbar dem Christusbewußtsein.

Aquilia: Eine Wesenheit aus dem Rat der Sieben Schwestern auf den Plejaden. Dieser Rat ist damit beauftragt, die Liebe dieses Universums in ihrer wahren Form auf neue Planetenebenen zu bringen und dort aufrechtzuerhalten. Der Sitz des Rates ist Alcyone, der Hauptstern der Plejaden.

Dirhiyin: Name einer Wesenheit zur Zeit von Lemuria, eine Aussendung aus dem Sternenbewußtsein Amrael ✕✕ awa Antares.

Erdensternenkinder: So nennt Hilarion die Menschheit, um damit auszudrücken, daß wir sowohl Kinder der Erde als auch der Sternenebenen sind. Er will uns einerseits an unsere kosmische Herkunft erinnern und andererseits dazu ermutigen, unsere Erinnerung, unser Sternenwissen, im Hier und Jetzt der Erde einzusetzen.

Gaia: Spiritueller Name des Sternenbewußtseins, das sich als unser Planet Erde ausdrückt.

Hilarion: Meister des Fünften Strahls. Er steht für göttliche Wahrheit, Konzentration und Heilung durch Wissen, seine Farbe ist ein warmes Grün. Er war mehrfach auf der Erde inkarniert und weiß daher um unsere Schwierigkeiten. Er ist ein sehr gütiger und humorvoller Meister der Weißen Bruderschaft – und mein Mentor.

Kuthumi: Weltenlehrer und oberster Meister der Sieben Strahlen. Seine Botschaft ist Liebe zu allem, was ist, jenseits dimensionaler Beschränkungen. Er war u.a. als heiliger Franz von Assisi inkarniert.

Lenduce: Solare Bruderschaft, ein Lehrer aus der Zentralsonne.

Min – Ra: Eine Wesenheit aus den Reihen der Hüter des Sternenwissens; sie ist eine Tochter der Og-Min.

Monka: Eine männliche Wesenheit der Raumbruderschaft; sie war auf Mars inkarniert und leitet noch immer die Schule der Wahren Lichtkrieger. Sie sitzt jetzt im Rate des Saturn, der die Konzentrationskraft in unserem Universum schult und aufrechthält.

Rama: Name eines Ausdrucks des Sternenbewußtseins Amrael XX awa Antares. Er inkarniert im Bereich der Raumbruderschaft und ist in das Ashtar-Kommando gegangen, um durch meinen Kanal die Raumbruderschaft und die Weiße Bruderschaft zu verbinden. Er bezeichnet sich selbst als eine Art kosmischer Berater, dessen Spezialität es ist, blockierte Energien zu erlösen. Er ist das Doppel von Trixa in der Raumbruderschaft.

Raumbruderschaft: Wesenheiten, die nie oder äußerst selten auf der Erde inkarniert haben. Sie sind die Hüter der verschiedenen Sonnensysteme und Galaxien und haben den eher technischen Auftrag, dafür zu sorgen, daß die Welten ihre Evolution vollbringen können. Es gibt verschiedene Raumbruderschaften in den verschiedenen Quadranten unseres Universums. Für uns ist das Ashtar-Kommando zuständig. Der oberste Meister ist auch hier der Sohn, das Christusbewußtsein.

Sanat Kumara: Logos der Erde, quasi das Hohe Selbst von Gaia, eine Energieaussendung von Christus, Lehrer der Entwicklung der Erdensternenkinder. Er verankert die liebende Heilenergie über die spirituelle Venus auf der Erde und in unserem Bewußtsein.

Sirilia: Wesenheit aus dem Gesamtbewußtsein von Sirius, die sich bereiterklärt hat, ihr Wissen um die Geschichte von Sirius durch meinen Kanal zu geben.

Solare Bruderschaft: Meister des Lichtes, die in den Zentralsonnen und in der Urzentralsonne beheimatet sind. Sie sind Repräsentanten und Lehrer der solaren, also dynamischen Energien. Sie bilden die Verbindung zum Vater.

Soltec: Raumbruderschaft, technisches Kommando und Sohn von Monka.

Somar: Lichtbruder von Orion, der sich bereiterklärt hat, in allen Entwicklungsstufen von Orion zu verweilen, um die Geschichte des Oriondramas zu bewahren und zu berichten.

Vyvamos (auch Vyvamus): Ein kosmischer Psychologe, der damit beauftragt ist, den Schülern des Lichtes auf der Erde Hilfe und Führung zu geben, so daß die Erde als Ganzes und wir als gesamte Menschheit unsere Schwingung erhöhen. Er ist der geistige Führer von Janet Mc Clure und mein erster

Lehrer aus der geistigen Welt. Er unterstützt die lichtvolle Öffnung unserer transpersonalen Kanäle.

Weiße Bruderschaft: Bezeichnung für eine bestimmte Gruppe von Meistern des Lichtes, die alle irdische Inkarnationen erlebt haben. Die Bruderschaft gliedert sich in verschiedene Spezialgebiete, die jeweils mit den Farben der Strahlen verbunden sind.

Erklärung von Ausdrücken aus der Huna-Philosophie, soweit sie in diesem Buch vorkommen:

Hohes Selbst (hawaiianisch Aumakua): Unser göttlicher Funke, unser Ich-Bin-Bewußtsein, die Präsenz der göttlichen Weisheit, Liebe und Kraft, die immer mit uns ist, immer mit uns war und immer mit uns sein wird.

Uhane: Ausdruck für unser gesamtes Mentalbild, unser Verstandesselbst. Das Verstandesselbst drückt sich durch Gedanken und Dramatisierungen aus; ursprünglich sollte es die Instanz unseres freien Willens sein.

Unihipili (auch Ku): Hawaiianische Bezeichnung für eine der drei Ebenen unseres Selbst; ich bezeichne sie als emotionales Selbst. Diese Ebene speichert neben vielem anderen unsere Erinnerungen, unsere Muster und Blockaden. Unihipili errichtet die Energieverbindungen zu unserem Hohen Selbst. Unihipili sollte man nicht mit unserem Inneren Kind verwechseln; das Innere Kind macht nur einen Teil dessen aus, was Unihipili darstellt.

Ausdrücke aus dem Sternenwissen, das erstmalig durch Solara hierhergebracht wurde:

EL-AN-RA: Die Familiennamen der drei großen Sternenrassen, auf deren Ebenen wir während unserer Sternenwege inkarniert haben. In den Sternenwelten existieren diese Gruppen als Bewußtseinsformen, von denen jede ihre spezielle Aufgabe hat.

Og – Min: Sternenhüter, die die Akasha- und Kristallchroniken unseres Universums hüten.

Ausdrücke aus dem Hebräischen:

El Shaddai: Spirituelle Grußformel für die Energieausschüttungen Metatrons. Metatron bildet mit Michael und Melchisedek ein Dreieck großer Energie. Er selbst steht für die wahre Liebe, Michael für die göttliche Kraft und Melchisedek, der König des Himmels, für göttliche Weisheit.

Shekinah: Die „weibliche Gegenwart Gottes", Ausdruck für die Taube, den heiligen Geist. Shekinah ist die weibliche Essenz Gottes, der Quelle allen Seins. Sie ist das Bewußtsein, aus dem heraus alles Gestalt annimmt. Sie umhüllt in einem eigenständigen Universum unser Universum des Sohnes.

Da wir alle ständig dazulernen, habe ich die Erläuterungen nach dem jetzigen Stand meines Wissens notiert, so, wie die Wesenheiten sich mir erklärt haben, und so, wie ich die Begriffe verstehe.

LCC Januar 1995

Danksagung

Während der Arbeit an diesem Buch habe ich sehr viel Hilfe erfahren, welche die goldene Kugel meines Herzens mit tiefer Dankbarkeit erfüllt.

Ich danke Christa Falk für ihr Vertrauen in mich und meinen Auftrag, und ich danke ihrer Familie für die freundschaftliche Aufnahme, die ich bei jeder Besprechung erfahren durfte.

Ich möchte mich aus dem Einen Herzen für Brigitta Annas tatkräftige Unterstützung bedanken; ihre Zusage, für mich zu tippen, gab mir erst den Mut zum Anfang. Daniel und Gertrud danke ich für zahlreiche Einweisungen in die Welt meines Computers Data-fried, Daniel für das Tippen und die wunderbare Grafik zur Mißtrauensübung und Gertrud für die Stunden der Korrektur, außerdem Erwin für seine Unterstützung und Arbeit an seinem Data, durch die sich meine Skizzen zu schönen Bildern mauserten.

Ich danke Peter dafür, daß er sich um mein leibliches Wohl kümmerte und wochenlang große Geduld bewies.

Danke! Es ist schön, Freunde zu haben, die zur Stelle sind.

Ich danke ebenso allen Erdensternenkindern, die in meinen Seminaren waren; durch ihre Bereitschaft, sich selbst mit ihren Schatten zu konfrontieren, lernte ich unendlich viel.

Ich danke meinem Unihipili für die Tage und Wochen konzentrierter Arbeit und für die Lenkung aller Energien und meinem Uhane für die Strukturierung und Formulierung meiner

Gedanken. Ich bin von der Liebe meines Hohen Selbst erfüllt und von all den lichtvollen Energien, die mir geholfen haben.

Ich danke auch den Lichtmeistern dieses Universums, die ihr Wissen durch meinen Kanal gegeben haben, und ich danke Hilarion, meinem Mentor, der mir beim Schreiben über die Schultern schaute und mir half, die richtigen Worte zu finden.

Möge die Liebe uns alle segnen.

LCC, 2. Februar 1995

Über Trixa

Trixa sollte eigentlich Bellatrix getauft werden, und zwar nach einem Stern im Sternbild des Orion, der ihren Eltern viel bedeutete. Aus Bellatrix wurde Beatrix, „die Glückbringende". In der Huna-Philosophie, einem alten hawaiianischen Wissen, das von den Plejaden zur Erde gelangte, fand sie ihre erste spirituelle Heimat und ein System, das ihr für ihre Wahrnehmungen Erklärungen lieferte, die sie nun in zahlreichen Seminaren weitergibt.

Trixa wurde dann von Janet Mc Clure und der geistigen Welt zum Kanal ausgebildet. 1991 erhielt sie während einer Initiationsreise in die Bretagne Zugang zur Geschichte unseres Universums und den Auftrag, dieses Wissen mitzuteilen. Seit dieser Zeit hilft sie zahlreichen Menschen in Seminaren und Einzelsitzungen, ihre Blockaden zu erlösen und sich an ihre göttliche Sternenherkunft zu erinnern.

Sie lebt, wenn ihre Reisen es erlauben, sehr abgelegen in den Vogesen auf einem alten Kraftplatz inmitten einer noch relativ intakten Natur, wo sie gemäß dem Auftrag der geistigen Welt mit ihrem Mann zusammen einen Kommunikationsort zwischen den Welten aufbaut. Sie hält im deutschen Sprachraum Vorträge und Seminare und stellt ihren Kanal Hilarion, dem Meister des Fünften Strahls, zur Verfügung, der durch sie in Einzelsitzungen persönliche Beratung und Hilfen gibt. Die durch ihren Kanal empfangenen Botschaften der geistigen Welt werden fortlaufend in der Zeitschrift *Lichtstrahl* herausgegeben.

Wenn du mit ihr Kontakt aufnehmen willst, schreibe an:

Les Champs Chamagne
La Montagne
F - 70310 par Faucogney
France